906–1908

ACROSS
TAKLAMAKAN DESERT

北 ← → 南
西
果园

主编：巫新华

西域游历丛书
09

穿越
塔克拉玛干

SIR AUREL STEIN

[英] 奥雷尔·斯坦因 著

巫新华 新华 张良仁 赵静 译

GUANGXI NORMAL UNIVERSITY PRESS
广西师范大学出版社
·桂林·

穿越塔克拉玛干
CHUANYUE TAKELAMAGAN

图书在版编目（CIP）数据

穿越塔克拉玛干 / （英）奥雷尔·斯坦因著；巫新华等译. —2 版. —桂林：广西师范大学出版社，2020.4（2024.5 重印）

（西域游历丛书）

ISBN 978-7-5598-2719-7

Ⅰ. ①穿… Ⅱ. ①奥…②巫… Ⅲ. ①文化遗址－考察－新疆－近代 Ⅳ. ①K878.04

中国版本图书馆 CIP 数据核字（2020）第 047851 号

广西师范大学出版社出版发行

（广西桂林市五里店路 9 号　邮政编码：541004）
（网址：http://www.bbtpress.com）

出版人：黄轩庄

全国新华书店经销

广西广大印务有限责任公司印刷

（桂林市临桂区秧塘工业园西城大道北侧广西师范大学出版社集团有限公司创意产业园内　邮政编码：541199）

开本：787 mm × 1 092 mm　1/32

印张：11.5　字数：245 千

2020 年 4 月第 2 版　　2024 年 5 月第 3 次印刷

印数：10 001~12 000 册　　定价：59.00 元

如发现印装质量问题，影响阅读，请与出版社发行部门联系调换。

出版说明

1900—1901年、1906—1908年、1913—1916年，英国人奥雷尔·斯坦因先后到我国新疆及河西地区进行考古探险，并先后出版了这三次考古报告：《古代和田——中国新疆考古发掘的详细报告》《西域考古图记》《亚洲腹地考古图记》。这三部著作是斯坦因的代表作，较全面地记述了我国新疆汉唐时期的遗迹和遗物，以及敦煌石窟宝藏与千佛洞佛教艺术，揭开了该地区古代文明面貌和中西文明交流融合的神秘面纱。此外，斯坦因还详细描述了深居亚洲腹地的中国新疆和河西地区的自然环境，以及山川、大漠、戈壁、雅丹、盐壳等地貌的种种奇妙景观。斯坦因的著作为人们打开了此前"未知世界"的大门，当时在国际上引起了巨大轰动，西方列强的学者们对此垂涎欲滴，纷至沓来，形形色色的探险家也紧随其后，蜂拥而至。

斯坦因的这三次考古探险活动，足迹遍布塔里木盆地、吐鲁番盆地和天山以北东部地区，所到之处，几乎盗掘了我国汉唐时期所有重要的古遗址和遗迹，对遗址和遗迹造成了严重破坏，所出文物也几乎被席卷一空，并运往英属印度和英国本土。此外，斯坦因在河西敦煌以及内蒙古额济纳旗黑城等地也进行了大肆的盗掘和劫掠，其中尤以对敦煌石窟宝藏的劫掠最为臭名昭著。可以说，在20世纪30年代之前，斯坦因是我国西部地区古遗址最大的盗掘者和破坏者，是劫掠中国古代文物的第一大盗。斯坦因的上述著作是西方列强侵犯我国主权的铁证，同时也为那段令国人屈辱的历史留下了真实的记录。因此，我们在阅读斯坦因上述著作时，一定要牢记惨痛历史，勿忘国耻。

斯坦因上述三次考古报告都是综合性的学术性专著。为了方便一般读者更多地了解斯坦因在我国塔里木盆地、吐鲁番盆地和天山以北东部以及河西敦煌等地区的发掘工作和搜集文物的情况，我们对上述三次考古报告原著做了一些技术性处理，即删除了一些专业性特别强的内容，将插图进行适当调整并重新编序等。

本册出自《西域考古图记》：1908年9月底，斯坦因带着他的助手以及满载文物的驼队，沿着玄奘曾经走过的路，穿越塔克拉玛干沙漠，翻越雪山，结束了第二次中国西部探险回到英国伦敦。

目　录

第一章

前往古代瓜州

第一节　瓜州绿洲及其历史的重要性

6月13日，我对敦煌城作了短暂的访问，以感谢当地的官员，他们的热情好客和友好帮助为我的工作提供了极大的方便。随后，带着在12个洞窟里搜集的并经仔细包装好的写卷和艺术品，我离开了千佛洞，向着敦煌东边的安西出发了。一路上风尘仆仆，沿着光秃秃的南山山脉外一条荒无人烟的马车道，在三段炎热的旅程（共55英里）之后，我抵达了一个荒芜的路边小站瓜州口。这个名称来自那片古老的绿洲，它的含义表示了瓜州绿洲的最南部边缘。

我所走的这条路，很可能从最早的时候起就是一条交通干线。它在敦煌城以外约6英里处留下了一片耕作区的痕迹，然后又远远而去。一路上穿过的都是沙漠地带，部分地方覆盖着灌木丛，其他地方则是裸露的砾石滩。自从汉朝的军队和商旅往来其间，直到今天这条路的特征尚未发生过多大的改变。在从山冈上冲下来的激流的河床上，我发现了几口井的遗迹，这些激流在历史上不可能提供足以用来灌溉的水源。只有一个地点有泉水，长有大量的茂盛的草。在芦草沟，一条河流从一条狭窄的沟谷中流出。那沟谷穿过了南山外侧的高冈，并经过了一片名叫东巴兔的小绿洲。

吉尔斯博士从我获得的千佛洞写卷中编译出的一本富有价值的小文书，向我们讲述了位于沙州城以东"三日"路程处的一股神奇的泉水。自武帝时期的"贰师将军"李广利之后，它就被称作贰师泉。李广利于公元前104—前102年征伐了费尔干纳（贰师），这件事在《史记》中很著名。传说汉朝时，李广利的军队在行军途中备受干渴。在向山神祈祷之后，他拔出剑将山劈开了。剑到之处，一股泉水顿时喷涌而出，向西流淌了几十里路，一直到了黄草泊。后来传说，有一个将军渴了到泉边喝水不慎落水而死，导致了泉水不再流淌，只能冒出地表。并且从那以后，当很多人来泉边喝水时，流量便大增；当只有少数几个人来喝水时，那水便有限得很。这种现象一直持续到了今天。

贰师庙就建在路边，随着时间的流逝而变得破旧不堪。坍塌下来的石头被堆积在一起，旅人们带着他们的骆驼和马匹来到这里，目的是来祈祷他们的好运气。再向东，就进入瓜州地方了。

自瓜州口西北行15英里之后，我抵达了现在的安西首府，这地方到处都显示出与古代瓜州绿洲相似的环境。[1]这地方展现出来的是一片辽阔的灌木丛生的平原，从南山最外围那些低矮的山冈下，一直扩展到疏勒河的河岸边。在平原里，大片的荒地以及依靠小水沟灌溉的小片的贫瘠农田纵横交错、杂乱无章。从小宛村和黄渠口之间的疏勒河起，这些农田被中断了。一路上看到的那种有围墙的村子和城镇的废墟，比起零零散散的农田和有人居住的村落来要多得多。前者中的大部分，据说都被毁坏于叛乱分子的大侵袭时期。但是其中至少有一些在一个更早的时期就被废弃了。在经过头工村[2]（它无疑代表的就是疏勒河的老河床）附近的一条宽阔、弯曲的沟谷之后，道路接下来就通过了那座废弃的以"瓜州城"一名著称的古城。这一名称来自整个绿洲的古代名称。其夯土的墙围成了一个长方形墙圈子，但是里面很少有房屋遗迹。据说这里面曾做过一个军事指挥的"衙门"，后来它又迁到敦煌去了。在北门外我发现了一座倒塌的庙，它现在仍是当地举行节日的舞台。该城据说为叛乱分子所毁，从其内侧的废地上来看，甚

---

1 从汉语的传统上来看，似可从字面上推导出"瓜州"的意思即"瓜之城"（City of melons），这也是根据当地出产优良的瓜而言。这种种植仍然持续着，但令人感到奇怪的是，种植瓜的主要是一些操突厥语的穆斯林居住者。

2 "头工"从字面上来讲意即"第一个垦殖点"。像这种用数字来命名村庄区的方式，在甘肃的最西部地方很流行，例如安西地区的地名"三工""六工""八工"等。

至在以前它就已经半废弃了。然根据此城在绿洲中的中心位置，以及某些接下来将进一步讨论的考古学迹象来判断，它以前曾经很重要，可能就是古代瓜州的首府。

离开瓜州城西北这片贫瘠的耕种地之后，接下来的路是在一块宽约4英里的开阔的灌木丛平地，上面有裸露的砾石地块，没有任何的先前曾被耕种过的痕迹。再往前走，是一块密集的最大宽度约2英里的耕种区，它构成了今天的主要绿洲，在其东端就坐落着今天的安西"城"。且不管"安西"这个名称有多么的响亮，也不管在唐代它曾是中国控制整个西域的管理机构的首府，这里的一切（1907年它又被划为一个"州"或"独立专区城市"）都透露着一种玩忽职守和停滞不前的气氛。在偌大一座看似荒凉的由残垣断壁构成的古城里，几乎找不到一条完整的街道。安西清楚地显示出，它将其自身的重要性仅仅归结于作为自甘肃至哈密以及新疆道路上的沿途供应站中的最后一个。离开安西城的西大门并经过疏勒河几英里之后，沿着这条大商路前往中亚的行人接下来的路就是北山的砾石沙漠，在经过十二站艰苦卓绝的旅行之后，才能再见到可耕种的土地。

在灌木丛生的宽广平原上，这片主要绿洲的那些零散的村庄，正从叛乱造成的可怕破坏中缓慢地复苏过来。人口的稀少正可以用来明确地解释，为什么大量现存的水渠仍然可以维持灌溉的情况下，先前那些有耕种痕迹的可耕地却被弃置为荒地，上面长满了低矮的沙漠灌木丛。除了这些人为的原因，我们从土地的自然状况上也可以很容易地认识到，这古老的瓜州绿洲在范围及肥沃性上不能与敦煌绿洲相媲美的原因。除了山脚与可以建立实际引水灌渠系统的河流之间被局限于一条大致长16英里、底边宽约10英里的三角形地带，同样明确的是，此地由疏勒河所提供的灌溉远不如敦煌的便利。敦煌取决于党河水，其绿洲之位置非常优越，正处在一个大而肥沃的冲积扇上。

疏勒河的排水区很大，哺育它的冰川给人留下了深刻的印象，1907年8月我曾局部地调查了那些冰川。河水在流经昌马以下宽阔的砾石滩以及玉门县和安西上面渠源之间漫长的干旱荒地时，曾因蒸发及其他原因而损失了很多。6月19日在安西时，我发现那里的河流已萎缩成一条缓慢的无意义的水流，宽大约只有20英尺，其中间深度不足2英尺。但同时我又看到了它那条宽约200英尺的干河床，这条小水流在其中蜿蜒地流淌着，从其高15~20英尺的深切的河岸上来看，当早春季节山上的雪刚开始融化时，疏勒河的洪水曾有多么的大。到了晚夏时节，当疏勒南山山脉的大冰川融化时，河流的洪水流量又一次开始猛增。显然，这样的情况会影响渠源的维修以及在关键季节的水供应，这方面的困难也被管区里的官员们所承认。

从他们能够或者愿意提供给我的信息上来看，安西地方的总人口约900户。但这个数字也是被夸大的，因为这个数字里面还包括了河流上游的几片小绿洲的人口（如小宛和双塔堡），以及在低冈上的少数几个相对繁荣的村庄。我后来访问了其中两个村子。

由此看来，作这样一个结论看起来是有把握的：瓜州在经济资源和重要性上，甚至在古代它也明显地被排在敦煌之下。

这一结论被有关瓜州的早期记载所证实。我是理解这些记载的，它们揭示出了瓜州与敦煌间密切的政治联系，或者说它依赖于敦煌。虽然无法查阅中国史籍中涉及瓜州的特别记载，但我可以指出的是，汉朝时敦煌的辖地包括瓜州，同样地它也与沙州即敦煌有关，后一个政权由甘肃西部的一位地方统治者张骏于公元345年建立起来。[1]在玄奘出发开始其伟大的旅行故事中，瓜州曾扮演过一个有趣的角色，这是我所见到的翻译过来的史籍中最早提及瓜州的记载，为此我愿意寻机对此作一介绍。在千佛洞一件公元894年的题记中，提到了瓜州的一位官员，此人是公元850年敦煌地区的首领张议潮的孙子，其兄长据有沙州——此事证明了在那个时期这两地均受同一个地方家族节制。接下来是中国使节高居诲出使于阗（公元938—942年），他发现瓜州和沙州的人口主要是汉人，并且都处在当地一个曹氏家族的统治之下。

所有绿洲的位置都是沿南山的北山脚分布，而且是在向西延伸的大路上，这就使得古代中国向塔里木盆地的贸易和政治扩张变得便利起来。如果没有这些可一直远达敦煌的有效的当地供给，

---

1 《汉书》在记载武帝所征服并设置的诸郡酒泉、武威、张掖及敦煌边界辖地之组织情况时，并未特别地列出瓜州，这分明意味着瓜州即敦煌的一部分。

中国的使节、商队及远征军就将会发现，要想有把握地克服罗布沙漠的盐碱地及沙漠设在他们前途上的巨大障碍，会非常困难。瓜州毫无疑问就是这条绿洲链上一个被安在后面的有价值的环节，它被置于武帝所建的长城的庇护之下。但当公元73年汉朝占领了哈密从而打开一条通往西域的新路线时，瓜州的地域重要性可能就随之显著地增长起来了。

这条路尽管比经过楼兰或新北道的路要长，而且经过北山最西部地区尚未探察过的荒原，但它避开了最恶劣的自然障碍——缺水。而正是出于这一原因，这条道毫无疑问一直保持到了今天，它是连接甘肃和新疆之间的一条最常用及最重要的交通线。正是这条路线将哈密和安西连接了起来。这段路程上沙漠地段最少，距离下一片绿洲最近。哈密从其自然状况上来看，很明显地构成了一座桥头堡，正如它所显示出的那样。而稍微看看地图就可以发现，要出发前往哈密，对中原方面而言，直接走经安西的路要比经敦煌节省不少的路途。这就解释了为什么安西—哈密路一直到今天都被用作经过将中原与中亚隔开的戈壁的主要交通线的原因，以及古老的瓜州作为起始点的特殊重要性——尽管它具有本地的局限性。此外另一个方面的观察也不应被忘记。这条安西—哈密路还有一条直接向南延续的路线，非常著名且常用，这就是经南山那些易行的山口一直通到柴达木高原，然后再经西藏高原到达拉萨。[1]这样一来，安西就处在连接蒙古与西藏的最直接的交通线上，从这一点上来说，它就像早期的敦煌一样，处在了亚洲大十字路口之一的位置上。

第二节　安西附近古迹和玄奘记述的玉门关

在我们从瓜州口过来的路上，可以望到一些大的烽燧，远远地分布在路的西面。据测量员拉姆·辛格（我派他踏勘这个方向的情况）报告说，这些台子的时代都不很古老。但在他前往安西西边缘耕作区的路上，遇到了两座屹立在废地上的烽燧，看上去很古老。6月20日我调查这些遗迹时，发现了结论性的证据，证明它们都属于长城线上的建筑遗迹。

这些烽燧中的最西边一座（我们把它作为临时寓所），位于安西城西门外的寺庙西南，其直线距离约4英里。烽燧处在我前面已经提过的宽阔的废地地带，这地带自东向西分布，介于瓜州城和安西附近的耕地之间。尽管倾颓得很厉害，但它仍高约18英尺，其底部被侵蚀得减少到约14英尺见方。它显示出来的结构与其他的烽燧遗迹没有什么两样，在我看来其建筑方法与敦煌沙漠里的

1　来自蒙古的香客们一般走的都是这条前往拉萨的路。此路沿踏实河谷经石包城到喀什哈尔山口，由此到达柴达木。

烽燧遗迹极其接近，也是用坚固的夯土层内加胡杨木头的框架筑成。虽然其中心部位自东向西被风力穿透了，但它仍然直立在地上，这正是其建筑坚固性的最好证据。在台子的脚下散布着一些暗灰色的陶片，属汉代类型，上面有席纹痕迹，这些陶片证明了烽燧的古老性。在其南部还附属有一座低矮的土堆，在地面上也发现了一些相同的陶片。土堆长约32英尺，宽0.5英尺，尚残存用土坯建造的墙基属烽燧的一部分。在这块暴露于风力侵蚀和潮气之中的地面上，除了这些遗迹和遗物，再未发现有其他东西保存下来。

当我向东面约1英里处的下一座烽燧前进时，土地开始从灌木丛生的细黄土向着砾石滩转变。砾石滩上仅有一些稀疏的植被，由此向上大约半途处，可以清楚地寻出标志着古代边防城墙走向的直立土墩遗迹。遗迹高4~5英尺，靠近东面台子之处有一个挖掘成的坑，从中可以看出里面包含有不规则的胡杨树枝层，夹在含砾石的土中。这座烽燧保存状况较好，高22英尺，其底部约17英尺见方。在这座烽燧脚下发现了一些破碎的汉代陶片，此外在其以南约55码处的一座土墩子脚下也见到了一些相同的陶片。该土墩长28英尺，宽16英尺，高出地平面约8英尺。对其顶部及斜坡进行清理，除了成层的倾颓的草，仅出土了大量的汉代类型的陶片。由此地点起，不费吹灰之力即可辨认出向东呈一条直线的城墙遗迹，分布在最后提到的烽燧和前往安西的公路之间，其间距离约1.25英里，而可辨认出的城墙线占了这段距离的大部分。

这里的地面上都是赤裸的砾石，毫无疑问，这些汉代城墙正是因此而保存下来。除此之外的其他地方则是灌木覆盖的黄土地，那里的植被毁坏得很厉害。1907年10月我重访此地时，发现马车道西面的这块灌木丛废地，有一部分已被从渠道里溢出的水淹掉了。

在标志着自敦煌至安西主路线的长城线上，还分布着一座经过多次修补的烽燧，被建成一种截锥体形，外壁包有一层竖直排列的砖。[1]南面紧邻着它的是一座小接待亭，就像在首府以外若干距离范围内常见到的那种设施样式。按照中国的礼仪要求，它们就设在路边，里面供应有茶水等，以接送往来的官员。那里也坐落着五座小烽燧，排成一条直线，它们是中国公路主要路段的规则标志。较大型的烽燧分布在长城城墙线上，它与西面的古代烽燧处于一个规则的距离范围之内，从这方面来看，它的核心部分可能很古老，这个结论是从其自身的一些方面推导出来的。当地的某些传统影响到了对这一地点的选择，将其建在横贯长城线的道路边上。因为按照中国的惯例来说，人们常常把烽燧用作一个行政区首府驻地边界的标志。上面这个说法看上去可能也已经足够说明了问题。但就在1914年4月我利用在安西考察的机会重返此地时，注意到就在烽燧附近，又建起了一座简朴的小寺庙，这

1　在地图上，这座烽燧的名称为"委员墩"（今地名为魏原墩——译者）。"墩"在甘肃常用来指称路途上的炮台或瞭望塔。如果"委员"在这里指的是汉语里很常见的官府视察员的话，则此当地名称就容易理解了。

显然不是为了任何官方礼仪的需要，而是出于一个更具活力的动机，即由于当地虔诚的信仰而修建。我在1907年和1914年的探险向我一次次地展示出了，就在仍很常使用的道路所经过的古代长城线上，有一些延续下来的当地信仰的迹象仍几乎一成不变地存在了下来。因此我毫无理由去怀疑这里的情况也是如此，而且正是本地的敬神传统的影响，才使得人们选择此地作官方迎来送往之处。

从这里再往东，那城墙线的痕迹就完全消失在长满灌木的松软泥土中了。但在距道路约1英里处，我发现了或许是一座倾颓得极厉害的烽燧的最后遗迹，呈一种小而坚硬的泥土墩形状，高约8英尺，直径5英尺。我在那里找不到任何的长城城墙迹象，但我6月24日前往桥子时，在东—南东方向约7英里处，我又一次地遇到了城墙线的遗迹，正如我将在下文中要讨论到的那样，它距山脚下的砾石坡地并不远。为什么古代的长城要建在一条远离现代安西周围可耕地的地带并远处于其保护之外呢？这是一个无法明确回答的问题。可能是疏勒河后来改道南流及其泛滥之故，使人们将长城线选择在离开绿洲的略微高一些的地方。

除了这些长城遗迹，在现在的安西城南—东南方向约1.5英里处，还有一处带城墙的古城遗址，虽然其年代较晚，但亦具有考古学价值。按照当地地方长官恩太金（此系音译——译者）所加以证实的传说的说法，这座较早时候的安西城在经过多次的大火之后，大约在18世纪末或19世纪初期被放弃。城里面没一点建筑物遗迹，就像光秃秃的细砾石滩一样。这些城墙围成了一座约600码见方的方形，其墙壁用夯土建成，厚约15英尺（图1）。没有任何明确一点的年代方面的证据，从各方面来看，它们可能被反复修补过，一直到古城被放弃时为止。它们给人印象更深的是，风力侵蚀对它们所施加的影响。城墙的东面（某种程度上还有西面一小部分）被一些深切的裂口所隔断，里面填满了风吹过来的沙子。这些裂口中的很多深入地面以下5~6英尺，从图1中可以看出，墙的东北角被风力吹蚀得都与地面一般平了。

在这里很容易就可以看出风力侵蚀作用的结果，这种强风在安西地方一年四季都在刮着，很少有几天能停下来，它能达到那无物可阻挡住它的任何地方。很明显，正是这种盛行的东或东—北东方向的风，说明了为什么东墙面上受到的吹蚀要比西墙面上的范围广。那种吹蚀坑都呈喇叭形，向底部渐趋变小。东墙面上的吹蚀坑平均深13英尺，宽8英尺，而在西墙上的吹蚀坑的底部则窄小到几英寸。在这里，风力集中起来的能量可以将它自己的大部分威力借助于流沙而发挥出来，从而将裂口吹蚀得更宽更深。那些袭击城墙的流沙在墙外侧堆积得并不厚，稍远一点的砾石地面大部分都很裸露。但是一旦穿过了这些吹蚀坑情况就大不一样了，在墙的西面或墙的东面遮挡之下，沙子累积成了高18~20英尺的沙丘。那些未被沙丘留住的流沙或被特别强劲的风从其中吹走的沙子，则随后又越过赤裸裸的城墙内部，重新对西墙进行破坏。

图1　安西南面沙化的城址东北角附近风蚀的东墙

誠然，在东墙和西墙朝风面上的风力侵蚀，会逐渐将一个个的单个吹蚀坑联合起来，并最终将这些城墙毁灭掉。另一方面，我调查到了北面和南面的墙，它们的走向与风的方向相平行，未遭到任何稍大一点的破坏。如果这里的风力侵蚀作用一直照此持续下去，再过若干个世纪之后，这座废城圈子就会变得像中国古代驿站楼兰那样。那座古城的东墙和西墙已经消失，我在那里能看到的只是北墙和南墙。正是在这里所作的观察，使我对其特征第一次获得了正确的解释，而这种特征当我初访楼兰遗址时曾使我感到极大的震撼。

同时我想在这里借机指出的是，那种影响风力侵蚀进程和结果的可变性因素。值得指出的是建在这座废弃古城东门正面的半圆形棱堡（即瓮城——译者），它是近代中国堡垒性建筑中常用的形式，尽管其墙脚的少数地方已被风沙侵蚀掉了一部分，但其他地方并未受到多少破坏。很明显，它那种圆形的墙壁外表足以通过将流沙向两侧分解而减少吹蚀力的效果。紧邻地方的地表状况在决定风力侵蚀的程度上是一个重要的因素，甚至大气状况也具有同样的重要性，这一点可通过与夺魄城的对比显示出来，后者位于安西西南约6英里。尽管该城自发生叛乱以来（如果不是更早时候的话）已完全废弃，但其城墙上并没有显出任何的风力侵蚀的迹象。这种现象的解释看起来就是基于下述事实：夺魄城虽然坐落在没有现代耕地的地面上，在东面却受到大量的矮灌木丛的保护。这片灌木丛分布在古城附近的废地上，起到了阻止流沙靠近的作用。

关于后一个观点，具有启发性的实例（在相反的意义上）是由现代安西城本身提供。该城周围的大部分方面都被某些种类的耕地所围绕，但在城东却有一条废地地带，上面有薄的流沙层，显然是从河床里带过来又被地表的植被所松散地滞留下来。因此，当看到东城墙在无情的烈风——著名的安西风的冲击之下濒临倾倒时，那着实是令人一点也不感到奇怪。为了阻止墙顶被风力侵蚀毁坏掉，人们就在这个特殊面上用坚固的石头修建了一道女墙，以将这面墙置于保护之下，此事可能发生在平定了叛乱之后。虽然在该墙的内侧形成了一座高15~20英尺的大沙丘，但这道女墙在某种程度上确实起到了避开上述风力破坏的作用。问题接踵而至，墙上部的风力侵蚀被挫败了，而由东风所驱逐的沙子现在则将其毁灭性的力量发泄在了下面的黏土墙上，很多地方的墙根因被风力切割濒于倒塌。

同时我在这里还应该指出的是，尽管安西附近的风力侵蚀既力量大又持久，而且还有大量的流沙，但就我所见而言，其周围的地面上却看不到那种最典型的风力侵蚀作用的痕迹，即在罗布荒原上所存在的那种雅丹侵蚀沟，或在沿塔克拉玛干南缘的古遗址中所见到的那种普遍的对地平面的减低。其可能的解释就在于那种砾石层（位于不厚的表层河相黄土层之下），以及覆盖在地面之上的植被，它足以保护住大部分地方的松软的表层土。这些植被就像长时期以来生长在敦煌绿洲以西荒漠上的那些植被一样，它们自身会抵抗或延缓皱缩，无疑主要靠的是地下水以及有时来自疏勒河的洪水而存活下来。但根据个人经验以及考古学证据来看，我也有理由相信安西一带的大气状况要较敦煌地区湿润一些，而且在疏勒河谷地直至靠近肃州的地区，从敦煌向东当地的降雨量有一种轻微而稳步的增长。

由于在安西停留期间所作的直接观察，我收集到了一些有关这地方的古迹及其古代地理方面的资料，因此我现在可以转过来考证一份与古代瓜州历史地理有关的记载了。它是我唯一可以理解并特别感兴趣的历史资料，因为它来源于玄奘，并且与他生平里一件非常值得纪念的事件密切相关。我指的是他那次自帝国边境冒险起程前往西域一事。这位伟大的取经者告诉我们，他是如何抱着"欲求法于婆罗门国"的目的而离开凉州（约公元629年末），而后又是如何到达瓜州。在寻找前往西域的路时，这位法师被告知：

从此北行五十余里有葫芦河，下广上狭，洄波甚急，深不可渡。上置玉门关，路必由之，即西境之襟喉也。关外西北又有五烽，候望者居之，各相距百里，中无水草。五烽之外即莫贺延碛，伊吾国境。

这位热切的朝觐者受吉祥的梦境和预兆的鼓励，并在当地长官的默许之下（那人被玄奘的虔诚所打动，采取睁一只眼闭一只眼的办法，同意玄奘出关），准备避开官府的禁令，冒险出境进入令人畏惧的大沙漠。在这里令我们感兴趣的是当时玉门关所处的位置，以及玄奘的故事中所提供的有关瓜州古地志和通往哈密之路方面的信息。据记载在途中玄奘"所乘之马又死"，"遂贸易得马一匹，但苦无人相引"。有少胡（年轻胡人）来"言送师过五烽"，并介绍一"极谙西路，来去伊吾三十余返"的胡老翁。老翁说："师必吉，可乘我马。此马往返伊吾已有十五度，健而知道。"于是玄奘"遂即换马"，"与少胡夜发"，前往伊吾。(见《大慈恩寺三藏法师传》，下同——译者)

玄奘等"三更许到河，遥见玉门关。去关上流十里许，两岸可阔丈余(10英尺)，傍有梧桐树丛。胡人乃斩木为桥，布草填沙，驱马而过。法师既渡而喜，因解驾停憩"。在河边休憩之后，辞别了这位不愿再继续前进的年轻人，这位旅行者独自勇敢地朝着第一座烽燧的方向出发了。在接下来的章节中我们将会追寻到他的足迹，并且将会有充分的理由相信，他所走过的道路必定距那条现代商队所走的安西与哈密之间的道路不远。

依据以上这段描述以及玄奘先前所收集到的有关当地的信息，我们可获得以下的关于地志方面的资料。从瓜州城出发，前往哈密的道路首先是向北行50里，抵达葫芦河，那里分布着玉门关的烽燧。由此处起道路转向西北，进入沙漠地带。玄奘由于未被授权出境而不得不避开看守。他已超出了被许可的行动范围，一旦被看守发现，便会遭到制止。于是他夜间从瓜州出发，于三更时分抵达位于玉门关以上约10里处的河边，从那里不为人知地涉过了河。从那里起，他选择了通往最近一座烽燧的道路。他走了80里路后，才抵达那座烽燧。

所谓的葫芦河，只能是指疏勒河。根据瓜州城遗迹所处的中心位置以及保存下来的传说，可以有把握地推测出唐代瓜州的大致位置，它位于现在到哈密的道路与疏勒河相交点以北直线距离约8英里处。如果我们假定疏勒河的河床在玄奘的时代更向北偏约2英里，即拉伊·拉姆·辛格所测出的一条老河床位置之所在，这样一来就更接近《生平》所说的50里的距离了。因为我在中亚的经验已证实，玄奘所估算的5里路程，相当于1英里。玄奘离开疏勒河后前往哈密的路逐步转向了西北方向，这从地图上可以清楚地看出来。最后一点值得注意的是，玄奘过关至烽燧行程为80里这一数据，与老河床和白墩子之间的距离为16英里完全吻合。白墩子位于现代的商路上，它曾是我们的第一处歇脚地，那里有泉水。

第三节　桥子一带的古遗址

1907年6月24日，我离开荒凉多风的安西，向东南方的高山地区进发。在开始那里的夏季地理学探险工作之前，我在途中走访了位于南山外侧山地中的两处遗址，据说这些遗址具有考古学方面的趣味。我的首要目标是位于桥子村南面的一座废城遗址，安西的一个操突厥语的穆斯林商人，曾为我提供了关于这个遗址的最初信息，都是些必要的最粗糙的轮廓。而桥子村本身的位置就极不明确，欧洲的旅行者们从未探访过疏勒河大转弯内的那些低矮的丘陵地区。有关长时间的寻找桥子村以及大雨的情况此不赘述，我可以在我的个人探险记中进行介绍。这段旅行使我们跨过了南山最外围广阔而又草木不生的丘陵地带，正是在趋近其山脚之处，在黄渠口小村子南面，我初次发现了那段短而轮廓分明的古长城城墙遗迹。它使我确信这段城墙即是长城线在安西以外的延伸。

桥子村是这周围地方的首要地区，它是一片小绿洲，异常肥沃，位居一片有水草的宽阔平原之中。该平原分布在这座宽阔的河谷底部，而这河谷又将南山最外围的两片山地隔开了。连同外围的一些零星人家一起，桥子村总计约200户人家。如画的围墙环绕着这村庄的主体部分，还有许多的寺庙及附属性建筑，它们现在有一半都已颓废了。这些遗迹表明，在叛乱分子对这里造成毁灭性的破坏以前，这里的绿洲中必曾有过庞大的人口数量。它的存在靠的仅是大量的泉水，这些泉水分布在主绿洲南面和西南面广阔的沼泽地带，从那里冒出了地面。

充足的水源提供了良好的灌溉条件，为人们的耕种带来了便利。泉水还使150平方英里的土地变成了优良的牧场。这条峡谷过去还是那些游牧或半游牧的非汉人（如月氏人和匈奴人）理想的冬牧场。他们游牧于此，直至汉人向甘肃极西部地区的推进将他们赶到北面时为止。吐蕃人、回鹘人和唐古特人必也曾分享过其优越的自然条件，他们对这片绿洲连同南面更高河谷里的牧场心存感激，而他们对这些地方的占据持续了下来。但是汉人对游牧生活的反感根深蒂固，他们现在宁愿将这块优良的牧场弃之不用。一直保存在记忆中的对东干人和唐古特人侵掠的悲惨经历，使他们对其游牧民邻居有一种传统的恐惧心理，很戒备地制止那些可以利用这块土地的人进入此地。沿着南山山脉向东趋向甘州等地的山脚下，还发现有一些较小的冬季牧地，这一地理状况值得在此加以强调。因为对研究历史的学者来说，如果他想阐明甘肃最西部地区那些基本上处于游牧状态的民族的系列领地情况，他就必须关注这些地方。如果这整个地区像敦煌以西及疏勒河北面的荒原一样，或者像塔里木盆地那些只有靠灌溉和辛勤耕作才能维持人类之生存的绿洲一样，从自然条件上来说，这些游牧民对地域的占据就不会长时期地维持下去。

我发现"古城"所在地的那个地方自然特征非常有趣。遗址的确很大，在一些方面具有很强的启发性。其遗迹散布在一个东西向长约5英里、南北向宽3英里多（东端）的地带内。沿着被墙围起来的桥子村向南行，经过1英里长的耕地，就到了一处将近3英里宽的由沼泽地里的泉水哺育而成的茂盛的植被地带。窄窄的一片红柳沙丘，像屏障一样分布在这片植被地带的南边缘。遗址区延伸到了那里，一部分已被风蚀，另一部分则被埋在了生长着红柳和芦苇的矮沙丘底下。再向前行进1英里，我眼前出现的景象使我回想起在和田见到的那种塔提，我置身于一处明显可见的遗迹之中了。这是一座带围墙的小城，呈不规则的四方形，其中相连的北墙和西墙部分已严重颓毁。桥子村的村民们称这个遗址为锁阳城。

城东和东北方向三四英里处，零散地可见到一些用泥土建造的塔和围墙。在被完全侵蚀掉的住宅中，发现了一些厚的陶片，这些迹象标明了这个曾被密集占据的地域之范围。老绿洲上的耕种地可能曾延伸到了很远的地方。整个遗址区分布在肥沃而平坦的黄土地上，那黄土地一直延伸到从南面山坡上斜过来的光秃秃的冰碛砾石滩地边缘。在我随后从踏实到万佛峡的路上，一直分布着这种砾石滩地。由于缺乏地表水而未受到植被保护的黄土地，被强劲的东风吹蚀得很厉害。这种风通过疏勒河盆地里总是呈东西向的小山脊和裂口，一年四季不停地刮着。在这里逼真地再现出了罗布荒原上楼兰一带雅丹地貌的形成过程，只是雅丹规模小了一些罢了。那种常常间隔2~5英尺的很浅的吹蚀沟，说明了正如我们将要看到的下述事实：自从地表水和保护植被消失以来，时光在这里的流失也不过一千年。另一方面，这里地表的黄土层厚度有限，我发现很明显正由于这个原因，那些黄土被彻底地侵蚀掉并一直暴露到了下面的细砾石层。很多原本来自岩屑覆盖的山冈的沙子都很粗糙，其侵蚀活动在这里必然会有助于风力侵蚀的效果。宽阔的被侵蚀的黄土地带，向东一直延伸到眼睛所及之处，一眼望去，只见满目黄沙。在老绿洲之内，存活下来的灌木有助于将小沙丘固定在原位上。在城墙内，由于大墙所提供的保护作用，流沙累积成了巨大的沙丘。

与前面描述的自然状况有关的，还有我在这些地方所作的调查（由于时间有限，我的调查不得不快速进行），它使我得以确证了曾经供给这座废城以及它附近耕地的水源。可以肯定的是，它不可能来自灌溉着现代桥子绿洲的由泉水哺育的沼泽地。稍作观察即可看出，所有这些泉水的所在地，均低于被废弃的遗址区之地平面。从位于绵延了数英里的光秃秃的冰碛砾石滩涂上的锁阳城起，一直到山脚下，都看不到任何清楚一点的河流痕迹。但当我穿过古城东面的风蚀地，前往我此次探察目的地的古城遗址时，我的目光被从东南面延伸过来的一座砾石覆盖的山脊所吸引住了。正如我所期待的那样，那里有一条古渠道，其渠岸顶部仍清晰可辨。渠水从山脚下所携带的粗沙和砾石，经过长期的沉积，抬高了河床，这正如我们在从和田到安西的每一片绿洲里所看到的那样。接下来，当渠道停止输送水时，其大量的沉积物就起到了保护渠道免受风力侵蚀的作用。自从灌溉停止以来，这种风就一直在持续不断地切割和减低渠道两侧的地面。这样一来，渠道的顶部就保存了下来，平均高出两侧的侵蚀地面以上10~12英尺。

渠道线在距离废弃的寺庙 a 约 1 英里处，可看出它又分成了数条支渠。从这里起 4 英里范围内渠道都清晰可见，直至古城东南方一个泥土堆旁。自此起，地面上的渠道线就消失在完全为雅丹所侵蚀的地面上了。在这片宽约 0.5 英里的侵蚀地带南部，可看到赤裸裸的冰碛砾石滩渐渐地在升起，在这个地方是别想指望看到渠道的痕迹了。朝东南方向远远望去，我看到了一条白色的泥土峭壁线，可能是一条现已干涸、沉陷入冰碛砾石地里的河道。它的南面距离最近的山冈上，有一道宽阔的沟壑，它使我去想这条河道从下一条更高的山脉起被截流了。正如我随后的调查所显示出的那样，这座山的高度在12 000英尺以上，尽管它没有永久的积雪，现在却可以随时接收到大量的潮湿空气。毋庸置疑，正是这同一径流现在又出现在桥子东和东南面的沼泽地中。但就地面状况而言，现在的地表水不足以灌溉古代绿洲。由此我可以得出的结论是：在这个地区已有清楚的证据显示出了干燥化的迹象，无论是普遍存在的抑或局部范围的；而这个问题使得考古学从对遗址的考察中所得出的事实具有了别样的价值。

我需从已经提及的锁阳城废墟开始对这些遗迹的描述：用夯土围成的城墙呈现出一种四边形，其北墙的外侧长约670码，南墙为493码，其他两边长约650码。墙的厚度不一，其墙脚处厚20~30英尺。在墙角有圆形的棱堡，沿着棱堡间不规则的幕墙上又有四方形的棱堡（即马面——译者）。在保存下来的北门和西门处，有一种四方形的外围工事（即瓮城——译者），就像现在在中国城门外侧仍可见到的但常常筑成半圆形的那种建筑。城墙的西南角向内缩进，那里有一座小围墙建筑，或许是打算用来作一种内堡。南面和北面上也有内墙遗迹，但损毁严重，其特征已无法辨认。

该城有一个特别之处，它有内外两道东墙，二者相距200码，并不完全平行。内侧墙的很长一段由于侵蚀而产生了裂口。图2呈示了锁阳城一部分内侧东墙的景象，它清楚地展示出了风沙在这里肆虐的结果，极类似于安西南面那座废城的状况。尽管经历了长时期的侵蚀，内墙的基部依然保存了下来，而且一些棱堡，或许还有近中部处的城门之位置仍可以辨认出来。它与外侧的东

图2　锁阳城故城东墙，内部风蚀的缺口，自东望

墙很不一样，后者不得不承受东风的吹蚀。其大部分地方都已被夷为平地，仅可在别处寻到一段破坏得很严重的低矮的墙迹线。考虑到这一事实即外侧东墙在自身受到侵蚀之同时，必也曾为内侧东墙提供了保护，我们还不可断言后者的较好保存状况乃是后来修建的必然证据。然而，联想起在现在的安西"城"东墙上之所见，我自然而然就生出了这样一个想法：锁阳城的内东墙建于

一个较晚的时期，当时外墙已被缓慢然而无休无止的风沙侵蚀得无望修复或用来防卫了。从内墙的位置相对靠近北城门及其墙角缺少半圆形棱堡上来看，似乎也支持这一推测。

在安西的观察发现，古城的北城墙和南城墙遭受的损毁相对较小，尚未有一处地方完全断裂过。毁灭性的风主要来自东方，而南北墙的走向与此一致，因而得以保存下来，这也为楼兰古城的状况提供了另一个明确的解释。在东墙的庇护之下，流沙在围墙之内被积累下来，从而成功地保护了西墙免于遭受毁坏，尽管其顶部刚刚开始出现一些裂隙。在围墙的西北角，建有一座用黏土筑成的瞭望台，其底部有一个用土坯砌成拱顶的通道。该瞭望台仍高约30英尺。随着时间的流逝，这些裂隙被切得越来越深时，风力将会重新卷起时下填塞在裂隙内的沙子，并驱使它们向西掠过那时已破裂的城墙。到那时，侵蚀力对内墙来说将会像对外墙一样大，也会强烈侵蚀到城墙以内的地面，将这个现在已半为沙丘埋没的地方变成一处塔提，仅有北墙和南墙的遗迹尚可显示出曾有一座带围墙的城池在这里矗立过。

要指出这一过程的早期阶段是很有趣的。在内外墙之间地段上的沙子很薄，分布在小土墩与暴露在侵蚀力之下的住宅等之间。在这里的地表上可见到古代的陶片、木炭之类的遗物碎屑，但在墙外的完全被侵蚀的地面上却见不到这么大量的遗物碎屑。城墙外侧的红柳大都已枯死，与它们在一起的沙丘正被分解和夷平。在内东墙后面围起来的地段内，还有很多的红柳沙丘，上面仍有绿色的灌木生长着。靠近西墙，甚至还有一些仍很茂盛的野杨和沙枣树。大部分地方的流沙堆积得有6~10英尺高。仅在少数地方的地表上可拣到陶片（包括一些瓷器及上釉的粗陶器碎片），以及属于唐代的青铜钱币。在这些地方有较大型的垃圾堆，或者是一些由完全倾颓的建筑物构成的土墩子，它们都高出流沙的地面。城的西面，在一道外侧围墙（其标志是一些较小的墙迹）内外，有一片地面上生长着大量的灌木和芦苇，推测那地方的下面应有地下水存在。那水可能来自上面提到的从城西南经过的干河床的排水，而该河床的排水又是从南面第三道山冈那里带过来的。

瓷器和上釉粗陶器的碎片，连同我第一次在这遗址中调查时所采集的钱币，极清楚地说明了这座小城及其周围地区的固定占据时间，曾一直持续到了宋代（如果不是更晚的话）。这一事实，再加上在仍然生长有植被的地面上容易被毁坏的遗迹的倾颓状况，使得花费时间在这里做系统的发掘显得很不明智。围墙内的极大部分都分布有很厚的流沙，在那个季节里，要想雇用到足够数量的工人是很难的，这一切都会极大地延迟我要做的发掘工作。在围墙西南角的一座高出流沙地表的土墩上所做的试掘，揭示出了一座看似住宅的遗迹。这座住宅建在一片大遗物碎屑堆上，碎屑堆主要由完全烧焦的木头、破碎的土坯以及牲畜粪组成。除此之外还有其他一些迹象表明，这古城里的建筑在废弃之后曾遭受到一场大火。

然而这座古城看上去并不像是一下子就被彻底废弃，而是有

图3　木雕像上臂

一个渐进的荒废过程。这个观点是由下述事实推导出的：所发现的钱币遗物中，最晚的一枚属于金代一位帝王时期（公元1156—1161年），而此外还发现了少量的瓷器碎片，霍布森先生倾向于认为这些瓷片的时代应在17世纪。考虑到遗址与桥子村间很接近，很可能我从那些前来观看发掘的桥子村村民那里听到的一个说法是真实的。据他们讲，在他们的记忆中，在北面草原上放牧矮马的牧人们，时不时地跑到少数几座废建筑中躲避冬季刺骨的寒风。那些建筑物明显地属于较晚的时期，当时仍然矗立着。有证据表明，这座废城甚至在今天还有一些临时的居民，都是些前来采硝的人。从曾经被占据过的建筑物的土中，可以采集到这种硝。人们指给我看西墙根上的那些小烟囱，都是被那些挖硝人凿出来的。

　　从位于一座地穴式住宅前面的一座小泥土建筑的寺庙（其年代很晚）里，以及一处明显是一个工作垃圾堆上，陪同我的一位有文化的小官员给我找到了一种有趣的小古物。那是一件雕刻得很好的木雕像的上臂（图3），属于某种明显有真人大小的雕像的一部分。像上面装饰有浅浮雕，带有表示两件衣服的装饰图案。其图案的一部分是植物，让人想起犍陀罗的装饰图案，包括四瓣铁线莲似的花朵，这种图案我们从尼雅以及楼兰出土的木雕中已经很熟悉。当这些东西送到我手里时，上面仍附着有鲜亮的色彩痕迹。这件遗物所属的雕像的时代必定很早，或许是唐代以前，这一点看来是很清楚的。遗憾的是，没有任何迹象可表明其原始出土地。但即使如此，它也足以显示出锁阳城内的这些土墩和流沙之下，可能埋藏着富有考古学价值的东西，而不仅仅是一些塔提类型的小遗物碎屑。而如果要做系统的清理，则既费时又费力。

出城向西北行，在其西北角约 1 000 码处，有两个大夯土建筑的土墩吸引了我的注意力。自远处望去，它们像小城堡一样。但走近观察，在北面有一道损毁严重的外侧围墙遗迹，其独特的样子立刻吸引了我。建造得极好的土墙厚达 20 英尺，仍保存有很高的墙体，它构成了一个每边长约 70 英尺的坚固的方形建筑。看不到有任何专设的入口或台阶，以及其他可进入其内部的设施。墙的接合处形成了一道裂口，在通过该裂口走进这些奇怪的建筑之后，开始时我徒劳地在寻找能说明此建筑之用途的遗迹。后来我注意到了一些已裂开的木板，它们散布在沙地上，占据了围墙的一半。木板的长度恰好与一副棺材的长度相当。接下来，在刮去一个角落里的沙子之后，我发现了相似的木板，仍处在原位上，里面是一具朽烂得很厉害的骷髅。很显然，这些高大的墙是用来庇护逝者的坟墓。它们或许长时间地抵挡住了风力的侵蚀，却未能阻止沙子以及"寻宝人"的侵入。我不能肯定这围墙的原始入口在什么地方。周围的地面已被流沙吹蚀得暴露无遗，随后又受到了侵蚀。从对它的调查上来看，这整个围墙内被用作了一块墓地。但墓穴中除了人的小块碎尸骨，已被侵蚀得别无他物。

　　遗址中最显眼的个体建筑，是一座曾经很精美地装饰过的大型佛塔。塔建在一座部分用人力处置过、部分利用了周围侵蚀地的台地上，在锁阳城外东墙以东不足1英里。图4显示的是其南面部分，而在图5中呈现的则是其西南面，它向北和东北方向有一排较小的佛塔。"寻宝人"在代表佛塔上部基座的部位处挖了一个大坑，对佛塔的损毁很厉害。此外还有被毁坏掉的原先曾覆盖在外壁上的一厚层硬的黄色拉毛泥，使我很难在有效的时间内对佛塔作准确的测量。从我拍摄的照片上可以看出，这座佛塔在形状和比例上，与我在塔里木盆地调查过的佛塔明显不同，代表一种较晚期的类型。最下部分的基座看似呈方形，大部分被碎屑所掩埋，其上有第二层呈圆形，突棱状，高15英尺多，其上承托圆形塔身。它的上面还有第三层，呈圆柱体形，其穹隆形顶几乎变成了平的。一个非常显著的特征，是上面用砖建成的一系列的大伞盖，很精致但不成比例。佛塔的总高度看上去超过了40英尺，而主体基座部分的直径大约有27英尺。我对这整座塔的印象是：它属于宋代晚期，或许属于当甘肃极西部地区被唐古特或西夏统治时期（公元11—13世纪）。但在缺乏可靠的年代学资料的情况下，无论是对此地还是对吐鲁番和焉耆的七个星"明屋"中出土的某

图 4　锁阳城东部的主塔遗址，自南望

图 5　锁阳城东部的废寺和佛塔遗迹，自西南望

些部分特征相似的佛塔，我们都不能贸然尝试去确定它们的年代。

　　没有任何的堆积物保留下来。如果这座佛塔内部可能有过什么东西的话，就必曾刺激过那些"寻宝人"的欲望，这可以从那些各种各样的大盗洞上看出来。沿台地北边缘排列的直径10~12英尺的6座小佛塔，也未能逃脱被盗掘的命运。有一些佛塔因此而彻底颓毁了。在那些仍矗立着的塔内，有一间不足2英尺见方的小室。其中有两座佛塔的小室里，发现了数以百计的用黏土制的微型佛塔模型，其样式与我在喀达里克的寺庙中所发现的一样。这些小供奉物中的大部分都被弃置在外面，或多或少地遭受到了磨损或风化。但也保存下了足够多的完全未被触动的标本，从中显示出它们是从少数模子中复制出来的。这些标本中最有趣的是图6，它精确地再现出了热瓦克佛塔的平面结构，其主体基座上带有台阶和四条十字形的臂，但上层建筑的细节部分却未保存下来。图7中保存了基本特征，它们用制作较粗的模子制成。而图8则再现了与喀达里克一般模型相一致的传统。

　　主佛塔南面的台地部分看上去曾建有一座寺庙，但其遗迹已完全毁坏到了基部，这或许是使用其建筑材料作他用之故。这座庙宇的存在可通过大量的硬绿釉陶片来加以证实，这些碎片明显属于苫顶的屋瓦。标本如图9，被模制成浮雕状，上面还带有一部分有翼龙的图像。图10则是施釉的贴附用的雕塑碎块，可能曾被用来装饰寺庙的墙壁。相同的还有一件小粗陶像的胳臂，上面同样地也施有釉。我在这里可以指出的是，1914年我在哈拉浩特（即

图6 微型泥质佛塔　　　图7 微型泥质佛塔　　　图8 微型泥质佛塔

图9 浮雕陶片　　　　　　　图10 雕塑碎块

黑城——译者）一座可能属于西夏时候的寺庙里，发现了大量的相似类型的绿釉瓦，被用作屋顶和墙壁的装饰物。我在寺庙东南部分做了些清理（那地方还可以看出一些墙的痕迹），结果是什么也没发现。

　　我在这个遗址中调查过的其他一些建筑遗迹的情况很简单，主要是因为它们过于稀少或不明确，以致无法确定其年代。当从附近的大土墩（该地点可看出古灌溉渠线）向北返回时，我越过了一片广阔的塔提地面，这块地方在地图上可以看到，其从南到北的距离约3英里。在整个路途中，到处都有大量的暗灰色和红色泥质陶片散落在地面上。

关于古城及其邻近地区，我在前面已经指出了其年代学方面的证据，从那里采集的陶片清楚地表明了遗址的占据时代是在唐和宋代时期。剩下来唯一要补充的是更明确的钱币方面的证据，完全与这一观点相一致，但同时又留出了某种程度上来讲人们对遗址的占据可能更早的余地。在已鉴定出的总数为38枚的铜币或铜币残块中，有25枚上面铸有"开元"铭文。这种铭文最初用于高祖时期（公元618—627年），但在唐代大部分时期的钱币上都有这种铭文。剩下的有一枚为乾元重宝，该年号历为公元758—760年；两枚宋代钱币；另有10枚五铢钱，其中有一枚可归为隋代（公元581—618年）。其余的时代明显较早。

第四节　万佛峡石窟

在桥子村作短暂停留之后，我又向南部的山区出发了。最初是穿过一片宽阔的长满了绿草的平原，那里有一块很大的未被开发的牧场，而后我就到了踏实。这块绿洲与桥子的绿洲大小相同，但其农舍都很分散，而灌溉用水部分来自南山上积雪形成的河流，部分来自东南方外围丘陵山脚下涌出的泉水。正是哺育了这些泉水的水源，使得较早时期人们在东南5英里地方的活动成为可能。据测绘员讲，现在那地方只有一些土堆，看上去是一些建在冰碛砾石地上的黏土建筑完全倾颓后的遗迹。

在踏实，我们遇到了前面提及的公路干线，这条道路将安西以及从北疆和蒙古过来的大道与翻越柴达木高原前往西藏的道路连接了起来。翌日，经过10英里多的旅行之后，我们爬上了踏实河的左岸。在深切下去的河床对面，砾岩峭壁上凿有一组大约10座小洞窟（图11）。"小千佛洞"由此而得名，这一名称也恰如其分。因为装饰在这些洞窟里的壁画虽然很多地方都受到了严重破坏，其主题及风格与敦煌千佛洞中那些较小型洞窟里的壁画很接近，后者的时代大致在唐末及以后。没有一座洞窟的面积超过16英尺见方，它们中的大部分仅有10~12英尺见方。从现存的拉毛泥塑像等来看，所有的洞窟均被修缮过。

考虑到没有必要在此作详尽的调查，我们便沿着小千佛洞以上河水所流经的外侧丘陵的峡谷继续穿行，那峡谷曲折迂回，风景如画。行至踏实以上15英里处，两侧锯齿形的峭壁之间的通道变得非常狭窄起来，一条古老的巨大石墙立在峡谷的底部。我们上攀到约250码高的陡坡之上，自东面俯瞰峡谷。这是为拦阻这条重要的道路而设的一种规则的丘塞，常有来自南面的侵袭通过这条道而威胁着北方。这种侵袭迟至1894年还在发生着，东干叛乱分子对踏实的侵袭亦证明了这一点。连同在石包城及在这些

图 11 塔西上方的小千佛洞石窟，自西北望

山地其他地方建造的相似的防御工事一道，我猜测从肃州到敦煌的古代交通线上的汉人聚落，也遭受到过来自柴达木高原和深谷的侵袭，此种侵袭或许像来自北面和西面大沙漠的胡人的侵袭一样多。

这段峡谷以上的河谷变得稍宽了一些，但依然是一派光秃秃的样子。约2英里后，上行的路就到了位于河右岸上的一个小盆地里。这里生长着灌木丛和树木，名叫蘑菇台子。此处除河道外，还有一条深切的部分地方很难进入的峡谷。峡谷的两面坡度虽缓但一直在平稳地上升，从那里伸展出一座宽而完全裸露的砾石坡，趋向南面的第三道外围山冈。在我看来，像蘑菇台子这样一个如此肥沃的地方（在光秃秃的砾石荒漠山麓地带，它提供了充足的牧场及燃料来源）的存在，说明了由万佛峡的洞窟所代表的圣地很可能就位于它的附近地方。沿着河谷右岸平稳上升的砾石萨依上行约4英里之后，我们就到了那个位于河流峡谷上面的地点。这时已转入了一条规则的峡谷之中，从这条峡谷里可以不费吹灰之力地到达那处佛教遗址。我在敦煌收集到的信息使我担心，尽管它的名称很夸张，这处石窟寺院的汇聚地在规模和重要性上都无法与敦煌千佛洞相比。但这里规模上的不足看上去又似乎被其粗犷的环境所弥补，它给了我最初的强烈印象。

峡谷的底部宽仅200码，愈往高处河谷愈狭窄。从石包城上面的雪山上流过来的河水，将坚硬的河谷切割得几似壁立。洞窟就开凿在这些峭壁上，绵延了逾0.25英里长。在峡谷底部一片狭窄的果园和耕地的衬托之下，那高100多英尺的岩壁和上面开凿的凹进去的暗黑的洞窟，显得更加高峻了。一条小水渠从果树和耕地中穿过，陡峭的坡地上满是风化的石屑，一直延伸到上面裸露的高台地上。只有在满布着卵石的河床上流淌的河水发出的淙淙声，才为这一幅荒凉的景象注入了几分生机。这股河水从东南面的乱石滩中奔流而出，这番景象与充满幽僻、宁静气氛的山脚

下的小盆地一道，共同构成了一幅和谐的画面。虽然洞窟的内部
早时候曾受到了严重的破坏，但在右岸岩壁高出去的平台上，依
然散布着许多小龛和佛塔（图12），看上去修缮得很不错。这些连
同三个保养得很好的道士的欢悦表情一道，共同营造出了一种宗
教的氛围。来自南面高山谷及高原地区的蒙古人的朝拜以及虔诚
布施，对寺庙的保护和修缮起了重要的作用。三个道士自称已在
此护寺30余年，对他们所守护之处的历史变迁却一无所知。从很
多迹象上可以看出，寺院由于所处的地方位置偏僻，再加上土地

图12　万佛峡河岸右侧的石窟寺，自西南望

贫瘠，因而基本上躲过了被侵袭的劫难。

万佛峡的洞窟虽然规模较小，但其基本的建筑布局和装饰艺术与前面所说的千佛洞的一般类型具有最接近的相似性，后者的时代可以大致定在公元9—10世纪。从图12中可以看到，右河岸上的洞窟分成了两层，下面一层开凿在一块台地上，高出河床以上约20英尺；另一层开凿在比下层高50~60英尺的水平线上。下层由五座主洞窟组成的系列，是从东南面开始，其中一座里面有一个巨型的坐佛像，高度达到上面一层，并与那里我编号为XVII的洞窟相连。接下来的洞窟里有一尊巨型的佛涅槃像，全长30英尺。这两尊佛像与万佛峡洞窟中的其他拉毛泥塑像一样，都被大面积地修复过，其结果是具有了一副现代面孔。下层的五个窟因在它们前面修建了围廊而变得光线很暗，再加上香火熏烤，使得要对此处以及其他地方用蛋胶油调和颜料画的壁画进行观察显得很困难。较大块装饰面板上的绘画主题，主要也是佛像和菩萨像，画在一种几何形方框中，这种方框又围在一种圆形或椭圆形的植物图案中。这些绘画中的一部分，我认为其风格受到了西藏的影响。这些下层主洞窟，连同介于它们之间的包含有新壁画的五六个小洞窟，看起来似是目前最吸引僧侣和香客的处所。

上层的洞窟可通过凿在岩石上的台阶而达到那里，这一层的一些小窟被用作僧侣住房，在图12的右侧可看到这些洞窟。通过一座摇摇晃晃的桥，我们跨过了一道深深的岩壁裂隙，并经过一个其前面部分已坍塌的洞窟上到了一条粗略凿成的隧道中。而后

图 13 万佛峡洞窟 XVII 前厅西北墙和东北墙的壁画

图 14　万佛峡洞窟 XVIII 前厅东北墙和西北墙的壁画

我们就到达了一线排开的石窟寺 XI~XXIII 的最北部分，这些洞窟都处在同一水平面上。所有这些洞窟均有一间方形或几近方形的殿堂，边长自20英尺至32英尺不等；一间与殿堂宽度相当的前室，但仅有一个中等的深度，它与殿堂间通过一条短而宽的通道相连；一间高的门廊或外侧走廊，某些保存完整的地方深20~30英尺，它们使得光和空气从悬崖面那边进来了，从图12中可以看到它们的开口。这些寺庙之间，原先曾靠在岩壁正面用灰泥建成的通道彼此沟通。在坍塌得无法通行的原走廊的地方，显然在一个较晚的时期里又凿通岩壁修建了一条粗糙的连接着前室的通道，这可以通过被损坏的壁画上看出来（图13）。所有寺庙在布局上的这种一致性，表明它们是依据一定的蓝图修建，而且在时间上也相差不远。关于这一点，它们的装饰风格上的一致性看起来也与此相符合。

所有这些石窟中的用蛋胶绘制的壁画，在风格上与敦煌千佛洞里的很相似。走廊的一侧墙壁上，很常见地绘出成排的男像，身着暗红色的长袍，头戴宽沿的黑帽。在另一面上则绘有一系列的女像，穿宽袖的衣服，很精致的发饰，球茎形的帽子周围有花朵、带子和悬垂物。通过对敦煌千佛洞壁画的观察，我们可以明确地将这些壁画与公元10世纪在敦煌地区流行的服装样式相联系起来。这些带供奉物的画像，也绘在殿堂入口的两边墙壁上，它们与敦煌千佛洞某些洞窟墙壁上的有关壁画类型很相似，毫无疑问表现的是男女供养人。殿堂和前室的墙壁上，或者画一系列衣着富丽的在华盖下行走的大菩萨像（图14）；或者画各种装饰画面，上面画有相似的佛教天宫场景（图13）；佛陀为成排的菩萨所簇拥（图14）；大型的文殊师利和普贤菩萨像；等等。将表现这些装饰题材的少数标本的照片与敦煌千佛洞相关壁画的照片相对比，我们将会看出它们之间在前面已提到过的风格上的相似性。同样的情况亦表现在那种奇怪的风景画上，我在前面已经描述过了，这种画在敦煌千佛洞 Ch.XVI 的墙壁上可以看到，而在本地千佛洞的两座殿堂的后壁上，又再次发现了同样的题材及细节。

在 XII 走廊的左侧无彩拉毛粉饰墙壁上，写有大量的汉文、回鹘文及吐蕃文题记，其中还有一处写有阿拉伯文。汉文中带有纪年的那部分，我已让蒋师爷复制了出来，证明属于最后一位蒙古皇帝的至顺（公元1330—1333年）和至正年间（公元1341—1368年）。邻近的小洞窟 XIII，已换成了全新的道教的壁画和泥塑。虔诚的道士们在一个角落里存放着一堆小拉毛泥塑饰板，均出自同一模子，上面有禅坐在龛间的佛像。据说它们是在重新抹灰泥以前被从一堵墙上移下。1914年我在甘州南部的马蹄寺石窟寺的一座洞窟中也发现了这种墙壁装饰，该寺的年代似可追溯到宋代。至于这些饰板为什么很小，很可能是因为它们都被用作一种供奉物。

XVI 洞窟的殿堂里有绘制得极高超的壁画，但因为光线太差，我无法将它们拍摄下来。在边墙的每一面上都绘有两幅西天场景，东面的后墙上保存有一种风景画的局部。通往殿堂入口左侧墙壁上所发现的回鹘文（或蒙古文？）、吐蕃文和汉文题记之中，看上去似乎均无年号。前面已提到过的寺庙 XVII，其殿堂里有巨型坐佛像的上部分，其鎏过金的头部显示出新近重修过的痕迹。图13复制出了前室左（或西北）面的墙壁装饰图案：骑在狮子上的文殊菩萨的画像绘制得大而活泼，被两个菩萨所胁侍，对面是普贤菩萨。

寺庙 XVIII 在整个系列中最大，下面详细叙述一下它的情况。殿堂的面积为38英尺×32英尺，包括一根在岩石里凿成的中心柱，柱的基座部分宽20英尺4英寸，长18英尺。它的四面上各有一座壁龛，里面有一个大型的坐佛像，从图上可以看出，大部分都已被重修过。两个曾胁侍在其两侧的用拉毛泥塑的菩萨像已经被毁坏，但还有其他两幅像画在壁龛的两边。此外在壁龛里靠近佛像大型火焰图案处，还绘有两幅着僧衣的信徒像。殿堂的墙壁装饰由8幅画面组成，每一幅上面都有一幅佛像，被簇拥在两幅菩萨像之间，位居五排带头光的小坐像的中心。用衣服和背景（暗紫色和淡绿色）的不同色彩来表现变化。东墙和角落画面上绘的是大型的装饰华丽的菩萨像，作各种各样的姿势，在它们中间是弥勒。相似的持花果的菩萨像，装饰着自殿堂进入前室通道的长7英尺多的边墙上。这种菩萨像也出现在前室里的较大的墙面上，呈真人大小，从图15中可以看到。前室里的墙面长29英尺，宽10.5英尺，每一面上都装饰有一幅画，上面绘一个紫色皮肤的佛像，坐在四排坐菩萨像中间的一座圣坛上（图14左侧）。佛前面的圣坛（图16）上盖有色彩丰富的桌布，上面有一件大型的覆盖着的碟子，介于两个造型优美的罐子之间。后者像碟子一样画成烧土颜色，其优美的造型非常像那种黄铜制的老阿普塔巴，这种东西在塔里木盆地仍为人所知，直至公元19世纪中叶为止，主要是在和田地方制作。罐和碟子烧土色地上的黑色轮廓线，在照片上无法拍摄出来，在我看来它们是打算复制出一种透雕细工的效

图 15　万佛峡洞窟 XVIII 正对内殿入口的壁画和灰泥佛像（部分修复）

图 16　万佛峡洞窟 XVIII 前厅西北墙的壁画，展现坐佛下的祭坛（局部）

果，这是那种老和田细黄铜器皿上的一个特征。最后是走廊的墙壁，进深20.5英尺，宽9英尺4英寸，画的是前面已经提到过的那种类型的供养人序列。

其余的寺庙不太引人注目，它们大多都很小，有几座光线暗淡，尤其是 XIX。该窟殿堂的边墙上装饰有天宫图，后墙上绘有大型的风景画。殿堂入口右侧墙壁上的一幅供养人像一侧，写有9个潦草的婆罗米文字。它提供了有趣的证据，证明这些寺庙建于和田佛教语言停止使用以前。洞窟 XX~XXII 的前室或走廊墙壁上，有一些汉文的题记，年代是公元1332年、1353年、1357年和1367年。在最后一座洞窟 XXIII，汉文的题记特别多，皆属于至正年间（公元1341—1368年），这已接近了元朝的尾声。有趣的是绘在走廊里的供养人像上面的旋涡花饰，上面显示有据我看属于晚期类型回鹘文的字。

左岸上距河谷底部60~80英尺高处，共有10座分组排列的洞窟（图17），其建筑布局或多或少与右岸上的洞窟相同，只是走廊较浅，这可能部分是由于岩壁壁面坍塌所致。壁画按着一种分明是更粗糙的方式绘制，而且看上去主要是使用了模板。这一点连同洞窟的不规则排列可以看作是其开凿相对较晚的迹象。东南面的第一组洞窟中（I~VI），壁画的主题是前面描述过的右岸洞窟壁画中常见的类型。图18显示的是寺庙 II 南侧边墙，上面绘有一种风景画。同时我们在这里还看到了那种中心柱结构，在 Ch.XVI 中它被屏风隐藏在造像坛之后。图18中的洞窟 II 殿堂墙壁上的洞，

图17 万佛峡河岸左侧的石窟寺，自北望

应是岩壁面坍塌所致。这种坍塌毁坏了走廊，并使得与周围洞窟间通过前室的沟通变得不安全起来。

值得注意的是，这一组洞窟的时代看上去要较晚一些，这可以从在它们之中发现的一系列汉文题记的时代上得到证实。这些题记的时代为元朝末期，这表明此洞窟的开凿也是在公元14世纪中叶以前。洞窟VII是一座孤立的寺庙，看上去时代明显较晚

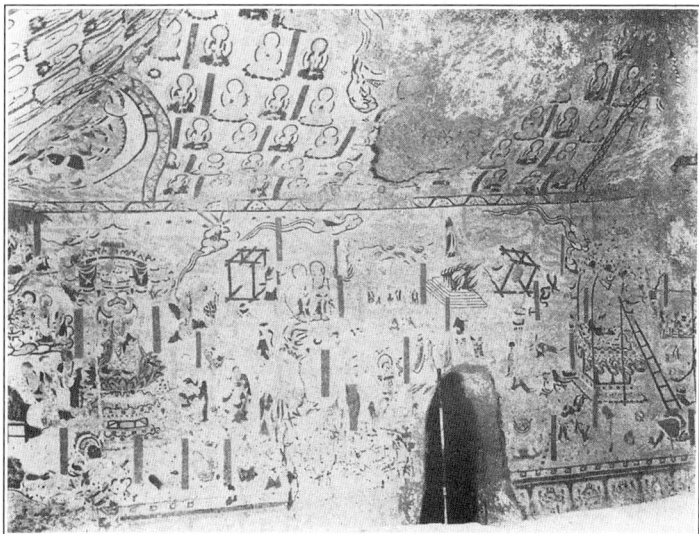

图18　万佛峡洞窟 II 内殿东南墙展现的传说故事壁画

且全部被新修过。其上面更高的峭壁上分布着的一组洞窟编号为
VIII~X，此中壁画在我看来也很晚，有的已被现代的道教壁画所
替换。然在洞窟 X（其前室还遗有一些原始供养人像）中，有一段
带年号的题记，蒋师爷似把年号读作"泰定"（公元1324—1328年）。

　　有几句话或许可以结束我对该遗址的叙述。从蒋师爷的陈述
中，我得出的结论是：写在壁画一侧的汉文题记，并未提供万佛

峡石窟寺中任何洞窟的开凿年代。右岸上的大部分洞窟，从其装饰艺术的特征上来看，我觉得它们与已经提到过的敦煌千佛洞中公元10世纪的洞窟大致同时代。缺乏西夏文题记这一点或许很有意义，而洞窟XXIII中除回鹘文题记之外的回鹘式旋涡花饰，很容易就和刚才说的年代推测相对应起来。大量的有纪年的汉文题记（它们是由在元朝最后统治期间访问过此地寺院的香客们留在壁画墙壁上的），将此石窟寺之可能的年代下限定在了公元14世纪的早期，而洞窟XIX中用草体婆罗米文书写的题记（都是单独的），则有助于将此年代再向前推一些。自这些令人怀想的访问者留下那些壁画之后时光流逝了多久，这当然是无法确定了。从各方面来看，它们都证明了这遗址在当时必曾是一处著名的香火地，这也说明人们有望在中国的史籍中找到有关该遗址的某些资料。由其僻处山中的位置以及现存状况上，可以有把握地推导出，它所遭受到的毁灭性破坏较敦煌附近的千佛洞遗址要少一些。但是，这里却全然不见佛教经籍的收藏品。

第二章

甘肃西北境

第一节　到万里长城之门

1907年7月3日从万佛峡出发，我开始了沿南山西部高山地区的探险。

沿伸展到土达坂西面的那部分南山所作的考察，向我展示出了必定阻碍过那里的河谷的自然状况。除了从南边下来经过这些河谷的道路，此地在历史时期不曾具有过任何重要性。踏实河源头处巨大的三角形凹地，虽然紧邻主脉，但几乎是一片无水的荒漠。其中仅有的一处看上去曾被占据过一定时期的地方，就是石包城废弃的城堡。[1]它警戒着的峡谷上面，从南面高山上过来的不

1　该废墟由一道用石头建成的围墙组成，约180英尺见方，带有一块防御区以及在一个角落里的守望塔。

同道路在那里相会。虽然其遗迹看上去时代不早，但它所处的位置在早年间可能具有军事上的价值。

在光秃秃的岩石或砾石高原上继续向东行进了将近50英里之后，我们发现了昌马的一片繁荣的小绿洲，它高出疏勒河穿经的走廊南山余脉通往玉门县的峡谷以上7 000多英尺。但更高处的河道流经的是一段完全无法通过的峡谷，而高达19 000~20 000英尺的昌马南面的主脉，亦未提供任何实用的通道，下来的山坡上极端的荒凉，缺乏任何哪怕是最少的地表水。因此，昌马这地方就从不会是一处具有任何重要性的地方。虽然是很宜人的季节，但我们在经过疏勒河东面山地的路上，也体验到了饮水的艰难。从这一点上讲，值得指出的是水渠沟山口，我在那里发现了两座驿站的遗址。它们被用来警戒下到河谷的道路，其位置在现在能见到水的地点附近一个可看得到的地方。这一事实在我看来就是自这些小驿站建立以来所发生的干燥化的证据。

然而，一个明显的变化发生在从白杨河以外的砾石高原上行到土达坂的地方。这座山口是翻越走廊南山的那些山口中最西面的一座，通到这里的宽阔河谷披着茂盛的草和鲜花，让人想起真正的阿尔卑斯山上的植被。这是第一个（但是极鲜明）气候状况明显地发生了变化的迹象，此种迹象后来在南山山脉的东南部分也观察到了，只是程度上稍差一些，也是在邻近它们的山麓北部。我们此时正将亚洲腹地以塔里木盆地及周围无水区为代表的大干旱带的最东南端界限抛在身后，走进了中国的极西地区。虽然它距太平洋很遥远，但已令人感觉到气候的潮湿度增加了。

重要的是，我们必须清楚地认识到，亚洲的两个大自然带正是在这里相会。因为最近500年（如果不是更长的话）以来，这一地理事实曾影响着这个被认作是进入中原的主要西部门户。我指的是著名的嘉峪关，古代玉门关的现代代表，它距离土达坂河谷的出山口不少于25英里。这座青翠的山谷与其西面干燥的南山荒山之间所形成的反差，与一个旅行者自西向东进入嘉峪关时所经历的那种变化一样强烈。那时他穿过了一片广阔的砾石草原，抵达了万里长城，并通过嘉峪关进入它里面的一连串沃野。

我第一次看到万里长城是在7月18日夜间，当时我正从土达坂上下来，沿着南山山脚那些惊心动魄的风蚀地，骑马前往东面的小村庄大韩庄。向北可看到一片荒无人烟的砾石滩，宽12~15英里，将积雪的南山边缘与一道令人恐怖的荒山隔开了。那荒山与南山相平行，构成了北山的一条东南支脉。当我从近8 000英尺的高处向下望时，沿着这个宽广的谷地向东，我的视野一览无余。远处的砾石滩涂边缘，是北大河的分水岭，看上去构成了谷地的东缘。循着这一方向望去，夕阳之下闪现着一条长长的若隐若现的白线——万里长城之线。在我与其最近点之间，隔着约20英里的距离。在清澈的空气之中，我可以看到那些反射着斜光的烽燧的影子，一直消失在地平线上，此外就是暗沉沉的辽阔的大地。那是肃州的沃野，连同那些青色的田地和树木，与那些灰色的荒原和红色的荒山分开了。它使我用自己的眼睛认识到了在中国所谓关内（关里头）意味着什么，以及为什么要把关设在这里。

　　翌日早晨，我走访了大韩庄（图19）那座堡垒似的小驿站。作为嘉峪关的前哨，那里驻扎着一小部分士兵，警戒着沿山脚的道路。它那巨大的瞭望塔以及周围的小围墙都已半颓了，看上去倒恰如其分地描绘出了古代的汉长城应是一副什么样子，虽然它处在一个远为孤立的位置上。同一天，在经过一段漫长的跋涉之后，

图19　嘉峪关西南南山外部山岭脚下的大汉川烽燧和驿站

我们横穿过了谷地里赤裸裸的砾石萨依，到达了大路上的某一点，这地方距嘉峪关以西约4英里。所有的城墙和雄关的影子，都突然消失在白天令人眩目的光线之中，取代它们的是前面已提到过的长长的荒山的东端，从北面俯瞰着谷地。它那锯齿般的深切的山脊由狭窄的河流岬角切削而成，充分显示出了这座山峦在各个时期，都一直是这条通往安西和中亚道路的一座巨大的天然屏障。沿着这座山脚，有三站的路程。距我们遇到这条大路的地点不远，一条称作壕山口（系指今峡口——译者）的小河谷接收了来自南山的地下水，在这里流出了地面并切断了山的东南端。一些蹲伏在低山冈上的烽燧，似是为了警戒有人靠近它而设置的。当我走在通往嘉峪关的狭窄的马车道上时，我感到我是走在历史之中。因为正是这条连接着肃州与安西和敦煌的最直接、便利的交通线，两千多年以来成就了中国所有在西域的事业——军事的、政治的及贸易的。

沿着平缓但逐步上升的乱石滩走了4英里之后，我们到了一道宽阔的山脊顶上。它的东缘，在一块比山顶低80~100英尺的平地上，屹立着嘉峪关的关城。西门上用木头建造的一层层高大的塔楼（图20），从两英里以外就开始映入我的眼帘。接下来再近一些，是夯土建造的城墙，向防卫着“中国”这道大门的关城两侧伸展开去。在南面可看到其城墙线延伸了约6英里，一直到北大河或肃州河所在的南山突出去的山脚下（图21）。向北的城墙，走了不远就隐入我们站立的山脊后面去了。但是再走了约4英里后，

图 20 嘉峪关关口堡垒，自西南望

图 21 嘉峪关南部古老的"长城"，向南山丘陵地带望

其线条重又闪现出来，上到壤山口峡谷东北端以上的乱石嶙峋的山冈。向东从山脊上望过去，排成长列的远景是一片宽广的平原，带着田野与树木的青色缓缓地滑向肃州。

站在这块制高点的边缘，可以很容易就看出，假如不得不选择一个地点设置一道障碍以封锁住这条天然大道，使从西面来的人不至于进入这片沿南山山脚下分布的耕作区的话，没有一处地方会比这里更合适了。对别的地方来讲，也不可能这么容易地守卫住这条宽阔的介于积雪的山脚与北山沙漠之间的宽广谷地。这一线两侧的宽度都不足8英里，每一侧都有天然的屏障，在南面是北大河，在北面是陡峭的实际上无法通过的山脊。对一种志在闭关自守、被动防御的政策（就我们所了解到的历史知识而言，这种政策是从嘉峪关的修建而开始大举奉行的）来说，在这种正面是赤裸裸的冰碛砾石荒原（它向西延伸了20多英里）、紧靠着背后又是丰富的当地资源的地区，它还是有明显的优越性。

但就在我们的眼睛出于地形优势的考虑，而将这个地点选作屏障设置处的时候，只见从那道山脊上也闪现出一种看上去似可作考古学观察的东西，虽遥远但清晰。与我面前的城墙线（它大致呈西北方向走向，趋向壤山口之出河口）大不一样，可看到另一条城墙和烽燧线，远远地向东北方向延伸过去，虽然保存状况较差一些，但其轮廓线依然很分明。我非常了解，所有的书和地图（无论是中国的还是欧洲的）上，都将保护甘肃北境的万里长城的终点，确定在肃州极西部地方的南山正山脚下。长城以一种令人印象深刻的线条，向着那个地方曲折而去。但正如地图上所显示出的，现在可见到的城墙，呈西南—东北走向，并不像是嘉峪关两侧延伸开去的城栅的延续。它在右角处与后者相接，并从其北端按照相同距离与后者即嘉峪关相接。二者似属于不同时期的建筑，或者至少一开始就是出于不同目的而建造的。

嘉峪关是中国中世纪交通线上一座典型的关城，它有方形的城墙，墙头上带有雉堞，而且维修得很好（图20）。一条单一的宽阔的街道，自东向西穿过了棱堡。次第而建的三道城门穿过巨大的棱堡及内侧防卫设施，通达上述街道。我发现城内的房屋除了衙署和可驻扎几十人的小营房区，大多已荒废成废墟了。但我仍感觉到了这个关城所具有的政治上的重要性，乾隆时期，曾致力于给帝国的这座西部门户以一副真正威严的面孔。

但甚至在那时，嘉峪关也已丧失了这里在某个时期曾具有的军事价值，其重要性仅在于被当作一处控制清帝国内部行政区边缘的哨所。康熙时期所恢复的对中亚的扩张政策，在公元17世纪末期以前就已将中国军队在西部边境的戍守范围，带到了远至瓜州和敦煌的地方。从下面讨论的历史记载中我们将会看到，自明朝以来嘉峪关是如何担当一处所有从关外来的车马的检查站的。乾隆时期对新疆的收复，影响到了这一交通管制站的用途和方法。然而其基本特征一直保存至今，蒋师爷仍然能辨认出位于西门内侧的那个小检查所，在那里那些前往新疆或返回的行人，必须办理他们的通行证。蒋师爷本人上一次通过那里是在17年以前。现在的嘉峪关仍保留着一座海关的特征，所有从新疆通过这里的大路运往中原的货物，都要在这里纳税。

第二节　嘉峪关的城墙

　　嘉峪关关城连同其两肋（南面和西北面）的城墙，构成了一座关栅的完整部分。关于城墙，从其保存得几乎完好的现存状况来看，其年代应与现代门楼同时，要么就是在修建门楼时被彻底修复过。对它的调查发现其年代比汉代玉门的城墙要晚，它的修建是从嘉峪关城的东北角开始，并沿着陡峭山冈的东麓经壕沟河切出的河谷一路延续下去。城墙用夯土建成，底部厚11英尺，高12英尺，顶部有一道高约4英尺的女墙。烽燧分布在城墙的内侧，彼此间的距离平均约1.5英里。最靠近关城的烽燧，长36英尺，宽33英尺，像城墙一样，也是用每层厚四五英寸的夯土建成（图22）。烽燧的顶部，有一道高约6英尺的带瞭望孔的墙，建在一个角落里的小瞭望室亦是这种样子。烽燧的一面墙上有双排脚窝，用来帮助瞭望者利用一根绳索上下台子。围绕着烽燧有一道用土坯建造的围墙，高度同主城墙而厚度仅有其一半。它的内部有一片废墟，那些守望着烽燧和这部分城墙的士兵们就住在那里。这样一来，每一座烽燧皆可做一处集合点，并在需要的情况下进行独立防卫，就像汉代的长城一样。

城墙线外侧，距离1~2弗隆（弗隆，英制长度单位，1弗隆＝
201.168米——译者）不等的地方，有三座分立的烽燧，巨大
但系用现代样子的土坯建成，分布在向西伸过去的山冈脚下的山
鼻子上。台子的底部边长约40英尺，高30多英尺，周围被一道方
形的壕沟围绕。这些台子明显是打算用来作警戒从山那边下来的
沟壑用的外围工事，它们并不能有效地观察其他地方。在距这些
外围烽燧中的第三座约1英里处，城墙进入了黄草营村。该村掩
映在墙的后面，位于壕山口峡谷的谷口。穿过这片耕种得很好的
土地以及灌溉着它的小河，城墙又延伸了逾0.5英里，来到左岸
的岩石山鼻子上。这时候的城墙高出河谷谷底约200英尺，

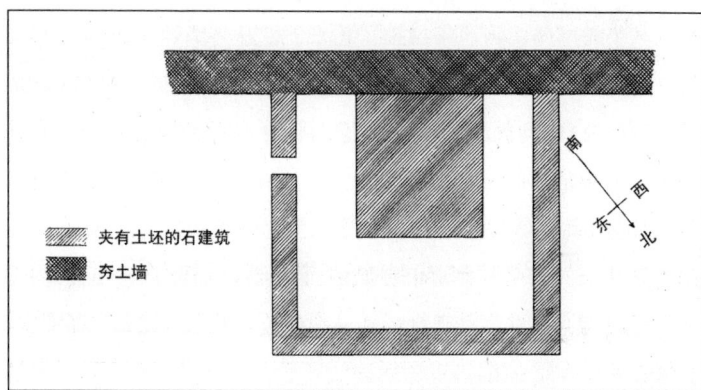

图22 嘉峪关北部现存的边界墙内的烽燧平面图

其下的岩壁陡峭得令人无法攀越。城墙在此打住，其侧翼受到大自然屏障的保护。乱石嶙峋的山冈（这山鼻子即其支脉），不间断地向着西北方向攀升而去，其高度在直线距离约10英里之内一直达到了9 200英尺。在这段距离范围之内及再向外面的地方，光秃秃的山峦及其陡极的峭壁，构成了一道无法逾越的屏障，无须再做任何防卫。

令人感到费解的是，究竟有多少心思曾被用在刚才描述过的位于主城墙之外壕山口河谷口子处的三角形地带的防卫上了呢？从黄草营南面最先遇到的农庄附近起，有一小段分支城墙从这里呈直角折向西南，并伸到陡峭的山鼻子上。那山鼻在右岸控制着河流的出山口，而城墙就终结于此，这一面的峭壁也是无法逾越。当我沿着其底部可以用来耕种的小河谷上走了约1英里后，这河谷变得狭窄起来，宽约200码。一道在建筑上类似嘉峪关关城主城墙的雉堞墙将河谷封锁了起来，它从各方面来看都不太古老，因为它上面建的很多窥孔明显是为火器设计的。这段城墙除了中间部位遭受河水的破坏，其余都保存良好。城墙连同其女墙均面朝西南即河谷方向，其目的不言自明。陡峭的岩壁在两边都有300~400英尺高，连同山冈上乱石嶙峋的状况，将从壕山口峡谷处转了一个弯的这段封闭的城墙完整地保护下来了。这样一来，分布在主墙外的黄草营耕作区，亦得以免受被侵掠之苦，而且对后者的警戒本身也极大地便利起来。

但有一个令人感困惑的事实是，在峡谷以上仅几百码处，我发现了一些更为古老的城墙遗迹，分布在被河水浸泡的低地两边。毫无疑问，其用途也是用来封锁经过河谷的通道，但令人感到很奇怪的是它的女墙，它的面朝向东北即河谷的下方。这第二道城墙虽然建造得很庞大，却比第一道受到的损毁要大得多。它用夯土建成，底部厚11英尺，其基础是一层坚硬的岩石，被一层灯芯草所覆盖。墙的最大高度仍有11英尺。女墙厚约2英尺，高约3英尺，上面无窥孔。在印度西北边境或受到过过去国内封建领地影响的某些地区的一些峡谷里，也有过分布在很贴近山冈上的面对面的两个设防点的情况。但在此地，在中国的西北边境地区，这样的解释恐怕不会从我们所了解到的历史中找到多少支持。因此，像这种在相逆防卫线方面所存在的近似性及其显然是起源于中国的特征，从一开始就必然地变成了一个问题。

在陈述我目前认为的它的可能性答案以前，我觉得还是先完整地介绍我在嘉峪关的调查为好，因为我在那里还发现了另一个令人困惑的现象。我指的是我第一次接近嘉峪关时就已经注意到的那道城墙，它自近代的关城城墙处起，呈直角折向了东北方向。在关城北面守卫城墙的第一座烽燧那里，距关城仅1.5英里处，我发现了这道不同的城墙线的接合处。其遗迹颓毁得很严重，事实上正如我从远处所看到的那样，更近一些的查看立刻就使我找到了一种不同的、可能更早的建造年代方面的证据。这道墙像嘉峪关一样，也是用夯土建成的，其底部厚8.5~9英尺，而后者则为11英尺。它的高度不计女墙部约8英尺，而残破得很厉害的女墙在此处所保存下来的高度仅约1英尺。对泥土层的检查亦发现了一种明显的不同性。在嘉峪关关城的城墙中，夯土层厚4~5英寸，而这里呈直角相连的较古的城墙，夯土层厚10~11英寸。

这道墙呈西南—东北向，正如随后的调查所显示的那样，它的很多地方都残破成了大裂口。但是在这里调查过的城墙中，尽管其裂口的总长度与仍站立的城墙部分一样大，但我仍能毫不费力地就辨认出了墙的排列情况。除了笔直的墙线，还可从其沿线所建的烽燧上清楚地看出它的走向。那些烽燧间的距离平均为1.5英里。我在这里调查过的两座烽燧，它们的基部有25~26英尺见方，现高20~22英尺。它们用夯土建成，夯层厚度与其所守护的墙的夯层厚度一样。但是台子的顶部后来被修复过，修复的材料是呈垂直排列的土坯，这是一种晚期城墙建筑的典型方式。耕作区一直延伸到这道城墙的脚下以及已提到过的大裂口以外的地方。它们提供了清楚的证据，证明这道防御线的颓毁明显地可追溯到一个更早的时期。同时，邻近地方的人们以及由于灌溉而带来的潮气对它们造成的破坏，可能进一步加速了这一颓毁的过程。

自嘉峪关起直至野麻湾，我们可以清楚地用平板仪标出这道城墙。从这里可以看到野麻湾的一座大型堡垒似的建筑，矗立在城墙的一个陡弯处，据说那座堡垒是用来守卫一座门户，有一条直接从哈密过来的道路经过那座门户。1914年，当我沿着位于大路边荒山北面的一条道路自疏勒河前往肃州时，我得以验证了这一说法，发现它非常正确。与此同时，我还证实了那块可能由从北大河引过来的水灌溉出的耕作区，它一直扩展到了野麻湾甚至以外的地方，这一事实清楚地说明了城墙从这里向北转过去的这个令人奇怪的大弯。

在野麻湾，我发现城墙构造和毁坏状况与嘉峪关附近相一致。从这地方起，城墙线转向了东南方向，沿着一大片沼泽地，一直延伸到距肃州城以北约7.5英里的一点上。这地点距新城子村不远，1907年7月26日，我从肃州出发，抱着重新认识这段城墙的目的，在这里又作了一次调查。我发现那里的城墙遗迹与嘉峪关附近的城墙属于同一类型，它们的保存状况也一样。从那里起向东走向的城墙沿着肃州的北缘蜿蜒而去。1907年9月我从甘州返回时，验证了这同一道城墙又延伸到了肃州绿洲东北端附近的北大河或肃州河左岸。自暗门村附近的河的右岸重新开始，它又沿着到甘州的大路的南侧，向东北方向延伸到了低矮的荒山脚下。由此再向东南，其城墙线或多或少地与这条大交通线保持平行，并沿着甘州河右岸分布。

在这里要讨论的问题，首先涉及的是该城墙的用途与来源，其次便是它与嘉峪关现存关城之间的关系。关于前一个问题，如果我在这里能指出那在我看来既显得有把握又明确的答案的话，那也是极大地取决于1914年我在这个地区考察时所获得的一些结果。像我先前曾被引导着得出的假设那样，它们证明了汉代的长城并没有从疏勒河的大转弯处起，向着东南方向延伸到嘉峪关和肃州。事实上，一条未中断过的遗迹链显示出，汉代的长城起初是向东延伸过护海子或营盘绿洲的外侧，正好通到安西—肃州大路的北边。由此，它又远远地通到了位于肃州河和甘州河相汇处的毛目以外的东北地区。这一发现极好地证实了这条著名的、若即若离地沿着自甘州至肃州大道分布的城墙线，既非古代中国最早征服甘肃极西部地区时所划定的边境线，亦非汉武帝时所扩张的长城。它的时代必定更晚，各种考古学的以及历史学的证据，均支持当地的向导们向我表达的他们的观点，即这道城墙是在明朝时修建的。

有大量的历史记载，证明了到明朝建立时（公元1368年）政策发生了彻底的改变，那时明朝采取了强硬的制度，将中国西部边界与外国的联系切断了。这一闭关制度说明了这道长城的建造忽视了所有的地形上的战略利益，而将其城墙线建在仅仅是最易于防守的地方。这一点极不像汉代的长城。在此，我们立刻就会找到对这长城分布位置的解释，它总是贴近有人居住的区域或大路，甚至是那些从军事观察角度来讲明显地会采取不同位置的地方。[1]同样地，我们也可以立刻就解释出像金塔和毛目那样的绿洲

---

1 关于这种对军事利益的忽视，我可以举出的一个显著例子是，从野麻湾向东分布的长城。居高临下的山脊自那一点起，向东延伸到了北大河的西门坎（此系音译——译者）峡谷，这道山脊提供了一条绝好的防御线，正如我在1914年穿过那里时所意识到的那样。汉长城的设计者会将他们的防御线沿着这条山脊分布，充分地利用其价值。而明代的长城则紧靠在耕作区的边缘，在那里可以较容易地保持治安警戒，将未经授权的私行者等拒之门外。

被废弃的原因，若要把它们也圈进长城以内的话，警戒控制起来就会很困难。然而最有意义的是，这道城墙恰在嘉峪关结束了。在明代，嘉峪关一直都是一个很特殊的地方，与那些西方旅行者所说的相一致，每年从中亚来的被许可进入关内的极少数使节和商队，在被允许进入中国境内以前，都在这里受到了严密的检查。

这道长城的明代属性，还被我在其沿线不同地点所作的考古学观察加以证实。它严重的颓毁状况，以及与嘉峪关附近保存状况良好的城墙相比显得已完全坍塌的样子，在我看来其时代绝不仅仅可追溯到清朝时期，即最后两三个世纪。另一方面，我觉得绝不可能的是，一道并不太厚并缺乏那种芦苇或灌木枝柴捆的特殊保护（此种方法曾有效地用来加固汉代的长城）的夯土城墙，如果它被建于很多世纪以前的话，在处于图23所示的那么一种高度上，它就很容易受到风力侵蚀及潮气破坏。再考虑到气候的状况（当我们循着向东南方向通往甘州和凉州的长城行进时，一路上气候渐渐变得湿润起来），也是极符合这道长城最初是建于明朝时期的推测的。公元1420年，沙·鲁赫（波斯皇帝——译者）的使者曾发现，设在嘉峪关的西部边境检查站已经完全建成，据此我们可以进一步得出结论是：我们目前正调查的长城在那时就也已存在。自明朝建立到公元1420年已有50年，这段时间对于修建长城及其所需要的制度的完善而言，已显得很充分了。

仍存在的问题是，关于在我们已调查过的长城与嘉峪关通道附近的长城之间的关系，前者现在南起北大河左岸，北抵壕山口

图 23　新城子附近肃州北部古老的长城

峡谷。我已经指出，从现存状况上来看，后者要晚于前者，而且构造上亦不相同。在我看来，这两道近在咫尺的长城之间的关系一目了然。清朝建立之后，或许是在康熙年间（公元1662—1723年），开始奉行的进取政策最终导致了对新疆的重新收复。明朝时期漫长的边界警戒线，可能大部分都已经变成了废墟，此时又被设在嘉峪关的一道防线所取代了。它封锁着自西边过来的大路，一旦形势需要，还可很好地用于军事目的。公元1697年以前，虽然边塞已向前推进到布隆吉尔和敦煌一带，来自西北强大的准噶尔或厄鲁特部落的侵袭的危险，直至公元1757年他们被最终消灭、帝国在整个新疆地区建立其权力时才最终消除。

接下来我重提一下先前说到过的壕山口令人奇怪的细节，即横贯峡谷中部的面对面的两道城墙。较下方的也是较晚期的城墙，其女墙面朝西南方，是嘉峪关的一道外围工事，以使黄草营外侧的部分更安全。关于较上方的及较古老的城墙（面朝东北），据我看来其最可能的解释是：它是用来保护嘉峪关西侧的大路免受劫掠等的威胁的。甚至在明朝时期，中国都极不可能不将通往西部的大道置于这样的由向前推进的驿站所提供的保护之下。沙·鲁赫的使者的报告明确提到了他在抵达嘉峪关的中国边境之前，"在沙漠里"的几个地方所受到的中国官员的接待。另一方面，我们从鄂本笃的行纪里可以看出，他那个时代由于在从哈密至肃州的路途上普遍存在的不安全，曾多么需要这样的保护！此外，极相似的还有那种向前推进的烽燧，汉朝时它们曾被修建到楼兰道离开敦煌亭障之处以外的地方，以及玄奘在出了早期唐代玉门之后曾不得不通过的那些路途。如果壕山口峡谷在明代时也用这样一道阻断大路的城墙封锁起来的话，那么在嘉峪关关门以外一定范围内，这条道路就会变得安全起来，至少会免于受到来自北方的袭击。因为直至我们遇到白杨河流向护海子小盆地时切割成的峡谷之前，北面极陡峭的山冈尚未有任何实际可通行的路径。

在结束对嘉峪关的调查并理清其长城的由来之后，接下来我们可以看一看那些早期西方旅行者留下来的有关这座著名关城的记载了。马可·波罗在自沙州前往肃州的路上必曾经过嘉峪关隘口，但没有留下任何有关该遗址的记载。关于此很容易理解，我们在前面已作过解释了。当他通过之时，那封锁着嘉峪关并将河西最西部边境圈起来的长城尚未修建。公元938年，中国派往和田（古称于阗——译者）的使节提到了一座叫天门的隘口，其位置在肃州以西100里，我们现在知道这指的是嘉峪关的隘口。但纵然在蒙古入主中原之后这里仍维持着一座瞭望站，当在忽必烈大汗治下中国对外开放与西方保持联系的时代，这座瞭望站可能没有任何特殊的重要意义。

然而沙·鲁赫派遣的使者于公元1420年经过这里时，情况就完全改变了。使者们在众多商人的陪同下，花费了25天时间穿过哈密以来的大沙漠。在"靠近中国边境"的最后几程，他们受到了前来迎接他们的中国官员的隆重欢迎。"他们抵达了一座称作'喀热勒'的坚固的城堡，那堡垒位于一座山谷中，道路就从谷中间通过。在那里，在他们被允许继续前进以前，整个团队都被清点了一遍，他们的名字亦被记录了下来。然后他们继续前往肃州，被安置在那里的位于城门处的大牙目罕或驿站馆舍里。"这里提到的被冠以突厥语称谓"喀热勒"（意即观察站）的地方，亨利·尤尔爵士很恰当地认识到它指的就是嘉峪关，这一点不容置疑。这段描述清楚地指出了当时设在那地方的丘塞，或多或少与我们现在看到的类型相一致。

不到一个半世纪之后，我们从关于契丹的极有趣的故事里，收到了一份有关此边防站的极一致的报告，那是由纪思冷·勒·毕斯贝（查理五世派往波尔特的使节），从一个突厥穆斯林云游僧嘴里打听到的。这个聪明的富有观察力的"突厥流浪汉"和一支商队一道，从波斯边境出发，旅行到了遥远的契丹。

在长达好多个月的精疲力竭的旅行之后，他们到达了一座峡谷，那峡谷构成了契丹的门户。那个帝国的大部分都是内陆，有一片连绵的崎岖陡峭的山围绕着这里，除了一条狭窄的通道，没有任何可通行之处。按照国王的命令，在那通道里设置了一座要塞。在那里商人们被提问道：带的什么东西，从哪里来，以及有多少人。他们回答以后，国王的戍守士兵们就向下一个瞭望台发信号。如果是白天就点烟，如果是夜晚就举火。如此下去，几小时后消息就传达到了在契丹的国王那里，如果用任何其他联络方法，将会用好多天时间。国王用同样的方式和同样迅捷的速度发回他的命令，或者是全部放行，或者仅是一部分，或者全部延迟放行，云云。

这整段记录有着与众不同的意义，它极正确地描述了嘉峪关的位置，以及明朝对外国人的控制制度。关于烽火信号的使用，进一步证明了沿原先推测的边境城墙设置的烽燧，当时一定被很好地维持着。

第三节　肃州和中部南山

从嘉峪关出发，7月22日我到达了肃州城。从可追溯到的历史记载上看，它一直是一处非常重要的地方。我在南山调查期间，曾在那里停留了六天，我感到很愉快的是，这段时间使我有机会了解了一些当地的状况和环境。我在前面已提到过，在汉武帝征服了南山北麓地区之后，紧接着就设立了酒泉郡，以组织新兼并的地区，其首府即在现在的肃州。我们还发现敦煌内外凡指挥机构所在的重要地方，其城墙都被加固并延伸开去，这从一件原始的亭障文书上可以得到证明。

由于北大河及其他河流（其水源来自南山的三座雪山[1]）所提供的充足的灌溉，这个地区的耕作区的范围很大，也很肥沃。它们使肃州变成了中国在西域的所有事业的主要天然供应基地，这个角色从汉代一直保持到现代时期，因为导致1877年成功收复新疆的那场战争正是在肃州准备的。只是在重新移民之后，这个当时已因叛乱导致人口灭绝的地区，又变成了一处确保一支军队向

1　北大河和洪水坝河所流出的大河谷，边侧是陶勒南山、陶勒山及走廊南山，这些山的山峰大范围地为永久性的积雪（如果不是冰）所覆盖。除了这些河流，一系列来自走廊南山北面的溪流，也有助于灌溉沿山脚分布的大量村庄。

西北穿越沙漠的基地。[1]出于同样的理由，肃州的重要性还表现在，它曾扮演过沿中亚大道的丝绸及其他中国制品贸易中心的角色。甚至在现在，当情况发生了极大变化以及中国沿此古代道路的出口已明显不便利的情形下，肃州也仍然是一座保持繁荣的城镇。这里有很显著的商业活动，蒙古西南部地区的需求中的很大部分，都是从这里和甘州得到供应的。

我们穿越了一连串壮丽、宽阔的高峻河谷。这些谷地都像帕米尔高原中的谷地一样开阔，但在植被上远较丰富。我说的大谷将走廊南山、陶勒山、陶勒南山以及疏勒南山等冰雪覆盖的高峰分隔了开来，在它们中汇聚了肃州河、甘州河以及疏勒河的水源。从约11 000英尺高处起，这些河谷变得易行起来，形成了底部几近平坦的大型盆地，连同其草滩一道向着边侧的山地延伸。在那个高度及另一个高出水平面以上约13 000英尺的高度之间，河谷中出现了优美的夏季牧场，比我在帕米尔看到的任何草场都更丰美。这片草场的范围可从下述数据上估算出来：北大河上游开阔的河谷部分，其直线距离长度不少于70英里，宽度为12英里或更多；而甘州河上游相关部分的规模则更大。

1　极著名的刘锦棠和左宗棠收复新疆的故事，大量地讲到了肃州。在他们统率下的清朝军队在这个地方休整了一年或两年的时间进行备战，他们在荒地上播种庄稼，并继续向新疆推进以前收获了他们的粮食。对那次战争所作的进一步研究，或许会从侧面阐明行动的各个方面。我们知道，汉朝的军队就是凭借其组织方法穿过令人恐怖的大沙漠，而将军队推进到塔里木盆地的。

当然，分明是潮湿的气候，给这些河谷带来了大量的山地草场。它们与安西和敦煌南部山地普遍的荒芜，形成了鲜明的对比。这种带来生命力的潮气越了走廊南山的雪线，也给其东北坡带来了丰富的植被。在从麻阳河（此系音译，似指今马营河——译者）向东进入甘州及其以外地区的山冈上，我们在1907年和1914年所作的考察，不仅发现那里有丰美的河谷草场，而且还生长着辽阔的森林。这种气候变化所具有的经济上的重要性，已从我在别处强调的事实中得到了证明。在甘州南部的山麓地区，那种分界线很明显，分界线以外的地方无须灌溉即可耕种，全然仰赖天上的降雨。

这些地方令人喜爱的自然条件，必然使人们全然忽视由南山的大谷所提供的更为优美的草场。这些山区在夏季时能容纳成千上万的牛马，对一个足够坚韧的民族来说，这里像阿来山和中部、西部天山里那些著名的草场一样，对游牧民具有强烈的吸引力。但是在一年里最温暖的季节，这里却是一派荒无人烟的样子。三个星期的艰苦旅行，我们在这个地方走了约320英里的路程，除了少数冒险到这里来淘金的东干人，未遇到一个别的其他人。淘金处位于将近14 000英尺高的地方，靠近洪水坝和甘州河水源的分水岭附近。

从种族的以及政治的现实的角度，可以合起来一道来解释人们的这种忽视。汉人对游牧生活根深蒂固的反感，在这里并没有被冲淡。这种传统一直是影响东亚历史及文明的一个重要因素，它必定阻止那些游牧民为了自己的利益去利用南山河谷的草场。另一方面同样很明显的是，由于长时期以来不断遭受来自其北方大草原上的邻居——无论是匈奴人、突厥人还是蒙古人——以及南面的吐蕃部族的侵袭，汉人从这些悲惨的经历史汲取了教训，不能无视相似的惹来麻烦的游牧民存在于侧翼的山谷之中。因为甘肃是古代中国西进中亚的钥匙。因此很清楚，在所有历史时期，古代中国边防政策的直接利益，即在于将游牧民族（不管其种族来源如何）挡在这个山区之外。我们没有理由去怀疑，一旦政治情况需要，这一政策就会发挥作用，来清理这些山区。当地发生最后一次叛乱以后的情况即是如此。

但是，看起来这一由来已久的政策中还有一个令人感到奇怪的矛盾。当我下山前往甘州之时，我遇到了半汉化的蒙古人的营地，在沙河与梨园河之间的森林围绕的高地上放牧他们的牛马。[1] 那时我还观察到，他们的人数以及牧群数与可利用的草场和多样的地面优势相比，显得很小。我可以称他们的放牧方式为普通的"驯养"。但是，他们存在于此地的真正解释、他们的情形看起来似乎是中国在这一地区的边防政策的例外之解释，只是到了后来

　　1　为了减少弄错他们是蒙古人的可能性，我可以指出的是：我们实际上并没有机会靠近他们的营地歇息，此外就是他们是喇嘛教徒，除了汉语他们还讲蒙古语。我的说突厥语的同伴认定他们是"卡拉玛克"（即蒙古人）。我本人到那时为止尚未遇见过蒙古人，因此很容易弄错我们不期然地遇到的这些人的来源。

我才感到清楚起来。那是在读了麦纳海姆上校（现在是将军）的著作之后，此人是芬兰著名的官员。他的文章显示，这是一支小的、现在已迅速定居的部落的夏季营地，该部落的人称自己为撒拉裕固，讲一种蒙古方言。公元17世纪的清政府将他们有意识地从"关外"迁到甘肃边境地区，目的是给自己提供有用的"胡人"助手，以对付来自西北的准噶尔部的侵袭。撒拉裕固人认为他们与撒罗裕固人的小社群很有关系。这些部落操的是一种突厥语，散布在几个畜牧聚落中。这些聚落分布在砾石平原上有草的地方，该平原分布在肃州—甘州大道的南部，介于双井子和高台绿洲之间。

关于这些小部落的起源、种族特征以及目前状况，只需参见麦纳海姆将军富有价值的人种史著作即已足够。在此令我们感兴趣的是，他们提供了一幅古代中国西进中亚的富有启发性的现代图景。这一进程，自从古代中国为维护其在中亚的事业，占据了这条沿着积雪的南山脚下的"走廊"（里特很久以前即如此称呼它）以来，它就不止一次地发生过。在中国的一篇历史记载中，有关于这一进程的直接证据，尽管涉及的是公元10世纪之事，但也有助于说明更早时期以前此地普遍的状况。高居诲在描述公元938年中国使节沿这条边境出使和田时讲道："自凉州西行五百里至甘州。甘州，回鹘牙也。其南山百余里，汉小月氏之故地也，有别族号鹿角山沙陀，云朱耶氏之遗族也。"（引自《新五代史》卷七四——译者）

高居诲在这里提及的沙陀是西突厥的一个部落，该部落最初于唐代早期居住在巴尔库勒的东部，为了保护甘肃北部边境免受侵袭于公元808年后迁到这里。高居诲在这里提及沙陀，分明在暗示了他们在某一时期也占据了我们快速调查过的山区。在他那个时期，这些人必曾从属于彼时占有甘州的回鹘。但是对我们来说具有特别历史意义的是，在高居诲所处的时代，当地的传说中仍然记得南山的那些河谷和高地曾经是汉代小月氏人的放牧地。司马迁《史记》里的一个重要段落告诉我们，当大月氏——凉州与敦煌间整个地区的前主人——被匈奴人打败并于公元前2世纪前后像印度—斯基泰人迁徙到印度河一样，大规模地迁徙到阿姆河等地时，"其余小众不能去者，保南山羌，号小月氏"。

从《后汉书》中我们了解到，在从分布于西宁地区的羌或吐蕃部落中寻到一处庇护之后，小月氏向汉帝国屈服了。那时匈奴人已于公元前121年被逐出甘肃，小月氏中的一部分随后重新回到了他们在甘州的旧地。迟至公元189年，这同一部史书中又提到了发生在小月氏中的一场反叛，他们居住在甘州一带，反抗汉朝对他们的统治。我们有理由相信，那导致朝廷遣一部分小月氏人重回故地的目的，与后来在这个地区安置沙陀以及撒罗和撒拉裕固人的目的是一样的，即为这个地方的防卫提供更强大的武力。但是月氏人的其他一些遗迹明显地保存在更靠西的山地中。《魏略》提到了月氏的残余，与各种分明属于吐蕃人血统的部落一道，居住在从敦煌延伸到葱岭的"南山"之中。公元939年当高居诲经过居住在敦煌西面荒山里的仲云部落境内时，亦记载了"仲云者，小月支之遗种也"的传说。他们被描述成勇敢、善战的人，瓜州和沙州的人都惧怕他们。

这些浮光掠影般的历史记载将帮助我们更好地去评价这个地区的重要性。中部南山的河谷和高地宜人的自然条件，必在凉州至肃州地域史上具有过这种重要性。如果不是为了那里大片的夏牧场，走廊南山脚下和北面邻近的干旱沙地之间的狭窄耕地地带，在历史上就不会变成一系列游牧民族——如乌孙人、月氏人、匈奴人、吐蕃人、回鹘人、唐古特人以及蒙古人觊觎、争夺的对象了。

诚然，对中原（从最初占据这个地方至今已有2 000多年了，而且它一直致力于将游牧民的侵袭挡在"走廊"之外）而言，对这个地区的拥有是必不可少的。它不顾那些山地的自然条件。它需要这条"走廊"，因为这条"走廊"可以为它对于中亚的贸易和政治事业提供一条安全的通衢。南部高山的价值仅在于作为一种天然屏障，从而为其西部的大道提供侧翼保护。我留意到所有通过这道屏障的道路，均设置在道路上及河谷出山口合适位置上的烽燧、丘塞或军事驿站所警卫，这都证明了一直到今天人们还意识到这种价值之所在。

然而，如果没有适宜的气候条件为中部南山地区带来的大量植被，以及如果没有耕作区旁边同样大量的冬牧场的优越条件，这个在面积上相对有限的地区对游牧民而言，就不会具有那么强的吸引力，从而变成他们中至少一部分民族在一系列历史时期的主要活动地区。由于诸种地理因素的综合作用，我们刚才提及的冬牧场，大量分布在所有那些自走廊南山北麓流出或流经的较重要河流的下游河谷中。它亦存在于山脚的很多地方，以及正如我1914年的考察所了解到的那样，它甚至分布在最靠近链状荒山的高地上。这种排成线的荒山位居耕地带的北缘，联结着阿拉山和北山。

仅仅是根据地理特征，我曾努力地扼要指出，从历史告诉我们的有关在中原势力进入之前乌孙、月氏及匈奴人为拥有这个地区而作的争夺中，我们能够正确地理解的是什么。如果我们能正确地评价那使中原成功地开通这条通往中亚和西方的通道的不懈努力的话，我们就会看到，这些游牧民对这地方的争夺必定曾不时地出现过。

第四节 从甘州到金塔

8月27日，我抵达甘州，这是我旅行的极东界限。在这里停留的6天里，我把大部分时间都用在了繁忙的实际工作之中。对这座巨大且仍然繁荣的城市，我获得了足够的印象，认识到了它在甘肃历史上必曾有过的重要性。甘州位于一片广阔的沃野中央，甘州河或黑河以及西面的两条支流，给这里提供了大量的灌溉水源。凭借其位置，这城市还享受着其他一些地理优势。虽然其海拔（距海平面以上约5 100英尺）与肃州大致相同，它却具有一种明显更宜人的气候。在夏季的月份里，它能接收到更多的降雨；而在冬春季节，却又较少受到很多来自北面沙漠的寒风侵袭。这后一种优势，可能部分是由于甘州河右岸以外光秃的山冈提供的遮挡所致。那山冈从河的大转弯处延伸到城的北面，其更东部的地方高度在9 000多英尺。但是更重要的事实是，甘州河出山口处河岸线东面，有一条山麓带，那里的天然的肥沃坡地上，无须任何灌溉即可进行耕种。

甘州占据着一个特殊的位置，它联系着沿南山山脉北麓分布的"走廊"的其余部分，从这种特殊位置上看，它必曾是一个重要的行政及商贸中心。甘州正处于肃州和凉州的中间，这两个地方都能养活大量的人口，分别位于"走廊"的西端和东端。东南方向，甘州又和西宁直接相连，那个地方是前往西藏的前哨，有一条很常用的道路翻越相对易行的山口，到达大通河的河谷，这是黄河的一条支流（应为湟水支流——译者）。这条道路构成了穿越凉州以西南山山脉的唯一一条交通线，在中原统治甘肃的历史上曾经很实用。最后，在此可以指出的是，不管肃凉二州如何特别容易受到来自北方游牧民的骚扰，甘州却凭其北面乱石嶙峋的山冈和极端荒凉的沙漠而得以避开任何直接的攻击。

在距甘州西面主大门西北方向直线距离约6英里处（那里正在崖子村之外），道路进入了一片开阔地带，上面生长着稀疏的灌木，局部地方还覆盖有低矮的沙丘。那里有一块风蚀地，南北长3英里多，宽约2英里，上面散布着小陶片、硬砖等物，就像在新疆所见的塔提一样。遗址以"黑水国"一名而著称，在安西时我的古董商朋友李先生就向我提到过它，说是一处出过不同种类古物的地方。有时候，这些古物还被带到甘州的收藏者那里。沿着这块地带的东缘，沙丘直堆到了25~30英尺高，将地面上有可能存在的任何遗迹都完全覆盖了。但是除了这处高流沙丘地带，到处都有高1~3英尺的小风蚀台地，它们的顶部散布着厚厚的陶片以及碎砖块。

从遗留下来的大量的碎瓷片来看，该遗址的废弃时代很晚，我对能看到的地面遗迹的更进一步检查，亦证实了这一判断。一座带夯土墙的小堡，约60码见方，距高沙丘带以东不远，一半被沙子夷平了。除此之外，我在大道的西南方约1英里处，还发现了一座300码见方的围墙（图24），在形制上类似那些"城"。直至今天，沿此边地的大部分村庄和小镇，都在其中寻求遮蔽。墙的顶部厚约8英尺，高约20英尺，在东北角建有一座巨大的方形塔。东墙内侧的流沙堆积了11英尺多厚，正像在安西看到的那样，它表明盛行风来自东边。很显然，流沙是从甘州河河床里被带到这里，这一带的河床宽度足有2英里。与此同时，在东墙上观察到的小裂口，证明此地所受到的风力侵蚀与安西地区的一样大。围墙内有大量的碎砖块，标志着屋基之所在，呈直角交叉的道路依然清晰可辨。所有的建筑遗迹均被居住在邻近地方的人毁坏了——为的是寻找其中的建筑材料。围墙内有大量的瓷片，在

图 24　甘州黑水国遗址东南端的废墙，自西北望

这里及别处采集到的标本大部分属于明代。该塔提的北缘附近，尚有第三座围墙，大小与后者大致相同，而且其墙体保存得也同样好。近其西墙处，在风蚀地面上采集到一枚带有"开元"铭文的唐代钱币。考虑到李先生所说的在黑水国发现过唐代的金属器，以及我在那里捡到的粗陶片及瓷片中，有一些据霍布森先生分析属宋代的遗物，我得出的结论是：遗址在那时也可能更早时期即

已被占据了，虽然其放弃时间不会晚于明代末期。我还可以附加的结论是，广泛散布在遗址区里的高火候砖块，有很多看起来可能属于墓葬的遗物而非建筑物所有。

有一道围墙穿过了黑水国北部富饶的耕地区，它使我得以跨过河水沿着右岸与向北延伸的荒山山脚之间狭窄的耕作地带，即分布过一条与明代边防线有关的烽燧线。1914年，我通过沿河右岸下行，实地探寻明代长城遗迹，验证了这一假设。这条较晚期的长城线紧靠着右岸上狭长的耕作地带，其遗迹一直到香堡村一带都可寻到，从那里它又跨过河向西而去。

高台这个地方有一些文物古迹，它还具有某种地域重要性。在这里，大路从介于南山冰碛滩涂与横贯甘州河的荒山之间的耕作地带上经过，二者相交处的耕作地带的宽度减少到了最低限度，尚不足5英里。再行一程到花墙子，大路就离开了耕地，经过甘州河与白南河（此系音译——译者）沼泽地之间光秃秃的砾石高地，进入了一片宽阔的灌木和芦苇滩。这片滩地自东向西直线距离约40英里。早年间这大块的土地必曾是一处很有价值的地方，极适于作冬季的牧场。从大路上可以清楚地看到明代边防线上的烽燧和长城，路北是低矮、平坦的山冈。我在9月初沿着这条古代道路行进时，遇到了连成串的骆驼、毛驴商队，负载着从和田带来的货物通过这里，一路向着甘州和兰州行去。此情此景，令我想起了马可·波罗的时代，还有他以前的那些更为古老的时期。

自双井子的路边歇息站起，我下了公路向西北方向而去，目的是去调查金塔以外的那些地方。我想验证一下汉代的长城线，是否分布在嘉峪关北面以及中世纪边防线以外的地方。由于时间很有限，我此次努力失败了。我在此地只能花费几天的时间，而且从甘州边界那些遮遮掩掩的居民那里，总是找不到合适的对我有帮助的向导。但总算还是作了些有用的观察。在前往金塔的路上，我越过了明代的长城线，亲身验证了连同其烽燧在内的构造，与我在嘉峪关东北以及肃州北面看到的那些长城极其一致。长城边侧低矮的山冈链顶部，也分布着一些烽燧，共同构成了这个防卫系统的一部分。从北大河或肃州河里引出的渠水，灌溉着金塔的绿洲。有一段时间当奉行谨慎的闭关自守政策时，这绿洲还被弃置于万里长城之外。但是，这里的居民又通过与前述相似的途径来寻求安全以免于遭受侵掠之苦，因我在耕作区的南缘和东南缘，发现了一道倾颓得很严重的泥土墙，围绕着这个耕作区分布。

第五节　从玉门县到安西的汉长城

返回肃州之后，我又沿着前往玉门县的大路开始了我的旅行。这条大道，在古代也是联系中原与敦煌、西域的主要交通线，但在地面以上却没有发现任何古代遗迹。在嘉峪关和玉门县之间的路边驿站附近，有一些小块的耕地，由于从横贯这块高原的山地上排下来的地表水很少，因此这些小耕地没有多少重要性可言。

我们已经注意到的位于嘉峪关西北的那些乱石山，沿着大路一直向同一方向延伸，对这条大路来说，它曾经扮演过一道有效的屏障的角色，从北面护卫着这条道路。这山冈的最大部分，除步行外皆无法逾越，而由白杨河和赤金河切出的两条峡谷也非常易于戍守。正是这道天然屏障的坚固性，最初曾使我误认为这地方曾是汉代的亭障线之所在。实际上，汉代的戍守线分布在山北连成串的凹地里。由于时间和交通工具的限制，直到1914年我才实地走访了它们。也正是在那时，我寻找到了从疏勒河到肃州河和甘州河汇合处以下地段上的汉长城遗迹。

在这次返回安西的旅途中，我成功地确定了刚提及的那部分汉长城的起点之所在。9月20日，在向玉门县进发途中，穿过那座构成了疏勒河与赤金河分水岭的绝对荒芜的砾石高原，我远远地就注意到了分布在北山浅山脚下的一串小村庄。奥勃鲁契夫1894年的旅行路线图，曾标出了分布在那个地区附近的烽燧废墟，而且那里的村庄的名称很特别，叫作十墩（第十烽燧）、十二墩（第十二烽燧）之类，这些名称分明得自那些烽燧。翌日，我从玉门县出发向北行，目的是去好好地了解一下它们。在骑行了16英里后，我们涉过了一片被渠水和疏勒河水淹没的长满芦苇的凹地，来到了十二墩村。

灌溉着十二墩田地的河流左岸上面，分布着一连串狭窄低矮的堆积着风化岩石的山脊的最外围部分，风化的碎石在沿光秃秃的北山及其以内很多地方都可看到。山脊上有排成线的烽燧，有些损毁很严重，有些被重修过，但所有的烽燧都有一个古老的芯。十二墩以上发现的那些烽燧中最东面的一座，表层被用粗砖整修过，大部分地方的砖都隐藏在古代的夯土层中。而它下面位于山脊脚下的一座小堡，看上去很古老。它有着厚实的建筑，坚固的10英尺厚的泥土墙围出了一个52英尺×42英尺的空间，它让人回想起古玉门的小城堡T.XIV，特别有意思的是它也有一个同样的叫作小防盘[1]的当地名称。循着山脊向西行约0.5英里后，我遇到了第二座烽燧，虽倾颓得很厉害却显示出了明确的古老性。它有着与汉代城墙相似的芦苇层，隔12~14英寸将夯土层分开。其基部为19~20英尺见方，像敦煌长城上的很多烽燧一样，只是从大约14英尺高处颓毁了。第三座烽燧发现于这同一山脊上更西处1英里多远的地方，倾颓得更严重，仅有约8英尺高，而且甚至于这剩下的部分也被风力侵蚀得千疮百孔。这座烽燧里也有薄的芦苇层，可以清楚地看出它们将夯土层隔开了。

　　正是在烽燧处，我第一次注意到在山脊的斜坡（脊的顶部仅宽15~25英尺，高出周围地面约30英尺）上，厚厚地撒落着半硅化的红柳和野杨树的枝条。它们大量堆积在这道山脊上，而这里又不能生长这些树木，因此就使人立刻猜出它们是用来建造城墙。这是敦煌北面和西面的城墙所使用的一种方式。更近一步去观察，发现就在这烽燧西面约40码处，在山脊顶上还有一部分城墙仍处

---

　　1 "小防盘"字面上的意思是"小的防卫营地"。

于原位置上。在黏土砾石的碎屑层之间夹放着一些枝条，这与敦煌以外长城沿线所见到的情况一模一样。由于这里所用的材料很粗糙，城墙的底部被建造得更加厚，它在原位置上的基部厚度约15英尺。沿着碎屑覆盖的山脊约300码的范围之内，其遗迹或多或少都可以看到。这些城墙一直延续到山脊下的盐碱地平原为止，并最终消失在那里。那里的地面易受到不时来自疏勒河的洪水侵袭，个别间隔期间还可能受到从北面的标志着北山边缘的高原上冲下来的洪水侵袭。

西北方约3英里处，有一座陡立的烽燧矗立在最近处的高原脚下。走近这座烽燧，我发现了延伸的城墙线。但是对它的更进一步的考察，直到1914年才得以实现。当时在调查完从安西方向过来的长城之后，我又重访了这个地方。那一次，我循着自十二墩向东至护海子小绿洲的城墙线做了勘察，然后又越过一大片沙漠废地到了毛目一带的肃州河下游。护海子还有一个有意思的名称叫营盘（军营）。对这一段汉长城的描述以及可能说明其选择之原因的讨论，应该留到未来的一部书中去发表。在这里我想指出的是，十二墩至护海子之间的城墙段，或多或少地与一条今天仍时不时地被蒙古人及其他人使用的道路相平行，那些人意欲翻过安西至哈密大道东面的北山，走一条直接的路前往哈密。[1]对那些从哈密方面过来沿此路旅行的人来说，十二墩是靠近甘肃边界的第一处有人居住的地方。因此，在古时候这里也可能曾有过它自己的"关"。但是，这个事实对于"玉门"一名后来转变成现坐落在玉门县中的地域首府的名称是否有所帮助呢？这个问题尚有待探讨。

从十二墩出发，我返回到三道沟村附近的现代公路上来，该村位于玉门县的西北。9月22日的旅行把我带到了布隆吉，沿途经行的地面，大片大片地被从疏勒河中流出来的水所淹没。此外在西面砾石冰碛滩脚下汇聚的沼泽地泉水也漫流开来，浸渍着我脚下走过的土地。废弃的大片耕地上现在又灌木丛生，一直到七道沟那里，它们是因当地发生叛乱所造成的疮痍。除此之外，还有一片宽广的草原，有一块沼泽洼地横着穿过它。这洼地提供了一处丰美的牧场，在那些逝去的岁月里，它必定吸引过那些游牧的人。站在道路所经过的高地上向北望，我看到了远处的排成一条线的烽燧的影子，沿着疏勒河深邃的河床的右岸延伸着。基于

1　自护海子至十二墩道路的持续使用，或许可以解释人们对道路沿线的古烽燧之关注，以"十墩""十二墩"来命名路西端的那些村庄。这种持续使用，还可以说明人们对靠近道路的那些烽燧的维修。我听到的流行的解释是：所谓十二墩即十二座烽燧，意即一百二十里（自护海子以来的距离）。一座烽燧或一座倾颓得相当厉害的这一类土墩，在中国现代公路上是一种常见的道路标志，每隔10里或与之大致相称的距离即安置一座。在西域，120里大致相当于今天的24英里。十二墩与护海子间的实际距离，已超过了40英里。

在十二墩所获得的明确的证据，我可以肯定它们就是汉时长城的遗迹。由于各种各样的实际理由迫使我必须尽快地到达安西，因此我当时无法去调查这些烽燧并去寻找长城的遗迹了。但是，当后来在安西测绘员拉伊·拉姆·辛格被拉尔·辛格替换下来以后，我得以派后者返回那里，对那里的遗迹进行快速调查。1914年，我又沿着经过十二墩的这整个长城线做了认真的考察，通过各种途径得到了一些补充性的证据。但是结果也显示出，由于某些地段上连续的风力侵蚀作用以及其他一些地段内的潮气侵蚀，在地面上已经很少能看到城墙线的遗迹。这种状况一直持续到废弃的驿站桥湾城以西时才变得好一些，·那里的地面是坚硬的砾石滩。

布隆吉堡的围墙有 1 100 码见方，它在 17—18 世纪曾是中国清代的一处重要要塞，但它所在之处现在已几乎变成了荒漠。在康熙和乾隆时期，这座城曾被用作击退准噶尔部势力威胁并最终收复新疆的事业的前沿基地。为了控制经由北山的几条道路（一支游牧的敌人可以从哈密经这些路直达疏勒河和甘肃境内），当然需要在布隆吉建造一座坚固的堡垒。这堡垒还能用来警戒它西面大约 12 英里的峡谷，那里有一条河流，公路也在那峡谷中穿过。

低缓但陡峭且布满乱石的湾山子山[1]，是我们曾路过的位于桥

　　1　这个拼法看起来是蒋师爷记录的该山名称的正确形式。湾山子意即弯曲的山（脉），看来是这段山冈的很恰如其分的称谓，从地图上可以看出其形状确是弯弯曲曲的。

子北面的山冈向东北方向的延伸。它突兀地蹲踞在河岸边，而对面又有一道小但几乎孤立的山冈，那山冈是北山山脉向南面伸出的最后一道余脉。河水曲曲折折地从这两座山冈之间的峡谷里流过，峡谷的底部宽仅0.5英里。湾山子山的一端在河床边整齐地中断了，河水在它脚下流淌着，道路只能向上通过山脊的终端，那里高出河床约200英尺。正是在这个易于观望和守卫的地方，古代亭障的设计者以其对地形的军事优势的考虑，将其边防线选择在河的左右两岸上。1914年我考察了地图上显示出的山脊顶上面朝着湾山子的烽燧，调查证明，其时代无疑可追溯到汉代。后来对其底部所堆积的碎屑清理，出土了一两件属于那个时期的汉文木简。沿着同一山脊的南脚和东南脚，可看到清楚的城墙痕迹，在这一带的墙主要是用粗糙的石块建成。在更靠西的低地上，其遗迹自然而然消失了，因那里再往下就是河床了。

在河的南岸以及沿着湾山子山的西北端，我未能找到任何可明确地辨认出来的城墙遗迹。但在那山冈靠近道路之处，却有两座巨大的烽燧，西面一座烽燧的旁边还有四座小型的砖建筑，看上去似乎是寺庙的遗迹。我在这里可以补充的是，在河左岸刚接近湾山子山脚的地方，有一座建造得很好的寺庙废墟，带有几座佛塔，它被称作老君庙。所有这些遗迹都毁于叛乱分子之手。先前我曾推测说，湾山子山脚下的峡谷，应该用来作扩展到敦煌及以外地方以前的汉长城的一座关。如果曾经是这样的话，考虑到先前的解释，或许我们可以承认，在这些寺庙中缠绵不去的本地信仰的流韵，似乎不变地缠绕在这座关的遗址之上。

　　湾山子以外的河的左岸上，原先必曾有过亭障的城墙，但直到过了小宛村的地面以后，我尚未发现任何遗迹。在河与南面山冈脚下之间的低地上，生长着一片灌木丛，这些地方并未被实际耕种过。在这一类地面上，很难期待有什么古代亭障之类的遗迹保存下来。在小宛村以下约5英里处，道路从灌木丛和废耕地上延伸到了一片更开阔的地面。我在那里遇到了一座大约208码见方的围墙废墟，被称作破城子（意即古城）。其城墙仍有10~12英尺高，看起来似乎并不很古老。城外有一条水渠流过，渠水一直流到瓜州耕作区的最南部分。现在我正在接近三个月前前往桥子时看到的分布有两座烽燧以及联结着它们的城墙的那片光秃秃的山冈。在破城子以西约1英里处，我发现一座倾颓得很厉害的土墩，高约12英尺，直径约10英尺，是长城线上的一座烽燧，其夯土层依然清晰可辨。

第三章

哈密和吐鲁番之行

第一节　从安西到哈密：玄奘穿越沙漠

为了节省时间，以及保证那些沉重的珍贵文物安全运输，我只好选择了这条（中国的）现代山道去哈密。走此道必须穿过北山砾石沙漠地带，大概需要行走十一段艰难的里程，合计约218英里，方可到达哈密。欧洲旅行者经常走这条道，主要是为了收集一些有关地质方面的详细资料。然而，对那些非地质学家来说，在这片广阔、荒凉的砾石戈壁上能观察到的地形特征恐怕就少得可怜。这条道在那些严重风化、最高峰达7 000英尺的山脊上蜿蜒崎岖，打破了山脉的单调和宁静。山脉之间有较宽且充满碎石的山谷或高原，它们距此道仅几百英尺之遥。但这种真正的戈壁通道也会激发那些研究古代地理学的学者们的兴趣，此外这条道在历史上所起到的重要作用也值得重视。

我们路过一个又一个破烂不堪的路边驿站，每一个驿站都建有简陋的小泥屋和微型瞭望塔。此外，到处都可以看到一些类似井或水渠的浅坑，都因缺水而枯竭，填满了一堆一堆的垃圾。同样，我们偶尔也能看到大片不毛之地，没有任何灌木、芦苇或杂草之类的植被。我认为，我们观察到的这种交通状况本应有所改变，但古今变化却很小。公元73年，自从东汉人首次在哈密立足后，这条北道才有所改观，增加了西起敦煌、东自肃州和疏勒河流域的几条可通行的支道。这条北道若称不上是主要通道，也可称得上是通往天山南北两麓各地区和塔里木盆地的重要交通路线，确实起到了很重要的历史作用。每当东汉的统治势力扩展到这些地区，并能抵御北方游牧民族的袭击时，这条北道一定犹如今日一样繁忙。根据仅有的汉文文献资料和后来西方的有关资料可得出这样的结论，即由敦煌直接抵达楼兰和塔里木盆地北部绿洲地带的道路在公元4世纪被彻底废弃后，这条通往哈密的北道一定如同今日一样的适用，成为中国与中亚之间商贸和军事活动的主要干道。

不管是在安西通往哈密的干道，还是在上述任何一条与之大致平行的支道上，这些道路的地形特征都非常接近。走这些道的军队和运输队始终都为他们的一大群牲畜所苦恼，因为他们无法找到足够的芦苇秆来喂饱它们，有些地方甚至连水都找不到。他们还面临着极度缺水和燃料等困境，这些困难严重阻碍了他们的行程。燃料问题在此显得同样重要，因为北山高原上那冬季冰冷的气候，以及春季盛行的卷着雪花的东北风，使他们感到无可奈何、寒冷无比。在这次旅行中目睹以及听取那些在世的目击者的回忆，自然使我联想到清朝花费了多么大的代价，在平定了叛乱后，又从甘肃出发，在哈密集中了较强大的军队，从而很快威慑和摧毁了阿古柏在新疆建立的伊斯兰统治。

汉唐时期的远征活动所面临的各种困难，也同样非常严峻。即使是因为气候干旱化，使得水源、牧草和燃料减少，但我们有很多证据可以证明北山的中央地带在那时也是一片戈壁，难怪汉人一提起来就害怕。我们应该记得，古代中国在他们的统治区最初开辟和保护这条交通要道时，经常与令他们生畏的敌人展开激烈的斗争。这不仅仅是因为敌人拥有较强的军事力量，而且因为他们是游牧民族。对于那些已习惯于四处流浪、穿越大片荒野、爬山和长途跋涉的游牧民族诸如匈奴、突厥和蒙古族牧民来说，穿越沙漠算不了什么。然而，对中国人来说，即便是今天穿越也只有屈指可数的几口井或泉眼和几片草地的沙漠也是相当艰难。我从此次旅行中获得的经验，以及1914年末我考察曾被调查过的由肃州河至哈密东北部的道路时，所获得的具有指导意义的经验，促使我更好地认识到，在北山西面的沙漠地带因极度干旱而完全不能通行之前，古代匈奴部落是如何翻越天山南下袭击敦煌石窟。北方大批的偷袭者由于人畜早已习惯了游牧生活，且熟知当地的地理条件，即便是现在，他们也能迅速地翻越这条介于北山中央和东部的巨大的自然屏障，对南部地区发动袭击。

　　因为中国人拥有固定的观念，所以对他们而言，穿越沙漠始终反映的是大自然巨大的威慑力和危险的一面，不管他们是军人、商人还是普通的旅游者。这一观点在玄奘《生平》中得到了彻底的反映。《生平》中记载了玄奘伟大的取经路上的历险经历，其中提到了他从瓜州出发，穿越沙漠，到达伊吾（哈密）的传奇故事。我坚信玄奘是从疏勒河的某处出发穿越沙漠[1]，这一地点一定距今安西很近，并距现在横跨这条河流的主干道不会太远。出于水源问题的考虑，这条道除了在大泉和沙泉子之间有一个弯道，由安西（瓜州）到哈密绿洲的道路均为直线。由此推测，玄奘选择的这条古道，走了前四段路程后，偏离了这条道。而且我坚信此地点一定距现代的道路不会太远。

　　地理因素在探险中非常重要，历史上那些勇敢的探险者险些因过度干渴而半途而废。因此我们先了解这方面的情况，然后才出发追寻他们的足迹探险。从安西出发走的前五段路程，需要翻越许多狭小的山脊。它们大体上都是东西走向，而且距山脉间很宽的高原似的山谷略高一点，那些供水的驿站均位于山脚附近。

　　1　玄奘于贞观三年八月（大约相当于公元629年9月）离开都城长安。至少经过了两个月的跋涉，其中包括临时停留，从西安府到瓜州旅行，如果将在凉州和瓜州各停留了一个月计算，那么从瓜州出发前往哈密的时间就应该是公元630年初冬。但从缺乏经受严寒痛苦的记载，以及从旅行者丢掉他的水袋的事件中可知，好像是在同年较晚的季节。如果是在12月到2月间用水袋装水翻越北山，袋中的水一定会结冰。

在前三站（白墩子、红柳园、大泉）我们发现农民通过引水渠来灌溉土地，而在马莲井和星星峡挖6~8英尺深就能见水。这些地区不仅水质较好，而且还有一些牧草。因此将甘肃和新疆两省的边界定在星星峡[1]，看来不是没有原因。再往西行，地理条件就发生了变化，情况明显恶化。如通往沙泉子和苦水的两段路程多为光秃秃的岩石和砾石堆，这些地方的海拔高度与前述的几个地点的平均海拔高度相比较，这里已逐渐降低到了约2 000英尺。这里植被也越来越少，水的碱性变大，"苦水"这一地名所蕴含的意思恰如其分地说明了这一点。

下一站是烟墩，这是我们在中国境内旅行时，走过的道路中条件最差的一段。这条道长约35英里，从荒凉的砾石坡地一直达低于苦水1 500英尺的盆地终端，一路上不仅没有水，更找不到任何可栖身之处，同时，这段路程还因夏日的酷热以及秋冬季东北风的严寒刺骨而充满着艰险。正如我1914年的调查所证实的那样，这个大盆地或烟墩通道向东延伸了很远，并充当了由蒙古南部翻越东库鲁克塔格山向南抵罗布泊盆地的冬季刺骨的寒风的主要通风道。从苦水出发，一路上都有运输队牲畜的死尸，或者是不为人知而丧生的人骨架作路标。从烟墩再向前走的一段路程，同样是砾石戈壁，但距离相对较短，它一直可通到一片很宽的黄土地带南缘的长流水渠。这条渠的水源来自卡尔里克塔格山上的

1　星星峡本身就是一座烽燧，是哈密的卫戍区，有较多的士兵驻守。

雪水，河床上长满了茂盛的灌木和芦苇。此外，我们还看到了哈密的第一片种植区，面积相对比较小。再向前走两段较平坦的路程，我们便抵达了位于绿洲中央的城镇哈密，又称库木勒。

从疏勒河畔出发不久，玄奘就被他那年轻的当地向导所抛弃。玄奘就以那些动物死尸和马的粪便为路标，继续向前走。当他看到远处有许多军队时，感到非常恐惧，一旦走近，他们就消失了，这便是著名的海市蜃楼，这显然是一种幻觉。在我离开安西之后，行走的几段路程中，除了在这样的季节竟然还能在沙漠中感觉到秋季般凉爽，还常能观察到这种海市蜃楼的景观。走了约80里后，玄奘到了第一座烽燧。为了安全地通过那里，不被发现，他一直等到夜幕降临。当他在烽燧旁准备灌满他的水袋时，却不幸被烽燧上放哨的卫兵射中了一箭。因为他称自己是从长安来的僧侣，所以就被带到了烽燧的校尉面前。这个校尉是敦煌人，名叫王祥，待玄奘很友好，在未能说服让玄奘返回都城后，第二天一早他就告诉玄奘如何能走到第四座烽燧，这座烽燧由王祥的一个亲戚负责管理。玄奘到达第四座烽燧的当夜，又经历了同样的遭遇。在遭到卫兵的射击后，他才被带到了校尉面前。校尉见到王祥的信函后，表达了对他的热情欢迎，同时，还警告他不准接近第五个和最后一座烽燧，因为那里的卫兵脾气暴烈，恐出意外，但允许玄奘到百里以外叫野马泉（意为野马的泉）[1]的地方去灌满他的水袋。

　　玄奘离开第四座烽燧，走了一小段路程，不久就进入了长约800里的莫贺延沙漠，古时称其为沙河，意为沙漠之河。这里既看不到飞鸟和走兽，也看不到水和牧草。玄奘因再度被海市蜃楼的幻觉所困扰，他在沙漠中迷失了方向，没能找到那个野马泉。更不幸的是，他把从第四座烽燧得到的装水的大皮囊掉在了地上，其内的水也全部都漏光了。此外，因为偏离那条道太远，他再也不知道该朝哪个方向返回。最后，他决定向东走，回到第四座烽燧，走了约10里路，他突然想起他曾发过誓，在到达印度之前决不向东行。他马上"虔诚地向观音菩萨祈祷，希望指引他向西北行"。他环视四周，只见一望无际的平原，没有任何人或马的痕迹。他夜间经受磷火（鬼火，原文为"妖魑举火"——译者）的惊恐，白日又遭遇可怕的沙漠风暴的袭击，同时要忍受饥渴的痛苦和折磨，玄奘行走了五天四夜，没喝一口水，最后终于支撑不住，精疲力竭地躺倒了。第五天半夜，玄奘虔诚地向观音菩萨祈祷之后，感到一阵凉风使他清醒，这时才发现自己已小睡了一会儿，并梦见一种神力促使他继续向前走。又行走了约10里路，他的马大概也想歇歇脚，突然朝另一方向跑去，跑了几里后，就把他带到了一片绿草地带。玄奘在这里喂完马后，准备继续向前进，这时他

---

　　1 "野马泉"这个名称仍指甘肃境外的沙漠地带，是从道路旁的一个泉眼而得名的，是我1914年随毛梅到卡尔里克塔格的那条道。

突然又发现了一滩清水，感到有救了。他在那停留了一天后，带着鲜水和马草料继续他的旅行，最终走出了沙漠到达伊吾。

据说玄奘曾被警告不准去第五座烽燧，具体是指星星峡。他从第四座烽燧开始偏离主道，去寻找100里以外的野马泉。他没找到野马泉，就试图沿原道再返回第四座烽燧。据他讲他是向东往回走，这表明，给他指的野马泉的位置必定在此以西的某个地方。由马莲井向西走约30英里，从苦水进入安西至哈密道之前，在马莲井的西—北西走约30英里，的确有一个地方有水草。因此，这个古代和现代一直存在的泉眼很可能就是玄奘徒劳寻找的野马泉的所在地。玄奘因无向导而没发现这个泉眼，对我来说的确是一个经验。因此，1914年9月我在北山东面穿过未经调查的那片地区时，始终以此提醒自己，并尽力去熟悉周围的环境。

即使是今日去哈密的旅行者，要想回避星星峡，最好在马莲井就离开主道向西—北西走。为此他必须翻越一座又一座北山山脊的最高峰，因为出星星峡之上这条主道要经过一条崎岖的峡谷。因此在这种地方，当然不可能沿直线行走。这种地理环境，偏离主道越远，就越弄不清该朝哪个方向走。据说，玄奘没有找到野马泉之后，就决然向西北走，他没有被饥渴和沙漠中的各种艰难险阻所吓倒，勇敢地前进。他是出于宗教信仰才选择了这条道路，同时也显示了一位伟大旅行家的胆略。对于那些知道如何保持不迷失方向的人而言，这是一条光明之道，是一个很明智的决定。玄奘完全拥有指南针般的直觉，这是人在任何情况下都有的意识，这一点我们从流传下来的玄奘的著作《西域记》中记录的地形特征上，能够得到充分证实。

由这条道往西北方向，旅行者将经过苦水周围大片荒凉的砾石带，到达烟墩洼地，由此再向东南方向走，可到达库鲁克塔格山雪水灌溉的农耕黄土地带。据说在穿越莫贺延沙漠时，玄奘没喝一口水，熬过了五天四夜，直到第五天夜里经过歇息后，蹒跚前进了几英里后才到达一个有牧草和水塘的地方。这一段距离的长度，正如我们所预料的那样，与实际的地理距离很接近。我们从现代旅行路线中可知，由马莲井即第四座烽燧到哈密境内的第一个有水草的长流水的地方，需要行驶五段里程，全部里程合计约106英里。同现在一样，那时从第五座烽燧到哈密常用的道路上一定会有不少水井，也就是说在沙泉子、苦水、烟墩等相应的地方，或在其附近。对玄奘来说，不是找不到这些井，而是因为他离开了旅行路线，再去寻找那些井恐怕就非常困难了，我在同一沙漠带的旅行经历使我深知其中的痛苦。玄奘选择的道路恰好与主干道平行，尽管它们之间只相隔几英里，但对玄奘而言，始终是一个谜。

我相信是因马的嗅觉或本能使得玄奘在即将渴死和精疲力竭的时候，最终抵达救命泉，慧立描述的这一情景是真实的。据说玄奘从瓜州出发开始他的冒险旅行之前，为了自身的安全，他明智地与一个当地人交换了马，因为这匹马已往返哈密15次以上。[1]
众所周知，马和骆驼在沙漠中从遥远的地方就能嗅到水和草的味
道，或有特殊功能，走过一次就能准确地记住水草的确切位置，
所以无须我本人再测试这匹马了。[2]慧立描述（指在《大慈恩寺三藏
法师传》中的描述——译者）的准确性是能够自圆其说的，玄奘在
途中花了两天多时间才到达哈密，这与现在由长流水到达哈密需
要走的两段路程相一致，距离约35英里。

第二节　哈密的历史地位

哈密在中国与中亚的关系史上起到了重要作用，所以这次能
够选择北道返回塔里木盆地，亲眼看看哈密让我感到特别高兴。
但我在哈密绿洲的停留的时间都太短，几个偏远村庄也是匆匆而

1　那位老人说："你既然决定出发，就必须骑上我的马，因为它现在已经
由此往返伊吾15次了。看它很健壮而且又认识道，相反你的马很弱，可能永
远到不了那里。"

2　我有必要在这里附带说明一个事实，一匹经过在沙漠中旅行训练的马，
可以五天不喝水在沙漠中走，而且身体不会有任何异常反应。我们穿越塔克拉
玛干到克里雅河时，我们的马几乎四天都不能饮到水，但从它们的身体条件判
断似乎还可以再走几天。还必须说明，相对于穿过塔克拉玛干中沙丘覆盖的地
区而言，翻越北山同样的砾石山坡和高原，对马来说不算是太艰难的事，而且
对于人来说也不算太困难。

过，我无法确切了解现在和过去这块土地的一些情况。在这里，我想把主要精力放在那些重要的地理因素上。因为这些能够说明哈密的历史地位并解释其重要性，尽管这里自然资源匮乏。

大家都知道哈密在突厥语中称为库木勒。有关哈密的文献明确指出，自汉代后期，随着古代中国贸易扩大到中亚，哈密在北道上占据的位置日益重要。而楼兰在古代中国开始向西部扩张时，以及它于汉代前期在南道上的位置也是同样的重要。如果没有楼兰在罗布泊沙漠西部作为桥梁和基地，利用最直的路线到达塔里木盆地在体力上对中国人来说是不可能的。同理，如果没有在哈密可耕种区即北山沙漠西北部设立一个自然的立足点，开辟和保护直接通往东天山南北各地区的道路，对他们来说就更加困难了。

哈密可耕地有限且水源也极度缺乏，在古代这些现象恐怕比较常见。然而，在汉族军事屯垦者的帮助下，哈密的农业资源得到了发展，这些一次次证明中央王朝对中亚的策略尤为重要。公元73年以后，每当中央王朝势力强大并企图重新统治中亚时，哈密就自然成为汉朝军队的一个聚集点或基地，为征服北方游牧民族如匈奴、突厥的政权，平息公元1876—1877年的准噶尔部叛乱时，都将它作为军事基地。从古到今，人们发现对各种商贸和运输活动来说，北山沙漠始终是一道难以逾越的自然障碍，所以哈密就成为旅行队伍再储备食物和让牲畜好好歇息的地方。哈密省过去是一个王国，它拥有无数城镇和村庄，但它的主要城市的名称为哈密。这个省位于两片沙漠带之间，一边是罗布泊大沙漠，另一边的小沙漠带最多有三天的里程。这里的人们均为宗教崇拜者，并使用一种特殊的语言。他们有很多果树，他们主要靠果子生活，而且还可以卖给来往的行人。

哈密绿洲能够存在的重要原因是从其附近引来了灌溉水源，即从卡尔里克塔格山引到了天山最东部地区。正如这座山名暗含的意思，山不仅高而且能获取足够的湿度，确保终年积雪。这部分天山上积雪覆盖的山脉不长，山顶上的长度约25英里，从山脊上流下来的水的总量也有限，因此无法通过其南部山麓的砾石坡地的地表，除非偶尔下暴雨，导致山洪暴发时才能流到这里。大量的水在地表流淌的途中就会蒸发殆尽。因此，只有在地下流水，即通过在砾石坡地的下段开挖水渠的形式来浇灌才会奏效，就像和田和于田地区的喀拉苏河流一样[1]，使其下段的可耕种的黄土地带的灌溉水源始终有保障。如果要从前面谈到的位于低洼地的水源挖水渠来进行灌溉，那么就必须放弃卡尔里克塔格山内隐蔽的几小片可耕地，这样就使哈密地区的种植区局限在那条狭长的可耕种的肥沃土地带。因为沼泽地或其他缘故以及大片无法耕种的土地，使哈密主要绿洲种植区最宽处也不过5英里。在河流的出口处，如同和田、莎车和库车等地一样，没有一条足够大的河流

1　因此中央绿洲的一个主要供水资源位于低洼的沼泽带的水渠中，即苏巴什，在哈密镇北部约2英里处。在其东北部，靠近艾迪拉和卡拉喀普钦河流的泛滥的河床上也有一个同样的地区。

能够灌溉相应大小的冲积扇。尽管所有的汉文献都强调哈密土地肥沃，气候条件适宜，然而哈密的种植区的人口数量却一直非常有限[1]，这方面的情况与楼兰也极其吻合。

由此，楼兰和哈密理所当然地成了中国人的桥头堡，在以后的几个世纪中，中国人从这里穿越沙漠，进入中亚。如果此说不误，那么，这两个地区地理位置上的差异，应该在其他方面表现出来。在谈论楼兰，或甘肃至楼兰的古道时，我曾经指出这条道尽管受到北方敌人的骚扰，但保护得非常好。宽阔的沙漠带和库鲁克塔格山寸草不生的高原形成了有效的自然防御工程，从而阻碍了天山北部敌人的入侵，因为匈奴或他们的游牧继承者在这里无法找到牧场。另一方面，我们也注意到由于特殊的地理条件给灌溉带来的重重困难，使用这座桥头堡从一开始就很危险。这些往往与对沙漠中遥远的绿洲地区的控制有密切关系，可能受持续干旱的影响，正如我们所见到的，楼兰最终在公元4世纪被废弃。

然而，我们在哈密发现的情况却完全相反。虽然这里灌溉种植区的自然水源极度短缺，历史时期尽管气候的变化或三角洲地带特别容易发生河道变迁，但均未严重到威胁哈密存在的地步。另一方面，因为哈密北方无天然屏障，所以北方游牧民族很容易入侵。由于这里的气候不太干旱，所以这一地带的天山北部坡地

1　清乾隆时哈密地区的人口是12 000，如果除去那些占相当数量的流动的商人、牧民等外，哈密的人口似乎没有超过这个数字。

上草木茂盛。1914年我到巴里坤和奇台时，曾对这一点有了充分的了解。必然是这个原因吸引了大量的游牧民族，并导致入侵。从汉唐时期的汉文历史文献记载中，我们可以找到大量的证据，证明匈奴及其游牧继承者（追随者）在此势力不仅强大，而且他们统治的时间也比较长。这里四季都能通行，无论是向库鲁克塔格山以西还是以东地区，并为由北部通往哈密平原提供了通道，无疑大大便利了入侵。而且，马车能轻易通过巴里坤达坂，只要走一天即可抵达中央绿洲地带。

每当古代中国在中亚的势力减弱时，哈密就要遭受北方的侵略。北方势力的不断入侵就足以说明哈密交替变换的历史，如同《史记》中记载的那样，甚至延续到了我们这个时代。要想弄清伊吾命运突变的详细原因，就如同哈密从汉代至唐代就为中国人所知的那样，不属于我的探讨范围。关于哈密的早期历史，我们知道公元73年中国在哈密建立了第一个军事屯垦区，在后来的四年里伊吾又一次沦陷到了匈奴手中。公元90—104年哈密再次被匈奴占领，又遭受了同样的命运。据记载，汉朝于公元131年在此再度建立军事屯垦区，可知汉朝的这一举措完全是出于哈密的战略地位。随着东汉在西域的统治势力的瓦解，公元2世纪中期之后，东汉终止了对哈密的控制。公元608年哈密向隋代最后一个皇帝投降后，古代中国对它的统治时间同样持续不长，不久西突厥就重新征服了哈密。公元630年，唐太宗向西突厥发动了一系列的攻势，此后20年内唐朝政府一直向西域扩大其统治势力，最后达到统治西域及其以远的地区。其间，我们发现哈密的主要首领是最早投奔唐朝寻求保护者之一。

在公元8世纪的混乱时期，即北方的突厥和南方的吐蕃都十分嚣张时期，哈密是怎样的恐慌，我们了解甚少，或根本不知道。那时唐朝为了竭力保护与西域各国的交流，最终还是被彻底切断了。大约一千年后，康熙皇帝发动的平定准噶尔部叛乱的战争，使中国又一次向中亚扩张其势力，哈密作为双方争夺交战的地区又一次遭受践踏。要始终保住哈密这开放的桥头堡，对中国人来说是相当困难的，因为那时还未完全统治其北部领土。在当地发生叛乱期间甚至使哈密再次失陷。

哈密地理位置的重要性，促使我很想揭开历史上的困惑。我是指通往哈密的北道，尽管它在地理上较通往罗布泊沙漠和楼兰的道路容易得多，但为何直到公元2世纪后才被汉人开辟利用呢？显然，古代中国的政治家们充分认识到，只要北方匈奴的势力没被摧毁，要占据如此开放的前沿基地确实有相当大的困难。因为他们认为与自然环境的困难斗争要比与对难以捉摸且不可征服的匈奴的斗争要安全得多。后来汉人觉得的确有必要寻找一条通往"车师后部"的道路，即与吐鲁番相接壤的现代的古城地区的直线通道，它不是公元2世纪开辟的通过哈密的道路，而是一条由古代玉门关北部出发的沙漠之路，在《魏略》中描述为"新北道"（《魏略》原文称"新北道"——译者）。在探讨上述问题时，我们会明白这条道一定距哈密较远，而且相信受无水的沙漠荒野的自然保护。

　　也许同样是由于地理位置的因素，以及哈密经历的政治上的变化，哈密人没有鲜明单一的民族特征和地方文化。正如和田、库车和吐鲁番地区的文献、遗迹和尚存的重要人种特征所证实的那样，尽管从地理位置上观察，这些地区散居各处，却保持着一致性。据我所知，与新疆其他任何地区相比较，我认为现代的哈密人从语言、举止和穿着上都深受汉人的影响。同时在体质特征上，我认为他们表现出纯种突厥人成分的混合，与那些在塔里木盆地的绿洲定居务农、说突厥语的居民相比较要明显得多（如图25所示的来自阿拉塔木的哈密农民）。通过鉴定我搜集的人骨标本，乔伊斯先生证实他们原为阿尔卑斯类型的伊朗部占优势，他在结论中指出哈密人明显具有混合特征。

　　哈密的历史就足以证明这里人种的混杂。这一绿洲地区一直作为中国和中亚之间的交通要道的一个重要驿站，已过去了1 500多年。这里肥沃的土地一定大大刺激了新的农业殖民者的入侵，经过一次次破坏性的袭击之后，这里的人口数量急剧增加，有来自中国内地的，也有来自吐鲁番和塔里木盆地的。纯突厥人种成分的混合，被解释是其北部附近有一个对游牧民族如突厥有强大吸引力的地方，同时库鲁克塔格山谷也为他们定居耕作创造了条

图 25　在哈密阿拉塔木对村民进行人类学测量

件。[1]至今哈密还拥有纯汉族农业区，他们是平定当地叛乱时派到这里来的，现在他们与当地说突厥语的维吾尔族人一起生活着。

　　这些维吾尔族人由他们自己的世袭首领来管理，从17世纪后

　　1　1914年我沿卡尔里克塔格山北部的坡地旅行时，曾经有机会观察到人们的这种转换，要么定居务农，要么还过着游牧生活，他们都是同一突厥部族。天山西部的柯尔克孜居民，似乎与喀什和其他地区的人更为接近。

半叶在清王朝的治理后，哈密的首领就从准噶尔统治转到了维吾尔族人的手中，然后世袭相传。现在他们的首领是哈密新统治者中唯一一个地方民族首领。地方首领的保留是为了在中央集权统辖下保留地方自治方式的习俗。据史书记载，以往中央帝国对西域各地都采取了这种自治方式。

第三节　阿拉塔木和拉布楚克遗迹

马可·波罗时代，哈密人还在信仰佛教。一个多世纪之后，沙鲁赫的使节在哈密看到一座富丽堂皇的清真寺旁建有一座精美的佛教寺庙。现在，在哈密绿洲根本找不到伊斯兰教传入之前的宗教建筑遗迹。然而，在哈密城外，却可以见到年代相对较晚的佛教建筑遗迹。由于时间紧张，我匆匆调查了其中两个不同地点的遗迹。我于10月24日起程，直接向东北前进，这促进了拉尔·辛格实施穿过卡尔里克塔格南部山口和山谷的地形调查任务。

我们走的第一段路，向北要穿过一大片山麓砾石地带，然后到达山脚下的一个小村庄托鲁克（即石城子），这样我就有机会亲眼看看途中被称为阿克其克喀热勒的巨大烽燧了，哈密人都把它视为古迹。它用晒干的土坯建造而成，非常坚固，底部约40平方英尺，高度也是约40英尺，其表面为斜坡状（分层次）。夜幕降临之前，我很快地看了一遍，没有找到能够确定其年代的任何有力线索。但毫无疑问比环绕它的那些石块筑造的围墙要早得多。围墙遗迹的面积约90平方英尺。这座烽燧的功能主要是用来传送信号的，此外当敌人翻山发动突然袭击时也可躲避用。而且，其位置也是为此目的精心选定，因为在此能够清楚地看到前往巴里坤和从土尔库勒关口下来的道路。

从托鲁克我沿着西南部光秃秃的山脚向阿拉塔木（即上庙尔沟）走，据报告在八大石河流的出口处有寺庙遗址。它们所在的村庄，是哈密王或首领居住的地方，风景秀丽，周围是一望无际的果园，生产的水果闻名遐迩。繁茂的植被是遗址的一道风景。背面是陡峭、寸草不生的红色沙石山，八大石山下来的雪水河流，穿山而过，形成了曲折、无法通行的峡谷。

从图26中已标明的遗址的位置和它们的特征来看，这是一座佛教寺庙集中的圣地。它们矗立在河流的出口处，这是因为其神圣的地位可以体现这条河流对农业人口是多么珍贵。在牛角山（考斯尔格）情形也相同。牛角山即现在和田的阔玛里，我曾经解释过，那里的地方崇拜是多么的古老和执着。那里的种植者从古到今都习惯为他们的繁荣而祈祷，也为他们有充足的水源来灌溉农田而祈祷。从1907—1908年和1915年我访问吐鲁番、库车和天山南部山麓的其他绿洲地区之后，看到很多在河流上游附近修建寺庙的实例，发现这种现象极为普遍，这里恰好被命名为苏巴什（意为水的源头）。那条在阿拉塔木果林大坡上形成了小瀑布的清澈河流，这里适合修建寺庙。除了满足在河流出口几百个地区大量

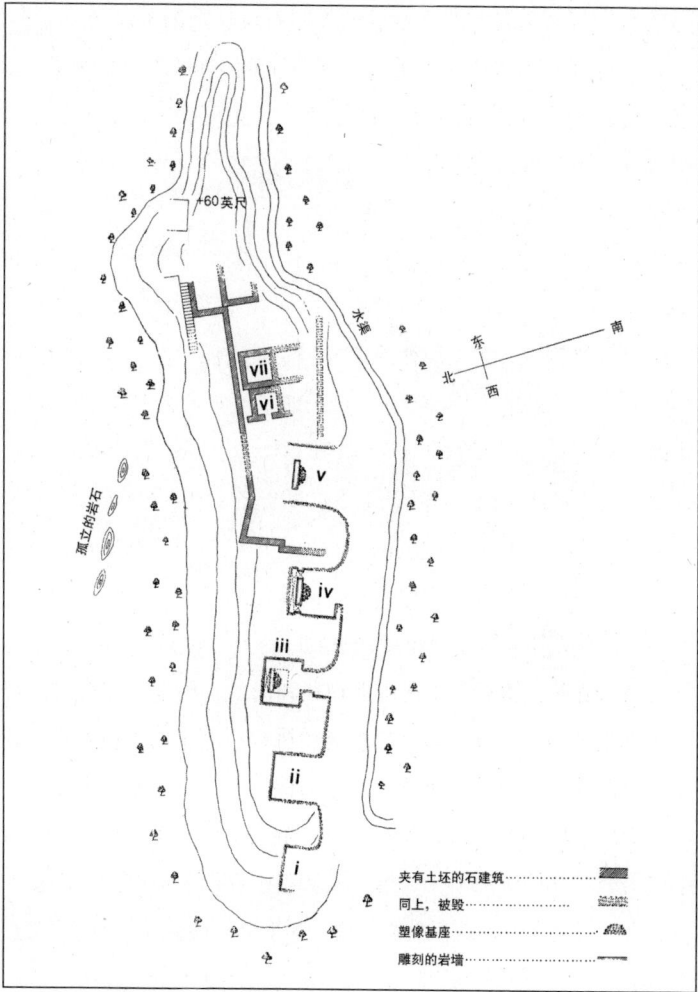

图26 哈密阿拉塔木佛殿 A.III 平面图

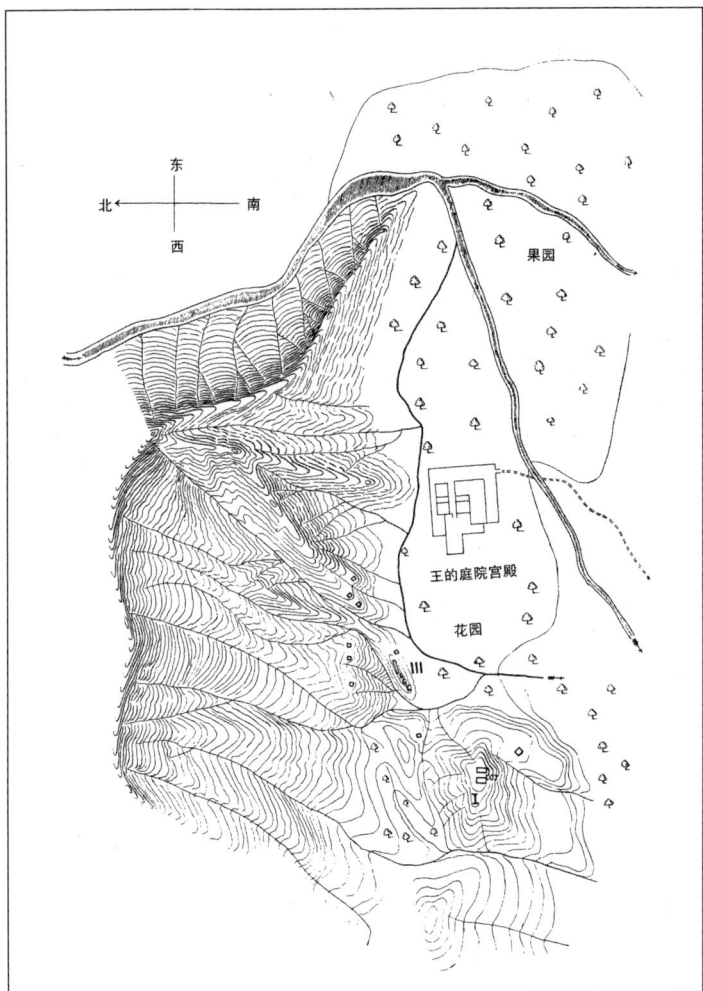

图 27　哈密阿拉塔木佛殿群平面图

图中标注文字：
东　北 ← 南　西
果园
王的庭院宫殿
花园
III

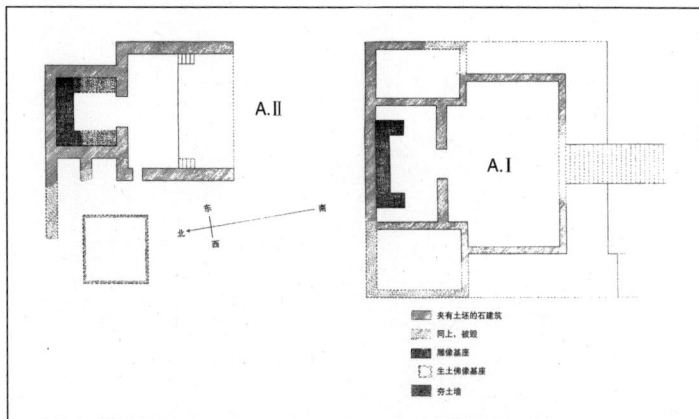

图 28　哈密阿拉塔木佛殿 A.I、A.II 平面图

种植果树和葡萄树所需水量，它还灌溉了塔夏尔（即下庙尔沟）地区的农田，再向下游流到喀尔木克其（即一棵树）村庄前后的大片土地。

　　阿拉塔木的佛寺遗址主要可分为两组。这两组寺庙遗址均位于哈密王的花园宫殿的西面，靠近最陡峭的山脊的山脚。在图 27 中，包括 A.I、A.II 寺庙（图 28）的那一组遗址距哈密王的宫殿约 300 码，坐落在一排砾石覆盖的小山丘的最东面山顶上，其旁还有一些严重坍塌的较小的建筑遗址。如图 29 中所示，这些山丘的顶

图29 阿拉塔木遗址废寺 A.I、A.II，自东南望

部高出最近的灌溉耕地120多英尺，沿山丘的南脚是一条很宽的
砾石台地，它高出地表约40英尺。在台地的东面边缘，我们发现
了几间用土坯建造的佛殿，几乎完全倒塌。台地上一条窄长的部
分是人工修建的台阶，它是在砾石筑的底层建筑上建造的，现在
只残存上部。由此一直可到达被 A.I 主要寺庙占据的（图28、29）

平台上。平台西南角的围墙部分高出自然坡地约16英尺。

这座破败的寺庙包含一个前殿、一个内殿和两个无法进入的侧室，前殿长33.5英寸，宽20英尺，内殿呈长方形，长23.5英寸，宽13英寸。这里和A.II佛殿的墙壁厚1英尺8英寸至2.5英尺不等，均用长12英寸、宽6英寸、厚4.5英寸的易碎的土坯修筑。这些土坯都是平铺，在不同的层中土坯的宽面和窄面交替向外垒砌。整个寺庙内部均被土坯残片所填充，厚达3英尺余，其上在佛殿内发现了建造的隔开的晚期墙壁，证实了该遗址在废弃后又重新被利用过。同时，由这组遗址而得名的阔纳铁喀热勒，即为"古哨卡"之意，本身也就说明了这一点。

在清理A.I的内部时，我们在佛殿内发现了一个高14英寸的马蹄形佛像座和一大堆彩绘的浮雕塑像残片，如图30是人像的下半身。这些残片大多都属于装饰佛殿墙壁的小浮雕塑像。在佛座最东端的前部发现的真人大小的泥塑像的下半身破坏较甚，其表面的彩绘大部分也都脱落，但身上披的袈裟的褶皱仍清晰可辨。那些曾用来装饰佛殿墙壁的壁画有很少一部分得以保存。在A.I、A.II内均发现了许多完全烧焦的木头残片，这些足以证明这两座佛殿均被火烧毁。然而，那些残存的灰泥浮雕佛像的残片和几乎被全部破坏的壁画残块清楚地表明该遗址曾遭受过极大的破坏。据说在阿拉塔木冬季偶尔也能下6~8英寸厚的雪，但只能保持几周。然而，在离山谷约8英里的八大石，每年冬季积雪覆盖的时间长达几个月，夏季还经常下雨。

图 30　泥雕人像下半身

图 31　生土佛像基座平面图

A.II 寺庙的清理结果并不理想。该寺庙包括一个面积为 32 平方英尺的前殿，其中殿内一半的地面高出其他部分 3 英尺；还有一座长 13 英尺、宽 14 英尺的内殿。彩绘的浮雕塑像残片表明，沿内殿墙壁修筑的底座上以前均有泥塑像。在清理 A.II 的两边时，各发现一个用生土直接挖成的方形底座（图 31），上面以前可能都有小佛塔。

图 27 中所示的 A.III 为第二组遗迹，它包括一群在沙砾土山脊上开凿的洞窟寺庙，由东向西延伸分布，总长度约 400 英尺，如同图 32 中所看到的。这座山脊与北部岩石山的山脚完全分隔开，它东端最高处达 60 英尺，曾修建两条通往山顶的台阶通道。在山脊南面表面开凿了五个洞室，如图 33、34 所示，这些洞室一半是

直接利用生土作墙壁，一半是用土坯人工建筑墙壁。洞室的顶部，
原本为穹隆状，几乎全是用土坯建造。每个洞室内似乎都有一尊
巨大的佛像，这些佛像主要用岩石雕刻而成，也有用木片黏合制
成的佛像，它们都被安放在后面的土坯墙内，因此有些得以保存

图32　山岭上分布的阿拉塔木遗址 A.III 废殿群，自西望

图 33　阿拉塔木遗址洞窟内殿 A.Ⅲ.iii 内部

图 34　阿拉塔木遗址洞窟内殿 A.III.ii 北墙

下来。

在这些面积平均在20~25平方英尺之间的洞室中，A.III.i 第一个洞室位于山脊西面山脚下，它的墙壁几乎全部用土坯建造，但现在全部遭破坏。如图34所示，第二个洞室的墙壁表面用土坯垒砌，在北壁上至今仍残留部分壁画，还包括穹隆顶的部分。紧靠北壁修建的大佛像全部都已消失。泥墁的墙壁表面用蛋白调和颜料进行彩绘，东北角残存的那部分彩绘壁画是在菱格内绘的一幅小坐佛像。小佛像高8英寸，它在淡绿色底上用红色和棕色线条交替绘成，壁画的整体风格与敦煌千佛洞墙壁上很普遍的菱格形装饰十分接近。方形墙壁四角安置的很薄的突角拱上残存较潦草的花卉图案装饰的痕迹，其风格也均与千佛洞中见到的相似。

在 A.III.iii（图33）洞室中，仍可以找到大型雕塑的底座及在岩石上雕刻的背光，其后是一条狭长的回廊。雕塑的上部可能都是用土坯建造，其外再涂一层很厚的灰泥，仍可以看到曾经用来支撑头部的木骨。从照片上可以看到，残留的壁画相当少。在东北角的右边是深红和绿色的卷云纹图案，很可能是一个大背光的火焰纹边。在突角拱上能辨认出一些神的形象，衣服飘动，大部分是浅绿色，很可能是护世天王。它与在千佛洞洞窟内拱顶的相应位置上发现的塑像一样，周围均是花卉装饰的条带构成的团花。圆拱的根部是几条突楞，系用芦苇捆上抹泥制成，与丹丹乌里克及其他地方的寺庙内发现的同类装饰相同。IV 洞室的布局与前者相同。巨佛像后面是平整的墙面和回廊，不过这里佛像是在岩石上凿成的，从残迹来看，它是坐佛。墙壁上抹的泥早已剥落。V洞室的情况与之完全相似，主要原因是山顶上的雨水向下流冲刷墙面。南墙壁已完全塌毁。原来八角顶下面还保存有一些突楞，从最低的突楞的高度来看，这座洞室比其他的洞室都要高。此外，现存的一块突起的岩石也说明了这一点，这块岩石原来是佛像的骨干部分，说明这是一尊巨佛像。

我在此遗址调查的过程中，没有获得任何可确定年代的遗物。但观察在岩石上直接开凿的洞窟内的壁画装饰残片，发现它们与千佛洞晚期洞窟内的壁画图案很相似。因此，我认为阿拉塔木遗址的年代应为回鹘统治期（公元9—12世纪），此时哈密似乎正好处于长期和平和繁荣阶段。如要推断佛教在该遗址中停止信仰的确切年代的确很困难。我们知道沙鲁赫派遣大使时期（公元1420年），佛教仍在哈密的伊斯兰人中公开信仰。如果要确定在沙漠中废弃的一个遗址的年代，相对而言其确切年代的依据比较容易获得。然而，在一个水源丰富和土地肥沃的地方，可能就没有必要有意识地去寻找清楚的年代序列的证据，因为这样的地方一定会被长期占据着。在天山南麓农耕区分布的遗迹因为远离沙漠，给考古工作带来了很多便利，不过给古遗迹和遗物的研究带来了不利因素。这是我首次从阿拉塔木遗址周围宜人的环境中学习到的经验。

11月2日，我们离开哈密，前往吐鲁番。途中经过的绿洲村庄有苏木喀尔和阿斯塔那，汉语名称为头堡和二堡，这两个地方至今仍有围墙遗迹。在苏木喀尔我第一次看到了坎儿井（或灌溉渠道），它通过在地下挖井再连接成渠，能够与天山脚下砾石戈壁的地下河流相连接。目前在吐鲁番种植区这种坎儿井依然起着决定性作用。这种特殊的灌溉系统据说是从伊朗传入，将其引到哈密的主要绿洲地区恐怕是迟早的事情，可能还可以提高当地的农业产量。

停留两天之后，我从托和齐（汉语称为三堡，即第三个有院塔的村庄）出发访问了两个遗址，这些是我在哈密期间听说的。其中之一，位于依里库勒村庄东面，距托和齐西南部约3英里。这个遗址包括一群佛教寺院和洞窟，格伦威德尔教授1906年9月在此停留过两次，对这些遗址都曾调查过，并清理了其中的一部分。格伦威德尔教授对该遗址清理发现的遗物作了详细描述，读者可以参考，因此我就没有必要再对我看到的遗迹现象进行描述。这里值得一提的是在一些洞窟内暴露在外的装饰壁画，它们在风格上与我们在阿拉塔木发现的壁画很相似。我立刻得出这样的结论，该遗址也应该是从回鹘时期开始使用，这一点后来从格伦威德尔教授报告中的描述，以及从东北部那一组洞窟遗存内获得的回鹘和吐蕃文书中得到了证实。还要附带说明一下，依里库勒寺庙所在的黄色台地，由此可以眺望到发源于东北约1英里的泉眼的清澈的河流的出口，这条河是我们将要谈到的拉布楚克（即四堡）大村庄灌溉的主要水源。该遗址的魅力在于其充足的水流和茂盛的植被，还有一些泉水从两遗址间山坡下面的浅沟内流出。

选择此处作为当地做礼拜的场所，无疑因为它是苏巴什（即水的源头），或灌溉拉布楚克大村庄种植区的水源源头。

11月3日，在前往托和齐南部的长途旅行中，我在通道式的宽山谷两侧发现了大片很有趣的遗迹。位于平缓的砾石山的两侧，发源于托和齐和依里库勒附近的河流由这条山谷通过，它的下端则是呈长条形分布的拉布楚克和喀拉多拜村庄，它们是哈密主要绿洲区之外最大的肥沃的种植。在托和齐距山路约1英里的一座小石山脊上，发现一些保存较好的穹隆顶建筑，从外部测量面积约30平方英尺，经仔细勘察我们认为这是一座佛教寺庙遗址。它包括一间门朝东开的方形佛殿，还有一条门朝西开的封闭式回廊。我们发现佛殿内一无所有，但在殿的穹隆顶泥墁的壁上仍可见彩绘的菱格纹痕迹，有成排的着红色或棕色袈裟的小佛像，堆放零乱的土坯呈线条状一直延伸到南面，看起来似乎表明这里以前可能摆放着一排小佛塔。沿着这条通往拉布楚克的道路再向下走2英里，我遇到了另一个叫作塔孜干楚克拱拜孜的小遗址。在该遗址下端有源于托和齐和亚尔巴什的水汇集于此，成为一条湍急的清澈的河流，一直流到喀拉多拜地区。这里的洞窟内部面积5英尺3英寸见方，并有一个封闭的回廊，宽2英尺，东面设门。

从这里砾石覆盖的浅沟就逐渐加宽了许多，在沟的中间开挖了两条渠的河床，蜿蜒而下，把托和齐和依里库勒下来的水流能够分别输送到喀拉多拜和拉布楚克。在这两条河流自然交汇地土玛附近有一排小佛殿，形制与前述的小佛殿相同。因时间限制，

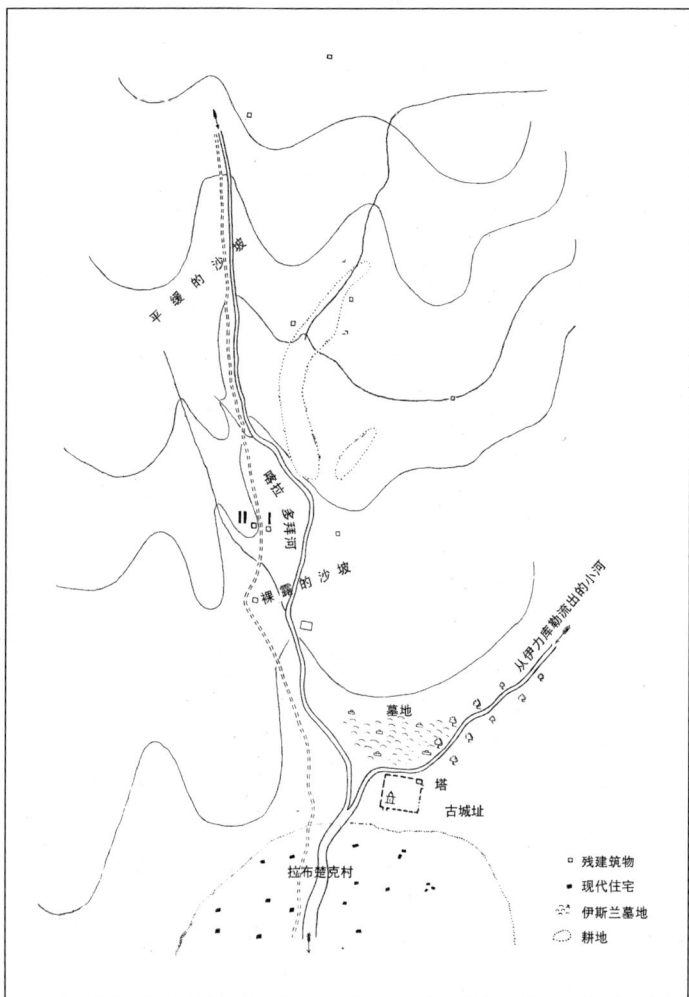

图 35 拉布楚克附近的遗址平面略图

右侧图例：
- □ 残建筑物
- ■ 现代住宅
- ⛏ 伊斯兰墓地
- ◯ 耕地

图中文字标注：
- 平缓的沙坡
- 摩拉多拜河
- 裸露的沙坡
- 从伊力库勒流出的小河
- 墓地
- 塔
- 仓
- 古城址
- 拉布楚克村

图36　哈密拉布楚克北部佛寺 I

我没能对这些佛殿进行考察。从塔孜干楚克再向下行3英里，便
能看到一群显著的遗存，基本在拉布楚克村的范围内。其中一个
遗址，在图35、36中标为 I，它包括一间中央佛殿，内部长约10
英尺，宽9英尺，其两侧各分布一间小佛殿。三间佛殿原本都是
穹隆顶，但现在只有西边的一间佛殿的顶部仍存。这三间佛殿的

门均设在南边，中央佛殿有一个拱顶前室与其相通。前室内有一条宽6英尺的封闭式回廊，回廊也为拱形顶。在回廊的墙壁上有壁画装饰的痕迹，很可能是故意又墁一层泥或将墙刷白使其消失。整个建筑在一块台地上建造而成，台地看起来似乎是直接将生土的边缘修整而成，并有迹象表明此处停止作为佛教圣地使用之后，曾有人居住过。

在该遗址以西约40码的地方有一间寺院佛殿，佛殿建在两层高台基上，如平面图中标示的 II。佛殿内部面积约10平方英尺，大部分穹隆顶至今仍存，高约15英尺，南边入口处略有残损。佛殿建造在一个14英尺高的夯土台上，这个夯土台又建造在一个更大的台基上，高约5英尺，似乎是生土直接修整而成。通到佛殿顶部的台阶现大都遭破坏，是从南边的部分拱顶的斜坡向上攀登。在距此遗址南端约200码的地方，我们在一个完全被毁坏的建筑遗址内发现了一座佛殿。该建筑遗址长63英尺，宽53英尺。这里也是采用修整生土建造成一个台基的方法。在该遗址的东面和东北面的小砾石山坡上，我们还看到有几个建筑遗迹，由于时间关系没对它们进行考察。

在刚谈到的 I、II 遗址的西南面延伸出一片被侵蚀的土台，上面800码以上的部分被伊斯兰墓葬和拱顶小拱拜孜遗址所占据，这种拱拜孜的形制与现代的突厥墓地中常见的相同。在此遗址外矗立着一座建有防御院墙的小镇，形制基本为方形，门向东。院墙基本是在高台地上夯筑而成，如图37中所示，以抬高城墙的高

图37　拉布楚克古城墙，东北角为一座塔，自内向外望

度形成自然壁垒。南面和东面城墙的表面长分别约185码和120码。在城墙东北和西南角附近能辨别出设门的痕迹。在城墙的西南角有一座高约40英尺的巨大的方形塔楼（见图37右侧），塔顶部的土坯结构明显表明其时代较晚。除了在西南角附近有一座残破的清真寺，城墙之内的遗存基本上都是地面建筑。许多生土台上以前

图 38　吐鲁番（交河）全景，全古城中部向西北和北望，稍远为大佛寺

一定是地下室或居住遗址的基础，现已被狭长的矮墙通道所分割。在这些类似地下室的台基上有许多直径2~3英尺的小圆洞，这些小圆洞显然是用来储藏粮食等物的窖穴。用来分隔这些建筑群的

狭长通道如同古罗马时由小建筑建在一起形成街坊的建筑群的狭长的通道一样，一定是在生硬土上直接挖成。我后来在交河古城即吐鲁番的都城遗址中看到了同样是生土上直接建造的通道后（图

38），就自然理解了这些，但是交河古城的通道与此比较只是相对较高较宽一些。北墙和西墙附近有一条发源于依里库勒的河流通过，主要灌溉拉布楚克田地。这条河流以外就是该村庄的墓地，使用的时间很长。在南墙附近的田野内散布着一些居民住宅。刚才提到的院墙就是遗址的最北限。

第四节　考察吐鲁番古遗迹

从托和齐走山路经过六段快速行程，我们于11月10日到达鄯善绿洲地区，它是吐鲁番盆地中的最东端的最肥沃的地区。众所周知，该地区在历史和地理方面一直都有很重要的意义。我这次在三个星期之内完成了对以下遗址的调查，即从吐鲁番盆地的东南部边缘至西部的古代都城遗址的区域（交河古城）。盐湖是吐鲁番盆地中的最低的洼地，几乎所有地表上遗留的水流都注入此湖。在其东部边缘不远处，有一个名为大阿萨（大城堡）的遗址，该遗址是我鄯善的资料员向我报告的，据说它曾经建造在地面上，现地表已被沙漠覆盖。完全是出于对地质考古方面的偏好，我决定去考察此地。11月13日的旅程，我们首先到达了荒凉狭窄的山谷地带，就是在这里鄯善地区的水消失在光秃秃的山脊和流沙之间的地带。后来到达水源主要来自拉津河流的茂盛的绿洲带柳中。在汉代它就以柳中之名占据着西域诸国中的长使的位置，而且还

是中国对西域治理的主要立足点。经测量，柳中的海拔高度只有
50英尺。

这里值得一提的是，新的灌溉方式坎儿井已逐渐取代了过去
不确定的水渠的灌溉方式。多年来，一些边缘地区都是依靠柳中
水渠引水来灌溉耕种区，一旦柳中水渠缺水，这种灌溉方式就没
有了保障。在吐鲁番多数居住区内广泛实施了坎儿井的灌溉方式，
这一变化主要是由当地人口的迅速增长所致。同时，也与中国重
新收复该地区之后，该地区恢复和平和繁荣景象有很大关系。但
应该承认修建坎儿井对吐鲁番地区而言可谓是一项现代革新，最
早修建的年代也不过是18世纪末期。通过一系列考古和历史文献
资料中对该地区的记载，我们可以确定古代该地区人口比现代要
多，由此可以推断早期这里的地上水源较现代一定丰富得多。

接近拜什塔木遗址时，就能发现干旱问题对此地的影响较大，
必然就会考虑导致干旱的原因、干旱出现的时间及其持续的时间
等问题。距柳中广阔种植区南缘7英里处的拜什塔木农场，只剩
下最后几小块坎儿井灌溉的土地。此后，我们经过了被遗弃很久
的田地，其上现已长满了沙漠中常见的骆驼刺；之后又穿过了一
条浅河床地带，即柳中水渠的水勉强由此流抵终端的盐湖，冬季
这条渠常放弃不用。由于水本身蒸发和被土地吸收，当绿洲地带
春季特别需要水时，水就无法流到如此远的地方，或当吐鲁番夏
季干旱时期水流到此处也很困难。除非是在雨水充足的情况下，
导致远处的山洪暴发，这里才有获取水源的希望。在这条季节性

河流的南部是大片长满骆驼刺的宽阔的沙石平原和生长着红柳树的小沙丘，在流沙出现的地带，就有被风沙侵蚀将硬土地切割成小沟和1~2英尺高的雅丹地貌。这种地形由西面延伸至东面，春季在吐鲁番盆地常刮的猛烈的大风，将那些风蚀的流沙刮成小山包似的沙丘，在东边洼地形成边界。现在，远处大阿萨遗址的城墙进入我们的视线，此外，还可以望到却勒塔格山脚下一道道闪亮的白色盐湖的湖畔。

从拜什塔木到大阿萨遗址距离只有6英里，且水源相对较近，附近的牧草也很丰富，发掘者能找到较好的住处。这座遗址无疑成为试图停留的好地方，正如我鄯善和柳中的信息员描述的那样。遗址周围的沙漠不仅范围较小，而且显得较柔和，但我同时确信这地方毫无疑问也发生了很大变化，否则就不会被遗弃。如图39所示，这个遗址包括一座小的长方形堡垒及一条外部围墙，外围墙的形状不规则。整个遗址在一个自然矮土台地上修建而成，建筑基本用土坯建造。在长方形堡垒的东北角内（其外部长200英尺，宽150英尺），在高土台上建有一个庞大的类似烽燧的建筑，图40中可以看到。

我第一印象最深的特点是，在堡垒内分布有大量的类似兔子窝的小拱顶房屋和炮台（图41、42），而且在外部围墙内这种房屋也密集分布。许多地方的这种房屋一间建在另一间之上，都不甚规整。房屋墙壁和顶部坍塌的碎土坯已把那些较矮的入口阻塞，甚至有些底层的房屋内也被填满土坯块等。这些房屋的长10~16

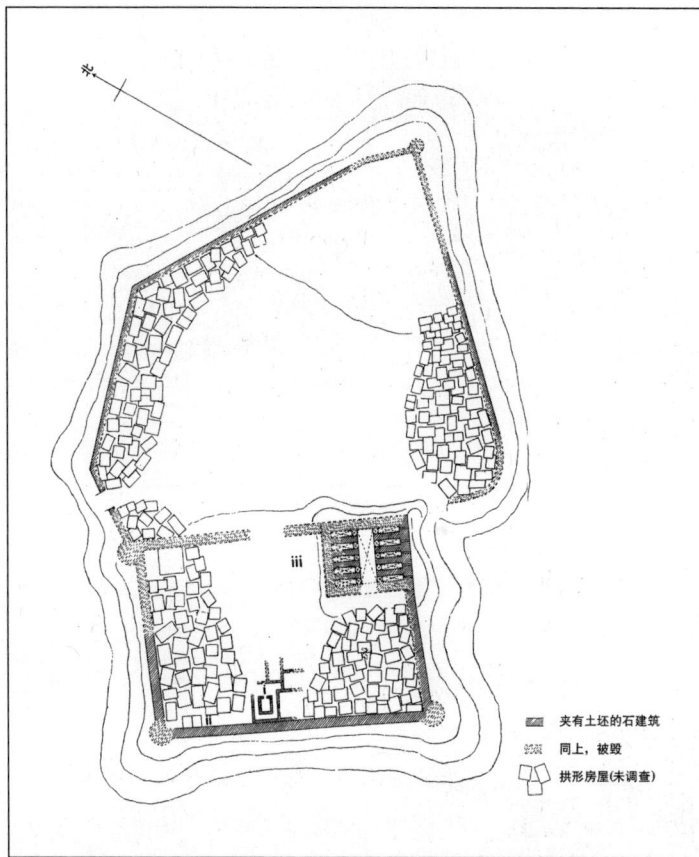

图 39　大阿萨古堡平面图

图 40　大阿萨的古角楼，自西望

图 41　吐鲁番大阿萨沿西北墙一侧和西角的拱顶居址遗迹，自北望

英尺，宽6.5~8.5英尺。显而易见，这里的建筑特征较吐鲁番更特殊，而且还可以看到有些特征在现代的村庄和城镇中沿用。这些被称为坎买尔的拱顶房屋以及那些建造在房间底层的房屋，受到无论是穷人还是富翁的同样青睐，因为他们就是靠这些房屋来度过酷热的夏季。除了春季用来避免狂风袭击，同时冬季这些房屋还很温暖、舒适，可御寒。因吐鲁番绿洲木材短缺，所以这种拱顶建筑在整个地区都非常普遍。经济而且适用的胡杨树，在塔克拉玛干周围各个绿洲地区随处可见，但这里却完全不见。

在吐鲁番地区无论是过去还是现在经常使用的拱顶是真正意义上的拱形，因为人们通常将土坯纵向按拱形砌筑，而且常变换成垂直状砌筑。这种便利的避暑房屋是为了节省木架结构的材料才集中分布。[1]通过水银气压计测定的数据确定大阿萨盆地低于海拔360英尺，这里夏季非常炎热，这自然就能解释这里普遍使用拱顶建筑居室的原因了。

让我特别注意的建筑除前面谈到的那种类似兔子窝的建筑外，还有一座小佛教寺庙，它紧靠长方形堡垒的西南墙壁建造（图39中标示为i），几乎对着由外围墙进出的门。如图42右侧所示，从北部还可看到沿西南墙壁分布的居住遗址。寺庙包括一个小佛殿，内部长约8.5英尺，宽6.5英尺，有一条宽约3英尺的封闭式

1　我在锡斯坦发现现代和中世纪建筑都采用了这种建筑方式，原因也是相同的。在赫尔曼德河终端盆地的建筑外形特征相对丰富，数量也比较大。

图 42　大阿萨沿西南墙一侧的佛殿和居址遗迹，自北望

的拱顶回廊。在其东北部还有一间类似前室的建筑，长19英尺，宽4英尺。佛殿的墙壁厚约3英尺，残存高度仍有14英尺。回廊的外面的围墙破坏较甚，其拱顶是在高约7英尺的位置开始起券。佛殿和前室已被发掘过，但没有完全清理干净。在清理东面一个小房间的通道时，发现了彩绘壁画残片，它们显然是从墙壁上垮塌下来，这些均是德国探险队调查时扔出来的，或者是后来的当地人"掘宝"时所为。

佛殿和前室内均保存有一层未破坏的细泥墙面，通过仔细的

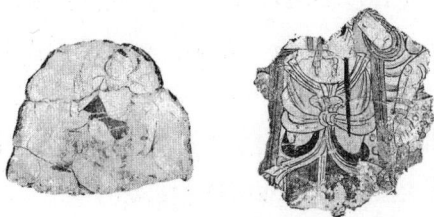

图 43　蛋彩壁画残片

图 44　萨珊风格的丝织残片

清理，我们获得了许多壁画，还有泥塑残件，都是小的坐佛像，显然原先是佛背光上面的。从佛殿墙壁上遗留的突出的泥塑模块可以确定，现有三个背光的轮廓痕迹。还出土了巨型塑像的手臂和手指残块等。如图 43 表现了一个跳舞的小孩和一个观音菩萨的身躯。这些浮雕塑像的残片中有一个雕刻逼真的、大小同常人一样的手臂模型。在东南面的通道内我们发现了大量微型浮雕佛像，均未被破坏，显然是用来装饰墙面，某些墙面上还有壁画痕迹。在壁画残块下面垫了一层苇子，表明这座佛殿在被废弃之后又被重新利用过，也许是那些放牧人使用的。这种现象同尼雅、楼兰和米兰遗址中所流行的如出一辙。有一块大彩绘残片，尽管残破严重，但两面都能辨别出在很厚的白色底上彩绘的一幅立佛像，这种绘画技术在吐鲁番绘画遗物上很常见。图44丝织品残片上的图案，其圆形大团花就足以说明是萨珊风格。

需要补充的是，除了在两片彩绘泥块旁边有很模糊的回鹘文题记，我们还发现了几件回鹘文文书残片，以及一部回鹘经卷的下端残部和两小片汉文文书。这些遗物说明这些佛殿到了回鹘时期仍在使用，同样其中出土的装饰遗物也自然就归结为这一时期的杰作。通过清理充满坚固的垃圾堆的一间房屋，它与西南围墙相连，即在堡垒（图41）西角附近，所得到的结果与上述结论是相一致的，因为它们是一个建筑群。这间屋子顶部可能很早就已被毁坏，后被当作垃圾场使用，同我们在米兰堡垒所发现的情况类似。

在大量的麦草和生活垃圾中出土了18件回鹘文文书残片，从潦草的笔迹和其中的一两件文书上的红色印章判断，它们全部是信函或文件。对同一面墙上修建的上层小屋内的垃圾堆的清理，可谓一无所获。

大阿萨周围的黄土地都很肥沃，没有被硝尔（即盐碱化），而湖畔北部大片很厚的土地现都已被盐碱化，因此需要引水灌溉才可以。如同现在柳中季节性河流流到4英里以外的遗址所在地一样，我推测大阿萨在回鹘时期或许更早一些时候一定有农业居住区，而且还有充足的水源可供灌溉，后来因气候干旱才导致了地表上的变化。

我从大阿萨的大本营对一组称为小城堡（又称克其克阿萨）的有趣的小佛殿遗址进行了仔细调查和清理，这项工作是在拜什塔木轻易找到的劳力的帮助下完成的。小阿萨位于大阿萨东北2英里多的地方，其范围一直到达种植区不断减少而且地表被风蚀严重的地带。这里肥沃的黄土地因风蚀形成的沟壑从东面一直延伸到西面，有些地方的沟深达5~8英尺。在即将到达遗址时，我们又看到了流沙堆积成高8~10英尺的大沙包，也许是由于这些大沙包的保护才使两处佛殿遗址得以保存其基本特征。如图45所示，遗址包括一群小塔及与其相连的穹隆顶小佛殿，附近还有一些严重毁坏的小建筑遗址，可能是用来为寺院服务。

该遗址占据的地区由西北至东南约120码，这一方向的距离是最长的。在这个区域内地表特征表现为典型的塔提类型，地表因风蚀作用，小陶片和碎骨头随处可见，其中大部分是人骨。所有的建筑遗址都位于风蚀形成的台地上，台地的高度高出相邻的地面4~5英尺。在其东面或遗址保存较好的部分，流沙已堆积成高10多英尺的沙包（图45、46）。建筑遗址使用的土坯都是晒干的，比较坚硬。墙壁砌得很规整，所有的土坯均是平铺的，长面和短面交替向外。这些建筑的所有细部特征似乎说明它们是同源的。

遗址中最大的混合建筑在西面，是图中标为I的遗址。它包括北边保存相当好的一座塔、一座佛殿及与其连接的穹隆顶的前

图 45　小阿萨殿址 I～III，自南望

室（图46）。再向南有一个长47英尺、宽23英尺的大厅或院落，很可能也是木质屋顶。西边墙壁上的小穹隆顶龛的用途不明。西南面与其相连的毁坏严重的一组房屋可能是僧侣们的住所。北部的那座塔建造在一个24平方英尺的台基上，高5英尺，台基的一半都已被沙子覆盖。其上又置一个圆形台基，直径为15英尺，高4英尺6英寸。在此台基上还有一个类似塔结构的遗存，高10英尺，

图46　小阿萨古塔和神殿 I，自东望

代表第三层，其上是逐渐变高的分三层建造的塔。此塔的基座的设计与热瓦克塔的基座完全一致。该塔是呈十字形建造在一个方形台基上，整体有20个突出的角，有一个用莲花叶装饰的低浮雕高约1英尺的圆形底座，其上为圆柱形的穹隆顶塔，现顶部已残。塔通高约24英尺。

第三层的东边挖有一个洞，显然是很久以前"寻宝人"所为，塔内被洗劫一空。塔的特征很有趣，形状为一个小内室。小内室的面积3.5平方英尺，它建造在一个圆形基座上。这个神秘的小室或井原本有一个宽2英尺的口可供出入。小内室盗洞上部残存有墁泥的穹隆顶的部分。该室的敞口或窗户原先只有3英尺深，后来被"寻宝人"挖深至6英尺。由于盗洞的影响，使我无法确定古代的敞口后来是否以某种方式筑有墙壁或者是彻底将其封堵。敞口用途主要是为了定期对室内储存的祭祀物品进行检查，确定它们是否完好无损。我在此需要补充说明的是，第III组塔，其建筑特征除了在面积上略小一些，其他特征则完全是上述那座塔的翻版。它也有一个面积3.5平方英尺的内室。由于其东面毁坏严重，无法弄清楚原先挖的敞口的痕迹。在塔I的遗址中，那些盗贼并没有满足只在其东面挖开一个通往内室的洞，而且在其北面也挖了一个洞，直抵圆形台基的底部。

佛殿I中的小殿V，其南面紧接一个佛塔，内部面积8英尺4英寸见方。其内部地表被厚2英尺的沙子和泥块覆盖，未被盗掘过。烟熏或火烧的墙壁和屋顶以及残存的墙面上到处有乱画的痕迹，表现出对佛殿内的装饰不满的态度。在穹隆形上面的球形屋顶部仅有壁画残存，描绘的是成排的小佛像。沿东墙和西墙的底部，在保护层的下面可以看到一些残留壁画的下半部，色彩依然很鲜艳。在东南角附近可以辨认出一幅出行图，绘的是两匹完全相反的马，马上的骑士均已失，其后为步行随从。中间的一匹马因受惊而双腿高抬；其后是一个随从牵着的红棕色动物，可能是豹或羚羊。西壁上残存同样的壁画，毁坏更加严重，揭下来的标本残片为红色底上彩绘的其他颜色，整体壁画色彩非常艳丽。佛殿北墙上残存一大片彩绘的背光，以前一定包含一个浮雕塑像，其右侧有一个穿着华丽立在莲花座上的人物的下身。除在佛殿和前殿内发现的浮雕人物残片外，还在佛殿内找到了一座小佛塔的模型和一个浮雕佛像，均为泥制，显然是供养人像。在清理佛殿时还发现了几片纸，是汉文佛经残片。

在前述的佛塔和佛殿的东南面被严重风蚀的建筑 II 内，如图 45 底部所示，除墙基部分外，还出土少量遗物。但在其南面 50 英尺处的一组小寺庙 III 则保存得较好，其内出土了不少有趣的遗物。穹隆顶佛殿 i 面积约 7 英尺 2 英寸见方，明显已被牧民或其他人长期作为住所使用，其内残存的壁画很少。但在与其东北面相连接的充满泥土坯的窄甬道内，发现了三块麻布画残片。其中有一个千手佛，它的上面有成排的小佛。尽管该麻布画上的色彩几乎都已褪去，但整体上它不愧为一幅精美的工艺品。从曾经修补过的痕迹来看，此画年代久远，是后来被供奉到此处的。在北部与佛塔连接的另一座佛殿中，我们发现了无数块模制精良的浮雕塑像残片。除了中央佛像基座附近的各角落的一层薄沙下面发现的许多壁画残片，大多都是金色。在此，我们还发现了几块汉文佛经残片和旁边用回鹘文作注的中亚婆罗米文小残片。

塔周围曾经筑有小围墙，大部分院墙都因风蚀被毁坏殆尽。在塔 iii 附近的泥沙中埋有许多层泥墙面残块，其中还出土了一个

图 47 木雕坐佛

木雕的坐佛（图47）。木雕佛像的背面的平面上残留的木钉表明，它以前固定在塔基座上，这与其出土的位置正好相符，它在距地表高约2.5英尺处出土。在塔基座的南面的底部出土了几百块回鹘文文书残片，上有红色印章痕迹，明显是故意撕碎。但是否同安迪尔寺庙的一样，是供奉储存于此还是那些野蛮人破坏所致，其目的均不明确。值得一提的遗迹还有一座小寺庙 iv，它包括一座破坏较甚的塔，它位于中央遗址 ii 东北30码处，见图45的右侧。这座塔仅存底下的两层台基，其余部分被"寻宝人"毁坏。在被土坯块填满的佛殿内出土了一些浮雕塑像残片，其中一些是与真人同大的浮雕塑像的组成部分。此外，还出土了几块彩绘壁画残片，其中两块上有回鹘文字迹和一个小且保存完好的吐蕃文文书残片。在塔基周围的土坯堆中出土了大量的吐蕃文和回鹘文文书残片。

在小阿萨寺庙遗址中出土的回鹘文文书证明该遗址是回鹘时期的佛教圣地。同时还可以断定它一直被当作佛教寺庙使用，直到大阿萨占据此地，此时其功能很可能依然未变。考虑到甚至在沙鲁赫大使时期，吐鲁番大部分地区的人们仍然信仰佛教，再结合其他地方的当地信仰的经验，当地的崇拜一般与遗址紧密相关，否则它就会被遗弃。但是，如果要确定这些寺庙遗址迎接其最后一名虔诚的崇拜者的具体时间是非常困难的。我在其附近没有找到任何居住遗址的痕迹。但考虑到我在此逗留的时间较短，而且发掘时还必须守在遗址旁，风蚀的地面上发现的塔提遗址可能相对独立存在于农民的聚落遗址区，或者因没注意，在矮土墩中被忽略。由于从柳中到辛格尔的道路从遗址的东边穿过，这也许就能够说明寺庙相互隔开的原因了。

11月18日离开拜什塔木后，我就向北走，最后到达因葡萄而闻名的小镇吐峪沟。在吐峪沟上面风景如画的峡谷中，有成排的佛教寺庙和洞窟（图48）。我开始了一系列的旅行调查，这使我很快熟悉吐鲁番地区的著名遗址。其中我访问的喀拉霍加，即高昌古城，它是唐代和回鹘时期吐鲁番的都城，现已成雄伟的废墟（图49、50）。由木头沟和胜金口向下的峡谷中散布着一群重要的佛教寺庙和石窟寺，其中伯孜克里科洞窟拥有精美的壁画。后来又从吐鲁番镇到布鲁尤克东部沿小山脊坡地分布的小遗址。1914—1915年，我在此地的停留使我对大部分上述遗址更加熟悉。

图 48　吐峪沟峡谷低处的洞窟和异化，自东南望

图 49　吐鲁番高昌有阶梯的佛殿遗址，自东南望

图 50　吐鲁番高昌故城里的"可汗宫殿"遗迹，自东南望

　　为去西库鲁克塔格山搞地质探险准备交通工具等，我在吐鲁番耽搁了一个星期。在吐鲁番绿洲逗留期间，我曾抽空再度访问了著名的交河古城遗址，直至唐代它一直是吐鲁番的都城。其特殊的地理位置，即它居于两条很深的亚尔沟壑之间，就是由此而得其现代名称亚尔和屯。它一半是突厥语区，一半是蒙古语区，古代汉语将其解释为交河（意为交叉的河流）。图 51 中重绘的草图的上端就是该遗址，这有助于说明该遗址在吐鲁番镇的位置，它

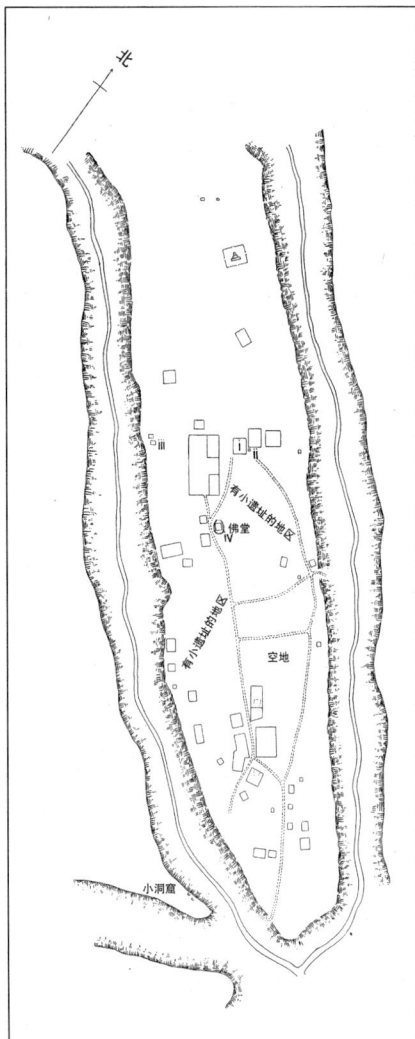

北

Ⅲ

Ⅰ
Ⅱ

有小遗址的地区

佛堂
Ⅳ

有小遗址的地区

空地

小洞窟

图 51 吐鲁番交
河古城平面略图

占据着狭长的类似岛屿的高地的南半部。该城具有布局严谨的面貌特征，并把巨大遗址分隔成了不同部分，见遗址全景图（图38、52、53），它们展示的是其主要街道两旁的城址的中央部分，这可能会给你留下深刻的印象。

聚落遗址占据的广阔的地域，以及这些房屋令人迷惑不解的分布方式，其中大部分房屋均用生土切割建成，无论什么时候对

图52 正对废寺的交河城中心大道以及故城东面，自西北望

图 53　交河故城中部，佛寺正对中心大道，自东南望

遗址进行全面、系统的调查都是一件既漫长而又非常艰难的工程。也许这种代价并不能够带来相应的收获或结果。就是随便看一眼即可明白这座死亡城镇是多么缺乏保护措施，将它抛弃在沙漠中所造成的破坏就足以说明了这一点。在该遗址停止使用后，没有流沙袭击造成遗物被沙石覆盖或被移动的现象。但是，附近种植区内的村民经常到此挖土做肥料，使得大部分大大小小的房屋只

图 54 交河大佛寺庭院部分及主寺遗迹，自南望

残留光秃秃的自然硬土部分。该遗址地理条件与那些在城镇北部边缘及其以远的空地上（图54、55）发现的寺庙遗迹比较，更适宜考古发掘。寺庙建筑的墙壁均已倒塌，其内堆满了被毁坏的土坯。这就能解释为什么以前的欧洲探险家所清理的部分，似乎主要局限在寺庙遗迹内了。

附近村庄的村民们常来向我兜售文物，我了解到这些文物均是他们从附近遗址中挖出来。我选了两个普通遗址进行试掘，以便能在相对短的时间内清理完毕。挑选的第一个遗址是一所小住宅（图51中的 i），它下面一层建筑是在自然生土上切割修整建成，其内遗留了很厚的一层未经扰乱的泥土坯，没有被挖肥者运走。

在地表上我们就捡到了四枚唐代"开元"铜钱。向下挖了几英尺，在距地面5英尺高的地方，我们发现了96枚串在一起的铜

图55　交河最北面佛教寺院的中心佛塔林

图 56　铜刀柄

图 57　透雕铜装饰

钱。其中93枚有"开元"铭文，是唐代第一个皇帝在公元618—627年首次铸造，此后他的继承者又都继续使用，一直沿用了一个世纪多。另外两枚是"乾元"通宝（公元758—760年），还有一枚是公元600年前的五铢钱。从这些铜钱出土的情况分析，它们均属于唐代晚期的钱币，可能以前是放在上层房屋的墙壁上，后来因墙壁倒塌才使它们出现于此。另发现一把铜刀柄（图56），有精美的浮雕花形卷云纹装饰。东南面与此下层建筑相接处发现了许多毁坏严重的小型寺庙 ii 的墙面，寺庙面积约4平方英尺，内有一条宽1.5英尺的封闭回廊。填满回廊的土坯中出土了一张纸片，两面均书有密密麻麻的回鹘文。

由此寺庙遗址向西南行不足200码处，与雅尔西边连接的最近修建的城镇的北边，有一间大房屋 iii。它在一座发掘了一半的佛教寺庙附近，似乎逃脱了最近那些运肥者的手，它却引起了我的注意。在房间内我发现了有趣的透雕铜装饰品（图57），明显是从一个大东西上分离出来，是一个小佛坐在一个从莲花座上升起的茎上，镀金的。此外，还有与喀达里克遗址发现的形制相同的木钥匙，用鳞状图案装饰的精织的棉鞋。在同一地点还发现了两枚铜钱，一枚的年号是建中（公元780—784年），另一枚是开元通宝。前面提到的在 Vi 佛殿南边的寺庙建造在一个高台地上。台地是直接修整生土建造而成，这是该遗址中惯用的方式。以前来此探险的人们没有发掘安置佛像的中央平台后部的通道，经清理，我们在此获得了很多模制精良的浮雕塑像残块，其中包括一个与真人大小相当的浮雕佛像的面部。曾经用来装饰中央平台地基的精美的壁画仅存一块小残片。

第四章

焉耆及其周围的遗存

第一节　焉耆的历史地理

12月1日，我离开吐鲁番前往焉耆——在穿越塔克拉玛干沙漠向西南行进，为给在塔里木盆地东北角的最后发掘节省点时间，我迫不得已选择了走山路。此路首先沿吐鲁番盆地西缘而行，至托克逊绿洲，之后南下，穿过峻峭的苏巴什隘口，最后爬上荒芜的小山脊和高原地带，即西库鲁克塔格山与乌鲁木齐南部天山山脉的连接部。此路向西经过水和牧草极度缺乏的地区才能到达距离吐鲁番140英里、广阔的焉耆盆地中的第一个种植区——乌什塔拉小农作区。沿此道走，在托克逊西北面矮灌木丛生的盐碱地平原上，除发现一座称作乌依塔木的烽燧外，再没有发现其他任何重要的考古遗存。从烽燧高大的夯土墙来看，可推断其年代一定较早。毫无疑问，此道一直是吐鲁番通往焉耆和塔里木盆地北部绿洲的一条主要通道。沿着此道向东还可到达罗布泊，虽然从直线距离来说并不最短，但在古代一直是连接吐鲁番和罗布泊地区的一条便利通道。[1]

我在焉耆停留的时间太短，仅跑过主要通道沿线的几个地方和几个遗址，所以无法在这里作系统的地理介绍，也无法整理我们掌握的古代历史资料。不过，在地形方面，焉耆有几个特殊的地方非常重要，能决定其历史面貌，有必要简要叙述如下。

焉耆的某些地理特征是塔里木盆地中其他地区所没有的。它的东北部直接与大片平地相接，而且一直延伸到塔里木盆地的中央。塔里木河从焉耆的东部流到西部（上述方位似误——译者），直抵下游的塔里木河三角洲，形成了一个独特的盆地。这个焉耆盆地，如同任何一张地图中标明的那样，北部被中部天山山脉的一段所包围，即从吐鲁番盆地的西部边缘一直向西延伸到裕勒都斯高原的那段，东部和南部由光秃秃的库鲁克塔格山脉的小山脉所环绕。小山脉的西端与天山山脉的最南端相接，恰好是从库尔

1　我指的是从孤寂的吐鲁番乌杰目墩站直线向南至焉耆的山道，途径硝尔布拉克和破城子，最后抵达辛格尔小绿洲。在古代，沿着这条连接西库鲁克塔格山和楼兰的重要通道，能轻易到达罗布泊地区最北端的铁干里克。我在进行第三次探险和考察西库鲁克塔格山的通道时，曾对这条通道进行过调查。公元1877年清朝收复新疆后，此道才能通行马车，而且沿道还修建了烽燧，现已完全被废弃。从辛格尔到吐鲁番和柳中的通道因缺水，即使在夏季时通行也非常困难。

勒与库车之间的塔里木河流域的边缘。天山山麓和库鲁克塔格山最西端之间有一个狭窄的隘口，那里正处于库尔勒绿洲的上部，连通焉耆湖或博斯腾湖的阿尔盖布拉克河由此穿过（应指孔雀河——译者），直抵达塔里木平原。

　　焉耆地形中最主要的特点是拥有一个大湖——博斯腾湖。根据罗博罗夫斯基的可靠调查，湖边沼泽地从东至西延伸长达50多英里，最宽处为30多英里。湖水虽不是很深，但其水量是该地区最大的。水源主要来自开都河，河里有很多鱼。开都河是一条源于裕勒都斯高原及天山山脉的大河流，其水量在焉耆上游就增大，原因是此处北面有一条源自焉耆和乌鲁木齐之间雪山的支流汇入开都河。[1] 开都河山谷在焉耆镇的上首，开都河谷加宽，最宽处达60多英里，成为焉耆盆地西北部的重要水源地。

　　这个地区最大的特点是水资源充沛。这一点从该地域湖水的覆盖面积和长期流入孔雀河的稳定水量中得窥一斑。孔雀河的水源来自博斯腾湖并通过上述库尔勒上端的峡谷。就我的观察而言，在塔里木盆地中恐怕再找不到一个面积与之相当、拥有如此丰富的水源和灌溉便利的地区了。除此优势条件外，该盆地的气候条件也非常适宜。根据观察到的各种现象分析，其中包括我在硕尔

　　1　这条开都河支流的出口，海拔高度在12 391米和11 211米之间。拉尔·辛格从远处就望见了这个山谷。其北部的河谷是蜿蜒、深切的峡谷，一直没能进行调查，故至今也未在我们的地图中标明其准确位置。

楚克北部遗址中停留期间的个人经历，证明该地区的湿度较塔里木盆地北缘和塔克拉玛干南缘的绿洲要大一些。这些自然优势（特别是气候）造就了在博斯腾湖周围随处可见并一直延伸到山麓的植被带和理想的冬季牧场。

焉耆的地理条件特别适宜耕种，又能从焉耆河中引流充沛的水量，所以盆地西北辽阔的土地都适于开垦。然而，我们在此发现注意到，长期居住区的面积和数量都非常有限，与上述有利的自然条件形成强烈的反差。每当我踏入焉耆盆地，都会被有限的耕种区和广阔的待耕地之间的不相称而感到惊讶，这些广阔的可耕地为何被人们完全忽视呢？

这种不协调的现象和该地区人口构成的特殊因素之间有密切关系。这里的人口主要是蒙古人，他们才开始从事农业活动，现在依然过着半游牧的生活。汉人是中国收复该地区后才迁移到此。此地的其他居民还有最近被迫在此务农的东干人以及少量的主要来自塔里木盆地北部绿洲的维吾尔族小商小贩。北部山脉中到处都是蒙古人，他们以传统的方式过着游牧民族的生活，维吾尔族人称他们为卡尔梅克，是属于土尔扈特的不同部落。在公元18世纪的有关焉耆的汉文资料中[1]，特别强调了他们骚乱的本性和掠夺的癖好。因为很难与这些好事的游牧民族为邻，所以当地的维吾

1　有关土地肥沃的自然条件、以前繁荣的景象和蒙古族不擅长利用其自然优势等方面的情况在汉文文献中均有准确记载。

尔族人才放弃了这片肥沃的土地，逃奔他乡。同时，还有材料报道，自从19世纪准噶尔部叛乱赶走了维吾尔族土著居民后，焉耆常住人口锐减也导致了农业的衰落。

目前在焉耆观察到的情况清楚地表明，该地区各方面的自然条件虽非常优越，但在其地理位置方面一直是一个严重的缺陷。由于焉耆距山道较近，而且山区的道路自古以来就便于通行，所以引起了游牧民族的特别关注。在乌孙和匈奴之后，天山一线经常为一些大游牧部落所占领，这些部落时常南下骚扰著名的裕勒都斯高原牧场。这些旧事此处就不一一细说了。焉耆位于裕勒都斯高原下面的大山谷的山口，外似一扇大门，欢迎那些来这牧草茂盛的高原欢度夏季的人们，而他们又必然将南部绿洲视为可入侵和勒索的富饶之地。每当中原统治势力从吐鲁番扩大到焉耆或更远之处时，这扇大门就能太平无事。同样，每当游牧民族内部长期不和或出现矛盾时，北部的游牧部落力量削弱，这扇大门就会被关闭。然而，这挡不住危险的随时发生，焉耆时常遭受其害。其西边的绿洲不时地被入侵者强征。此外，游牧民族也曾在此长期居住，因为这里是天然的优良牧场，足以养活一个规模很大的游牧部落。

如果想了解焉耆在新疆古代历史上所起的作用，必然要考虑焉耆上述的特殊地理环境，即重视其地形特征。无论是在政治上还是在佛教文化方面，焉耆似乎都不像与其有联系的库车、喀什、和田或莎车那样重要。在《汉书·西域传》中，焉耆的确是西域诸国中一个人口较多的国家。同时，焉耆的政治命运始终与其东部和西部毗邻的势力较强的地区有密切关系，即库车和吐鲁番。《后汉书》中对焉耆是这样记载的："其国四面有大山，与龟兹相连，道险厄易守。"最后那句话是指那些道路，即从内地王朝统治的其他地区到达焉耆的通道。关于"有海水曲入四山之内"的记载也属实，文献记载的都城的位置与我们目前看到的也是一致的。《晋书》中有关焉耆的记载基本是重述了上面谈到的几个重要方面，同时强调通往焉耆的那些道路极为险要，并补充说明"如果有100个人守护，1 000个人也无法通过"[1]。

大约在公元400年法显从鄯善出发访问了焉耆，他称焉耆为"乌夷"，他只谈到焉耆有4 000名小乘僧徒。玄奘对焉耆的描述就没有库车和其他更重要地区那样详细，他对地形特征的描述似乎是从《后汉书》中抄录下来的。但他特别谈到焉耆灌溉水源丰富，土产种类繁多，以及气候宜人等。他在此看到"伽蓝十余所，僧徒二千余人，习学小乘教说一切有部……戒行律仪，洁清勤励"。

《唐书》中有关焉耆的记载比较长，据此得知这个国家"一直都受到西突厥的控制"。唐代在此建立其地区最高统治政权之前，

1　关于吐鲁番道上难以通行的山谷以及库尔勒上部的铁门关的情况，我在其他地方曾谈到过。《晋书》也同样记载了王子会，他是焉耆首领的儿子，他的妻子是猞胡部落的，后来他自封为库车王，并逐渐统治了整个塔里木盆地，大约是在公元3世纪末期。

焉耆发生的各种事件充分说明了这一点，从上面谈到的焉耆的地理位置等方面也容易得到解释。无疑是由于其战略位置上的重要性，使得焉耆从公元719年就被列为四镇之一，用来确保唐朝对西域的治理。这个镇比较小，而且人口不多。[1]然而，《唐书》中记载这里有4 000户，士兵为2 000人，表明当时焉耆的人口比现在还要多，并有渔盐之利，现在也依然如此。

　　我们在焉耆地区地表上发现的古代遗址的数量比较少，原因主要是该地区相对比较潮湿和古代遗迹不断被破坏。我首先参观的古老城墙遗址，被称为大湖，当地汉语称之为大涝坝，它在乌什塔拉以南约6英里处。它位于茂密的灌木丛和胡杨林中，距现代种植区的边缘只有1英里之遥，距与其相连并被抛弃的荒废的耕地很近。城墙呈长方形，四角大致定向，西南面约270码，东北面为308码。城墙原先是夯筑，现在已经风化成土墩，城墙高出地面20~25英尺，而且其上不同的地方还能见到厚薄不等的一层一层的灌木和芦苇，墙顶部厚15英尺。在距离不等的地方都有夯筑的马面以加固城墙。潮湿使得城墙发生倾斜，在墙内也形成了一层很薄的盐碱，或硝尔。城墙内看不到建筑遗存，唯一的遗迹是东北部城墙附近的一个垃圾堆。清理城墙内部地表，仅发现与生活垃圾和木屑相混合的麦草、谷物等。在西南城墙的地表捡到一枚保存较好的钱币，铭文为"乾元"的年号（公元758—760

1　四镇中的其他三个分别是库车、喀什和和田，这些地区的资源都很丰富。

年）。城墙内的这种地表情况恐怕不会有任何考古收获。坚固的城墙很可能是早期伊斯兰人建造，后来似乎又曾被间断性地被使用过。[1]在俯瞰乌什塔拉小溪出口的小山脊上有一个大洞窟，其位置就在村庄西北面约3英里处，据说已被格伦威德尔教授调查过。由于冬季白天较短，因此在去曲慧的途中也未能挤出时间去看看。

最后要提到的那个地方即向我们报告的那个遗址，经证实形制与大湖带围墙的遗迹完全相同。夯土建造的马面，大多长25英尺，宽19英尺，间隔一小段就建一条马面来加固围墙。围墙的厚度只有7英尺，两个坡面都被坍塌的泥块所覆盖着。围墙内部地表不见任何幸存的建筑遗址，又因挖土施肥，农民们已将那些能够辨认其建筑结构的地面遗存完全破坏掉了。一个直径约50英尺的土墩，似乎标明了中央建筑基址的位置所在。在一个灌溉良好的小种植区的中央坐落着一个要镇，周围绵延茂盛的胡杨林和牧草。我们就是经过这种地形，或是距博斯腾湖岸较近的同样茂盛的芦苇滩，又行走了30英里后，到达了焉耆镇，那天是12月8日。

我在这里调查了博格达沙尔遗址。除了硕尔楚克附近的明屋，它是这片地区能够了解的唯一一个古遗址。沿山路前往库尔勒，需要通过一条距焉耆镇0.5英里的宽河床，再穿过一片宽阔的平原，这里土地肥沃，散布着一片片新的种植区。此外，这里水源充沛，足能开辟几条新渠，但因人口稀少，所以没有在河畔的右岸出现

1　陶瓷器标本中有一个明显是中国产的，带有绿色釉。

比它旁边的小镇绿洲更大的绿洲带。博格达沙尔遗址，距后者约9英里之遥，旁边则是一条长且窄的种植区的东部边缘，该种植区的中心是路边驿站旦几尔。遗址巨大的长方形城墙表明它是一个重镇所在地。

焉耆镇的各角都大致定向的，西北面约1 030码，西南面约935码。除西角附近围墙残留外，其余部分都遭到严重破坏。由此可以看出围墙是夯筑而成，夯层厚3英寸，围墙厚约9英尺。宽阔的防御土墙高出附近地面12~15英尺。在城墙的北角有一个形制不明的大夯土墩，高约25英尺，其平顶宽约25码，除此之外，围墙内没有残存任何建筑基址。在距西南面围墙中间不远的地方也有一个形状不规则的土墩，整个地表都有一层盐碱，上覆矮垄和小丘。顶部发现有一个方形围墙的痕迹，其时代较晚。在地表上还发现了一枚带"建中"（公元780—784年）年号的钱币，在斜面上我们还发现了许多破粗陶片。在前述的土墩上面还捡到了一枚唐代开元通宝的残片。

一看到这盐碱化的土地，就可明白这里的地下渗水和地面上的潮湿一定破坏了这里所有的古代遗迹——那些可抵抗侵蚀的坚硬的物体除外。对这种遗址进行系统的清理，恐怕不会有太大收获，附近居民中无人曾到此地探宝的事实就足能说明这一点了。尽管缺乏直接的考古证据，但还有许多证据支持带围墙的博格达沙尔遗址就是焉耆的首府所在地，至少在唐代时是在这里。从上面探讨过的《唐书》的记载中可以看出，其位置应在焉耆的右河畔。《唐书》中的另一段证实了这一点，并表明首府一定就在博斯腾湖畔，据说湖曾经保护首府抵住了袭击，其城墙至少起到了一定的守护作用。[1]

据《新唐书·焉耆传》记载，首府焉耆方圆大约是30里（不是带围墙的镇本身），比博格达沙尔遗址的实际范围要大些。但另一方面，玄奘说他看到的首府范围只有六七里，与我们的测量数据相差约2英里。由于博格达沙尔遗址距博斯腾湖的沼泽地带非常近，盐碱化程度非常严重，已深入遗址内部，故我在此调查时就已无法据以确定湖的边缘和东部。因冬季湖水结冰，湖边缘向内萎缩较甚。[2]焉耆当地的汉人——我无法弄清楚这是传说还是论证的结果——将遗址定为唐代，我在那里发现的两枚唐代的钱币明显地支持了这一观点。但在我看来，《唐书》和《玄奘》中记述的地形特征最为重要和具有说服力，此外，在湖的西畔没有发现任何围墙遗迹也可作为旁证。

1　有关城镇位置的描述与《后汉书》中记载的完全一样。据沙畹先生记载："距城三十里有一个湖蜿蜒在四座山脉中。"
上面引用的《唐书》中的记载，公元644年，郭孝恪从吐鲁番通过主要通道向焉耆进军，征服了其首府，在到达首府之前，必须首先经过一条河流，然后就可以袭击暴露在地面的城镇。这些似乎说明这个镇是在湖中突起的一个半岛上修建的。

2　作为彼维佐夫探险队的一位地形学家，罗博罗夫斯基详细调查了博斯腾湖遗址，表明博格达沙尔遗址就在博斯腾湖北面的一个小湾上。这表明当湖水上涨时，该镇的两面都能够得到自然保护。

第二节　硕尔楚克北部的明屋遗址

12月11日我离开了焉耆镇，经库尔勒山道前往焉耆西南16英里的硕尔楚克小站。当天我就调查了位于其北部4英里处的庞大的佛教寺庙遗址，当地的突厥语称之为明屋（意为一千间房屋）。在遗址的西北方向约3英里的范围内，是分散的蒙古族农耕区七个星。欧洲的旅行家们，包括赫定博士，曾数次来此遗址调查。据我所知格伦威德尔教授于1906—1907年曾两次到过这里，为了调查遗迹，他在这里待了好几周。但在吐鲁番得到的消息说，他的探险队主要将精力都投入到了遗址北部的洞窟的清理上，对于遗址他只进行了仓促的调查，因此给我们留下许多可以进行系统发掘的遗迹。此外，当地在建营地和安排劳力等方面条件的限制，迫使格伦威德尔教授等必须快速完成对遗址的调查，不能拖延和浪费时间。

遗迹的主体部分分布在小砾石覆盖的山脊的顶部和斜坡上，以及高于绿洲平原的砂石高地上，如图58~62所示。这些山岭都是南面开都河山谷两侧山脉延伸的余脉。这些高度适中的小高地，从东北延伸到东南，遗迹占据部分为0.33英里。建筑遗存覆盖的地域宽200~300码不等，大致在其中央有一片洼地，将遗址分为西北和东南两部分。最西端两山脚深沟中的两股泉眼汇成一条小

图 58　硕尔楚克明屋遗址全景，自靠近佛寺 Mi.xxvi 南望

渠向东流去，不久便消失在灌木覆盖的绿洲平原之中，洼地中的浅排水沟（见图59~61中间）在山地与台地之间蜿蜒。

　　位于台地东南的三组遗迹很容易识别，在图中以 I~III 来表示，每一组都有排列紧凑的建筑基址，西北面遗迹分布极不规则。俯瞰深沟的中央台地上有一大群寺庙 xi~xvii，包括几个很大的寺庙遗址，非常引人注目。在它北面的缓坡上，以及向东和南延伸的狭窄小土墩上，散布着无数其他建筑遗址，规模均较小。最西边的山脊不仅陡，而且其顶部比较狭小，因此仅有一两组小佛殿，

图 59　全景，前景是延续至建筑群 I、II 的北端，左面为西北面中心建筑群的佛殿

其中一个就在泉眼之上。

　　前面谈到的洞窟寺庙位于其西北面 0.75 英里处。遗址中心所在的山岭和台地向东延伸到这里，在沙砾石山西边的陡坡山势较高的山脚下，发现有密密麻麻的洞窟。除一个洞窟外，其余都集中在这里。这里共有九座石窟寺，与其相邻的还有一些可能是石墓的洞穴。那些规模相对较小且遭野蛮人严重破坏的石窟，仍残存一些壁画以及一些浮雕塑像，都具有较高的肖像学价值。

　　在拉姆·辛格、蒋师爷和来自库鲁克塔格山的拉尔·辛格的帮

图 60　硕尔楚克明屋遗址东南端佛殿群 II、III，自西望

助下，我在遗址上停留了12天，清理了大部分寺庙和其他遗址，而且清理得较为彻底。清理了几个大寺庙遗址的局部后，发现了一大堆被火焚烧过的坚硬的土坯和瓦砾，表明寺庙在遭火灾之后厚墙向内坍塌。因此，我们想挖出一些有价值的遗物的希望算是到此破灭了，于是停止了工作。

　　主要遗址区内的单个寺庙共计有100多个，它们的面积差别较大，最小的长4英尺，宽6英尺，而最大的长方形寺庙仅一边就长达80英尺。它们的建筑风格，包括内部设计和装饰，几乎完全

图 61　硕尔楚克明屋遗址西端中心部佛殿群 Mi.x~xiii，自西望

相同（除几种典型形制外）。这些建筑普遍使用土坯建造，一些大型寺庙在砖石中还使用了大量木材，使之更加坚固。高台上的一些建筑，如 xvii、xxvi，在墙里还夹了几层薄杂草。所有这些都表明，当时的气候条件与现在相同，仅用土坯来建筑是不能保证其坚固性的。

　　首先，我们将简要描述遗址中最常见的几种形制的大致特征，其细部特征留待我们描述每个具体佛殿时再充分说明。小寺中最典型和普遍的形制是简单的佛殿，或者是正方形，或者是长方形。

图62　硕尔楚克明屋遗址西北面佛殿，建筑群Ⅱ末端，自南望

它们一般坐落在台地上，与其他佛殿相接排列，有时可通过门廊出入。因在Ⅰ、Ⅱ组寺庙北部附近残存一些拱顶建筑，所以我们有理由相信这些佛殿过去一般都是穹隆顶。其他地方也可以看到土坯建筑的基址。另一个大类型，佛殿前有券顶窄室，窄室前的墙壁正对着通道。侧面墙上有几处低券顶的通道，由此可以进入窄室或通道，绕行中心塑像。中心塑像原来放在面对通道的墙面上。这条通道的后部也是拱形，装饰有壁画或浮雕塑像。同样的地面建筑在该遗址中的石窟寺中也相当普遍。

图 63　硕尔楚克明屋遗址北端的佛塔和佛殿，自西北望

第三种类型，代表大型寺庙类型，与和田遗址（丹丹乌里克、喀达里克等）中的佛教寺院中流行的形制很相似。在此我们发现了一间佛殿，大体呈方形，通过前通道进入，其他三面封闭，回廊可环绕，作为右绕之用。在这种形制的大寺庙中，通道在佛殿的后部变宽，形成一个有雕塑的房间，而通道的其余地方常仅用壁画装饰。

第四和第五种类型很可能是具有某种埋葬特征的墓葬。第四种类型从外表看像大佛塔，圆柱形穹隆顶，直接从矮平台上或不

图64 硕尔楚克明屋遗址东南端墓群，自南望

同形状的地基上开始建造，平面呈圆形、长方形或方形，通常都
有一面正方形围墙。图63、64能帮助说明其形制。这些佛塔形制
的特殊之处是其内部一律是空的，那些保存较好的遗址上仍能看
出有通往内室的拱顶入口。调查或清理过的拱顶圆形室内，没有
发现任何祭祀遗物和人骨。第四和第五种类型的寺庙和在交河古
城外部的阔什拱拜孜发现的佛塔完全相同（格伦威德尔教授已经
调查并详细记述过，可以确定它们都是用于埋葬。第五种类型的
类似中心柱的建筑（图64、65）底部发现的骨灰罐和盒子，就明

图65　硕尔楚克明屋遗址墓碑
Mi.xxii，外墙有一个骨灰盒

确地证实了这一点。不论是何种形状，这些塔都有围墙，而且其上部逐渐变小，其外形使人联想到古代罗马的墓葬。

　　在介绍几个地点的发掘收获之前，我想最好还是先谈谈我观察到的影响这些遗迹的气候条件。这些暴露在外的遗址饱受了雨雪的严重破坏，这一点可以一目了然。与塔里木盆地中央地区或与之相似的吐鲁番盆地相比较，焉耆山谷的气候不算太干旱。据说山谷中夏季常有暴雨，我们曾造访这些山谷，获得了丰富的考古证据。一些墓葬建筑的外墙浮雕壁画的表面灰层几乎全部被侵蚀，寺庙外墙壁面涂抹的白灰色几乎被冲刷殆尽。

沙石台地上的建筑遗迹，位置虽然很低，但可以免受周围平原地下水位的侵蚀，幸运地逃过了盐碱的影响，没有被严重风化。盐碱的风化作用在焉耆的其他遗址中特别严重。由于遗址位于博格达沙尔 6 英里范围内，距离博斯腾湖很近，所以无法避免湖中和沼泽地潮湿空气对其缓慢而长期的危害。尽管 12 月对新疆来说是最干旱的季节，但我们还是感受到了其潮湿空气的影响。我们在遗址停留期间，从南边湖上升起的寒冷薄雾笼罩了整个遗迹和营地；同时零下 42 摄氏度的最低气温也给我们的工作带来了很大的难度。夜间的白霜实际如同一场小雪，覆盖大地，甚至太阳高照时它仍不融化。因此，拍照时经常遇到光线不足的情况，往往到了最后的一天或两天，天气晴朗，雾霭完全消失，我们就立刻将那些遗留下来的遗物进行拍照，但照片上的白霜仍清晰可见。

我们发掘了一段时间后，发现相较潮湿而言，火烧对寺庙的破坏作用可能要大得多。整个遗址焚毁于一次大火灾是肯定无疑的。遗址中的大型寺庙由于大量使用了插入墙壁的木材和其他一些易燃材料，所以火灾造成的后果就看得更清楚。大量从墙壁上坍塌的土坯经焚烧变得非常坚硬，加大了发掘难度，延缓了发掘进程。所幸的是，火烧以后许多易碎的红陶小雕像变得更加坚硬，因而得以保存下来。而大型雕像或已完全粉碎，或受潮气腐蚀而根本无法搬动。而小型佛殿并未遭受蓄意的火灾破坏，土坯仍保存较好。

在佛像基座旁下面其他地方发现了无数供奉的铜钱，都是中国铜币，时代都不晚于公元8世纪末期。此外，发现回鹘文残文书和五彩壁画墙面表明，在回鹘统治早期（公元9—10世纪）仍有人们来朝拜这些寺庙。因此，这些事实表明，这场火灾可能发生在公元10世纪下半叶，当时反对偶像崇拜的早期伊斯兰教的葛逻禄突厥族入侵此地，他们蓄意纵火焚烧了这处寺庙群。下面我将介绍高耸于开都河谷的霍拉寺庙遗存，该遗址也是被大火焚烧的，因此上述寺庙遗址毁于一场火灾的推测是可以成立的。

下面我将按照地理顺序来叙述已发掘的几处基址和遗物。每一组都从西南面开始叙述。I组佛殿沿前述三条山脊的最西端分布。寺庙 xxv（图66中的 xxv）位于它的南面，看起来这座寺庙因为潮湿而破损不堪。佛殿面积约20平方英尺，前面有一个大前殿。前殿建在一个台地顶上，台地背依山坡，通过台阶可以上下。佛殿和前殿的部分迹象表明，格伦威德尔教授曾经对此进行过清理。佛殿内的土坯堆高达7英尺，填满了佛殿和周围封闭的通道。我们对佛殿的一部分和北面通道内部地面进行了发掘。在通道中我们发现了10多件小型带彩的塑像残块，因潮湿大多都已严重侵蚀。此外，还发现了一些拱形木头小残片（图67），上面有彩绘佛像。

我们对北部两个小佛殿进行了彻底清理，结果令人满意。在佛殿 v 中发现了用来装饰墙壁的彩绘木雕。其中值得注意的是，雕刻在小木拱上的小型画像残部（图68），刻画了一幅类似双龙戏珠的图案。这些木雕中约有12块木板有粗雕的莲花图案。与 v 相

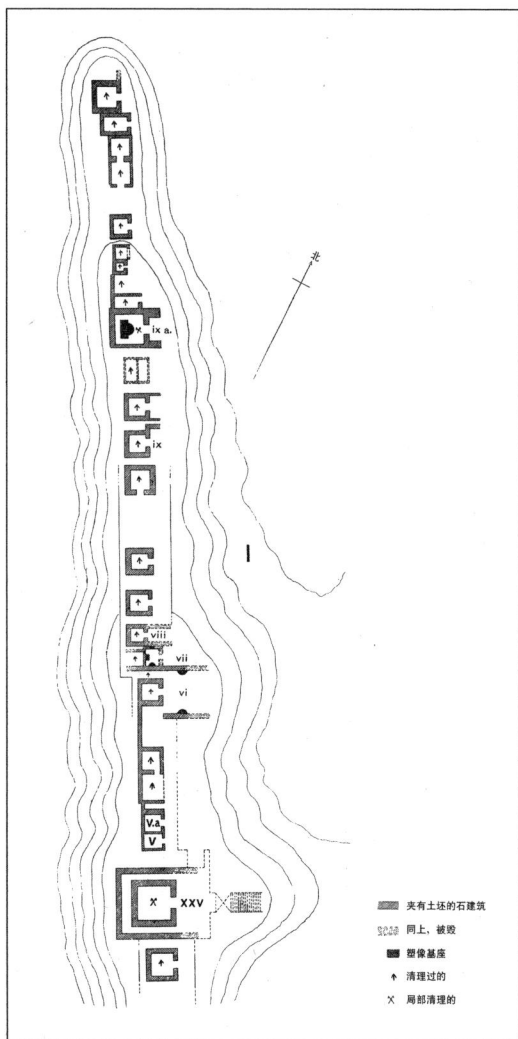

北

夹有土坯的石建筑

同上，被毁

塑像基座

清理过的

局部清理的

ix a.

ix

viii

vii

vi

V a.

V

XXV

图 66 焉耆七个星
明屋 I 组佛殿遗址
平面图

图 67 拱形木头残片

图 68 木刻

邻的小型佛殿 v.a，面积约9平方英尺，每一面墙壁都有四个浮雕的菩萨像。尽管佛像上又涂了一层灰泥，但仍可看出它们的胸部和臂都精心装饰过，衣服上还保留有许多鲜艳的色彩。一个大型坐佛像，可能原来放在中央基座上，现已几乎全被毁。

在遗址西北方向的四间房屋中，没有发现任何遗物。最后一座佛殿的前殿 vi 的几面墙，都依坡地而建，虽因坡地的风化，墙体都坍塌了半截，但每面墙仍保存了大型塑像的莲花座。用巨兽头部装饰的大型雕像的上臂，与图69很相似，可能是像千佛洞护世天王铠甲那样的肩部铠甲的残余。泥塑残块因遭严重侵蚀而无法搬移，但还可看出原先是用来安放护世天王的基座。与 vi 西北面相邻的一座低矮土丘，形状很不规则，应是佛殿 vii 的所在。这座佛殿设有前室，破坏非常严重，仅存留墙壁的地基部分，但在

图 69　铠甲肩部残片

遗留的大堆土坯下面仍出土了许多有趣的遗物。在下面松软的土层和烧焦的木头残片中，首先出土了一块窄木板，沿其斜边彩绘有许多色彩艳丽的花卉图案，上面还有五行分别用中亚婆罗米文和当地语言书写的文字，可能是灰膏壁画画框的一部分。在它附近还出土了若干片木板，但已无法辨认其上装饰的图案残块。

在这些遗物的旁边，是一个小壁龛。在壁龛内的佛像基座底部发现了精美的彩绘木板（图70），虽已破裂成三块，但仍可以拼合。板上绘有一个欧洲风格的菩萨，菩萨坐在马蹄形拱门下面的宝座上。菩萨像及衣纹的画法呈现出犍陀罗艺术的风格，所绘的支撑拱门柱子的装饰，使人联想到古希腊罗马晚期的建筑式样。在同一地点还出土了两块版画，上面均绘有立佛。这些版画的制作工艺精湛，但遗憾的是都遭到了磨损和火烧的破坏。三块版画

图70　彩绘木板

的高度相同。图70的每个边证实它原先与其他两块版画呈直角相连，可见这三块版画属于同一整体。图70顶部和底部空白无饰，可能是盖板部分，将上述所有木板拼接起来，就形成了一个可以放置小塑像的基座。还发现许多泥塑残片，其中一些残片源自大型佛像，其他均为墙壁中楣上的浮雕，留待后述。佛殿 vii 后面较薄的隔墙上，残留有供养人像的小型壁画。

图71 犍陀罗风格的
浮雕组像

与 vii 相邻的佛殿 viii 中只出土
了几块木板，连为一体而无任何装
饰，很可能是一个塑像的基座。后来
清理的三座寺庙，虽经过大雨的冲
刷，其佛殿的墙壁仍存有一定的高
度，殿内部充满坚硬的泥土坯，高
达3英尺。在土坯堆里没有发现任何
重要遗物，唯在 ix 小寺中发现了一
件有趣的遗物，即一件保存完好的精
制的木板（图71），上面精细雕刻了
成组的浮雕像，具有纯正的犍陀罗风
格。该木板高11英寸，背部为半圆
形，其上仍保留紧附的铜钉，可见
该板是用钉子固定在墙壁或其他背景
上。木板正面的平面上有一上一下的
两幅画，内容情节都源于佛教传说。
木板下端的突起部分分隔成两龛，右
龛内有两个跪拜者，可能是供养人，
左龛内是手持神杖站立的佛像。上面
两幅画中的佛像都有头光，除缠腰布
外，身上无其他衣饰，其表达的情节
主旨尚不清楚。但下面那幅画的情节

是一位朝拜者头戴王冠，以头触地，匍匐在佛足下，表示的是犍陀罗浮雕中典型的燃灯佛本生的故事。人物造型和整体的制作手法与犍陀罗雕塑艺术风格极为接近。如果不是两位朝拜者的头饰具有中亚特色，简直就可以认为这些小雕像直接来自印度河流域，因为遗址中其他佛殿出土的大量泥塑残片都具有强烈的希腊化佛教艺术的特征。在同一佛殿内还出土了一件雕刻精美的木托架。

　　I组其余佛殿的清理中没有什么特别有趣的发现。然而 ix 寺庙规模较大，属于第一种类型，只清理了一部分，在中心塔柱的回廊中发现了一些浮雕塑像，因潮湿大多已受侵蚀毁坏。

　　II组佛殿主要分布在冈丘中腰，主要发现多出自南面小佛殿。这些佛殿的墙壁破坏较严重，显然很早就坍塌。与佛殿 i 以狭窄通道相连接的是一排损毁的佛殿，其中最南面的小佛殿中出土了大量的灰泥制帷幔饰残片，其用途是用以装饰突角边缘。帷幔顶部都有花形镶边，下面是成排的三角形垂帘及流苏，与尼雅遗址中央大殿 NIII 的墙壁上精美的彩绘帷幔图案非常相似。另外还发现一些可能位于通道墙壁突起中楣上的小型泥塑残片，其中值得一提的是精巧的模制佛像面部。在 I 组的一个小佛殿前面，还残留一个莲花座的基座，附近出土了四枚保存完好的唐代钱币，似乎是因供奉而留存于此。其中两枚有开元铭文，另外两枚是大历年号。在 i 通道的北部另有一座佛殿 ii，破坏较甚，其内出土了许多小雕塑残片，有些当属于与真人大小相当的塑像，另外还发现有两只逼真的木雕手臂（图72）。

图73　龙头托架

图72　木雕手

图74　花卉图案木雕

　　此外，在一条狭窄的通道 xxiii 还发现了小塔基座的回廊，现在已完全被毁，但残存有相当数量的遗物。诸如装饰的托架（图73），上有两个风格各异的龙头（此处是其中之一）；带有精美花卉图案的木版如图74；精制的方砖（图75），上面浮雕一个菩萨的头部，其外有方形框，菩萨像是纯正的犍陀罗风格。在其他遗址中也发现了无数同样的或类似的残片。

　　北面稍远的两间佛殿 xxiv、xxvii，除6片婆罗米文书写的菩提叶外，还发现有浮雕饰板（图76）和一块残损严重的木版画残片。

在这些佛殿外，还延伸分布有一座寺庙，墙壁仍保存一定的高度，内部遭受潮湿侵蚀较严重。值得一提的是希腊式的石膏模范（图77），是模制小坐佛和大佛像鬈发和之字形头发。同时，这种特殊的发现使我们确定它是用来制作在寺庙遗址中发现的浮雕塑像的范。格伦威德尔教授也有重大发现，他的队伍在II组的两座佛殿内发现了30多件同样的石膏范，有助于了解其特性。我在喀达里克获得的那种范与此完全相同。

在III组中清理的那些寺庙沿山脉的最东端分布。在已清理的三组寺庙内，除了xxi佛殿，其他较大的寺庙中都没有任何发现。佛殿xxi中有一根八边形柱子，柱子的每一面都有一行婆罗米文。

图75　犍陀罗风格的菩萨像方砖

图76　泥浮雕

图 77　希腊式的烧石膏模范

如图64所示，在一个四周有围墙的平台上矗立一个庄严富丽的大寺庙建筑，平台的顶部尺寸长约80英尺，宽68英尺；以前一定通过东北面延伸的台阶攀登进入，但现在这些已完全被土坯覆盖，而且在有限的时间内无法清理完毕。佛殿面积22.5平方英尺，外围有3英尺厚的围墙，因火烧的缘故，现颜色已变红，也更结实了，内部被同样的土坯充满，高8英尺。通道宽约6英尺，靠窗户采光，可从西北和东南面通到宽约11英尺的后室中。一般通向佛殿的通道都要经过面积较大的前堂或前厅，通道进深约37英尺，而且这个厅的左右侧面都有一个小侧室，面积均约8平方英尺，是另一种较特殊的类型。

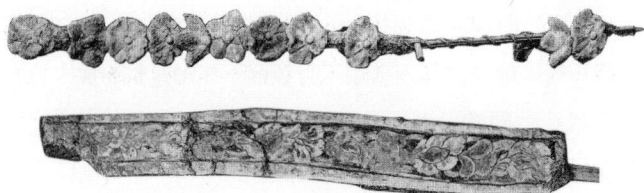

图78　镶嵌花形饰边的彩绘木板

　　清理前厅只发现少量的浮雕塑像残片，其中包括两个小头像。在清理掉佛殿内一半烧硬的土坯后，只获得了几块小雕塑残片，仍可辨其形制。外面的通道墙壁逃脱了火烧，沿其西—北西出土许多浮雕塑像残片，包括彩绘木板（图78），上有镶嵌的花形饰边。它们一定是外墙壁上中楣装饰画上掉下来的残片，同将要介绍的x~xii佛殿一样。某些地方这种墙壁上仍残存有木钉，木钉用来固定墙壁上的版画，并托起这些中楣。台地东南角（寺庙xxvi所在台地的东南角），发现一个粗陶罐制的舍利盒，内装已朽的人骨。

　　在III组寺庙的东北和东南面较矮的地面上，有前文述及的两种形制的墓葬建筑，所有的墓葬都有较矮的长方形围墙。这种圆顶形的佛塔与柯尔克孜和蒙古族的白毡房有惊人的相似之处。这些墓葬没有任何被焚烧的迹象，但那些容易出入的墓室曾被"寻宝人"一次又一次地搜查过。距离xxvi遗址最近，且保存最好的一座墓葬（图64），有一个直径约13英尺的穹隆顶墓室，清理时没有任何发现。图64中看到的xxii遗址是第五种类型，几乎没有遭扰，破坏程度最轻，其顶部用不封顶的土坯砌建筑而成，高度仍有18英尺。一间方形小墓室的地面有两层，之间有1英尺5英寸的空隙，表明很久以前已被洗劫一空。

在围墙内，靠近塔基的地方发现了五只舍利罐，高约1英尺，如图65所示，陶质较粗，陶胎有红、黑两种，罐内都装有骨灰或被烧焦的骨头。此外，还发现了包裹在一个很薄的类似纱的织物里的两件制作较粗的小木盒，木盒里装有碎骨头。在盒上和罐上都没有发现铭文。

第三节　明屋遗址西北面发现的泥塑和壁画

我现在要叙述遗址西北面的寺庙遗址，此处发掘收获颇丰。台地中央是一组较大的寺庙，部分已延伸到南边的坡地上（图58、59）。这些寺庙面对横切遗址的浅沟，可俯瞰南坡上的一组小寺庙。中央寺庙西面的一半建造在带围墙的台地上，从图79中可以看到其前部，经过清理后，在图61中可以看到其后部。佛殿周围的墙厚4英尺，外围墙厚5英尺，围墙现存高度16英尺。因为围墙内有至少不低于6英尺高的土坯堆，有些地方甚至更高，所以我们推测围墙的原高度一定比现在还要高得多。这座寺庙包括一间佛殿，面积20.5平方英尺，有一个宽6英尺的回廊，回廊的后部宽达10英尺。经过前殿进入佛殿的通道，通长40英尺，高度不详。前殿前面开门。

在清理 x 前殿时，出土了无数灰泥浮雕人物小塑像，这就预示着在佛殿和后室中一定有丰富的塑像等待着我们去清理。前殿中出土的塑像残片与我们后来清理的佛殿和后室中出土的塑像没

图79　硕尔楚克明屋遗址西北面的佛寺遗址 Mi.x~xii，自东南望

图80 玻璃制品

有任何差异，因此，最好将它们一并放在后边讨论。此外，我们在地面高1~4英尺的土坯堆中发现了14枚中国古代铜钱，其中10枚是唐代钱币，其他均为锈蚀严重的五铢钱。从它们出土的位置来看，它们原先供奉于此，放在墙壁上突出的架子上，同这座寺庙中其他地方一样，这里也有浮雕中楣。在佛殿入口处附近我们发现了三块玻璃片（图80），这非常有趣。因为这些都来自一个制作串珠的车间，由此可以确定当地存在玻璃制造业。

xi 佛殿储存了大量不同类型和大小各异的浮雕塑像。这些塑像似乎都被火烧过，可能是经火烧变硬才得以保存下来。此外，也因为火烧，几百件泥塑中只有几件还残留以前的彩绘图案。

整座寺庙中缺乏大塑像或佛像基座的特点表明，其内装饰主要是覆盖墙壁的浮雕中楣，这一点我们从墙壁上残留的三排方形木钉孔中可以得到证实。方形孔径约3英寸，间距为2英尺。每排孔的间距约5英尺，最低的一排距地面约2英尺，这些孔都是用来固定支撑中楣的木构件（图79）。由于放置浮雕的中楣是随佛殿长度延伸分布，所以各处遗物出土的数量不同。

　　大多数浮雕塑像都是沿东墙发现的，特别是在东南角，而西边出土最少。[1]这表明火灾是从西边开始，在那些泥塑像被火焚烧变硬之前，那面墙壁上的中楣就已塌落并被摔碎。东壁上的浮雕被火烤的时间可能要长一些，因为支撑浮雕的木架等被火烧毁，致使其上的所有雕塑坠落粉碎，这是需要一段时间的，这可被东墙壁上的两个孔内残存的木桩子所证实。同样因为这个原因，大多数浮雕泥塑残片可能属于墙壁上楣。佛殿中出土的三枚铜钱是唐代钱币。

　　这里同前述其他寺庙一样，围绕佛殿的回廊似乎逃脱了火灾的洗劫，却未能避免潮气的破坏。东面和西面的通道内似乎没有浮雕泥塑装饰，又因墙面已完全被破坏，所以根本没能找到任何装饰墙壁的壁画痕迹。最令人满意的是，xii 佛殿后室出土了大量的雕塑装饰品。在认真清理之后，我们发现了一组衣纹丰富的浮雕塑像，均为高浮雕作品，几乎都与真人同大，分布在西北和东北角的外墙根的低平台上（图81）。同时这里还出土了大量有趣的小雕塑，都是从北侧外墙面上距地面高9英尺的中楣上跌落下来。由于潮湿的缘故，所有的泥雕塑都很容易碎，根本无法搬移。甚至在土坯堆中清理出的三四件泥塑头像也是如此。它们一定很早就塌落下来，因都处于非常易碎的状态，所以根本无法安全搬移。

1　这座寺庙不是朝东的，为表述简便才使用东、西等词，谨此说明。

图 81　明屋遗址佛寺 Mi.xii 过道西北角的灰泥浮雕塑群

在东北部的一组造像的脚下发现两件高6英寸的小人物塑像也是如此，他们可能都是供养人，或朝拜者。

通道两个角落的每一面都有一组塑像，包含五六个排列紧凑的站立的人物像，最外边的塑像破坏较甚。有些塑像已被破坏，但从残留的木骨和草捆可以确定其位置，因为塑像一般是以这些做骨，然后再泥塑。从服饰和姿势上判断，多数塑像是佛像。然而，对图81左侧的那些塑像，我至今仍有疑惑。所有塑像都呈希腊化佛教艺术风格，将它们与1901年我在热瓦克佛寺发掘的那些巨大的塑像的图版比较，就会发现它们在细部和制作程序上都是惊人的相似。东北角上出现的一个前来朝拜人物非常有趣，他抬头挺胸，我对塑像学的知识的匮乏使我无法对此提供具有说服力的解释。在东边和西边外墙上的壁龛中安放成组的雕像时，显然是考虑了回廊的空间后，才确定它们的位置。同样，各个角落的整组塑像的位置也能说明这一事实，因为只有在这些地方，它们才能从旁边的通道中获得充足的光线。

值得注意的是，北墙上的泥上楣，原先有一排小塑像，清楚地展示了这些塑像中楣固定在xi佛殿中和该遗址其他地方的方法。从图81中可以看到上楣最下面的部分，突起约6英寸，是用木框和草拌泥框模制成的，高约2英尺。上面遗留几排木钉孔，以便把中楣的各个小塑像都固定在上楣上，由此我们不但可以了解到中楣的建造技术，还能够利用清理出的泥塑残块复原整个中楣上的浮雕图案。其中的一些比较重要且保存相对较好，数量较多，有必要在此专门介绍，尤其是 xii 佛殿中出土的小塑像，多数还保留着原来鲜艳的色彩，因此显得更加珍贵。

中楣上的塑像表现的是一个内容还是几个内容，是神圣的，还是半亵渎的，都无法探究了。不过可以肯定的是这些残片有相当一部分是属于武士塑像上的（图82）。我们看到武士的头和身体均用鱼鳞形的盔甲保护起来，其铠甲外形与米兰吐蕃要塞出土的上漆的皮盔甲非常相似。盔甲上尤为引人注目的地方是胸甲，其表现方式也是多种多样。一件是模仿皮制的，圆形，且贴有五片突饰（图83）。另一件，很可能是模仿金属制的，中央有一个精美浮雕的希腊女神像（图84）。可以肯定是古典雕塑的雏形。更有意思的是，从这件盔甲可以看出，约特干与和田遗址中常见的砖红色瓶上的贴花图案，直接源自古典希腊女神头像。

需要提到的其他人物塑像中，有一个纯犍陀罗艺术风格的菩萨。还有一个盘腿坐的男性像（图85），姿势非常优美。还有一些人物头像特别引起我们注意，因为从它身上可以了解到这些塑像是如何模制，而且怎样巧妙地表现各种神态。该像的面部无疑是模制的，出自武士塑像头部的一类模范；前额上依然保留有头盔的痕迹。然而，有的塑像头上以一束上梳的头发替代头盔，表现出一种奇特的变化。其中模制得最出色的一个头像是（图86），是将一张哭丧的脸（蒙古人种）安置在一个戴精美印度头饰的头上，这种头饰在犍陀罗风格的塑像上很常见。

艺术家们还将制作塑像模子的技术应用到了制作动物塑像方

图 83 皮制胸甲

图 82 复原的武士像

图 84 希腊女神像

图85　盘腿而坐的男性塑像　　　　　图86　泥塑头像

面，模制出了各种生动的动物形象，这可从下面的动物雕塑中可见一斑，如雕刻精细的骆驼头部（图87）。此外，图88属建筑构件的残部，也是犍陀罗风格的雕塑中常见的，显然是从古典艺术中借鉴和发展而来。从一件小型木佛塔（图89）的顶饰中，我们可以看出它是精心仿制的，细部雕刻竟与我们在印度西北边境看到过类似的用石头修建的微型塔的构件很接近。

　　当我们看到这些雕塑时，自然就想了解其出土地点和制作（复制）方式。我们觉得还有必要对其起源的年代进行推测，大体认为应接近于希腊化佛教的犍陀罗风格塑像模型出现的时代。我们有必要重视寺庙中出土的带铭文的钱币的年代，并依此对浮雕塑像装饰的寺庙的最晚的使用年代进行判断。在西北角的佛像基座

图87　骆驼头部

图88　建筑构件残片

图89　小木佛塔顶饰

上我们发现了7枚中国钱币，可能是无意中被脚踢到此处，也可能是有意藏在此地。

其中一枚钱币有"货泉"铭文，是王莽时期使用的钱币，年代为公元14—19年。但我们知道，在中国不同类型的钱币通过再铸造会长期沿用，因此以另外3枚带有大历和建中年号的钱币以及一枚开元通宝为依据，可以确定这些特殊的造像一直被人们虔诚地朝拜到公元8世纪末期，或者更晚。当然，因为这里的气候条件与焉耆相同，所以我们很难想象那些用泥制作的易碎的雕塑能够延续如此长的时间，而无须任何修补。同样，难以使人相信在如此长的时期内，雕塑的风格竟然一直没有任何变化。

佛殿 xi 和与之相连的前殿中出土的塑像残片的数量更多，只不过保存较差一些。看了这些残片，进一步加深了我对佛殿 xii 中出土的塑像残片的艺术水平的印象。佛殿 xi 出土的塑像残片样式很多，可以说与它们的个体数量不相上下。然而，这些雕塑残片不过是所有雕塑品中的一部分，三个楣上原先应有的塑像肯定还要多很多。它们所要表现的内容，我们已无法形成任何明确的概念，不过如果假以时日，把它们与其他地方发现的图像遗物进行对比，或许图像专家还能够找到某些塑像人物之间的联系。其中菩萨一类的塑像尤其多，与我们的预料的相同。我们可以看出这些雕塑在大小和细部方面各不相同，主要是应用不同的模型分别制作不同的部位，如躯干、头饰、人物等。模制的头和身体基本上是模仿了犍陀罗雕塑固有的类型，同样从图90中的年轻仙女的

图90　仙女侍从

侍从雕塑上，也能够看到很多类似的特点，甚至是具有犍陀罗风格的飞天像上也有所体现。尽管这些雕塑毁坏严重，但仍能看出其重复出现的数量很大。一个骨瘦如柴的男性雕塑非常奇特（图91），但无法解释其表现意图，或许是那些苦行僧的真实写照。另外一些衣饰精美的女性塑像也非常有趣，其中，最引人注目的是一件雕刻生动、开怀大笑的头像。与前述那些雕塑相比较，佛殿中出土的穿盔甲的武士雕塑变化较小。

出土的大量没有躯体的头像明显是火烧后迅速变硬的。大量的标本中有一组非常有艺术价值，表现出超凡的雕刻技巧和自然流畅的雕刻形式，作风自由，丝毫没有受到宗教的约束和影响。

图 91　苦行僧

这一点在精心雕刻的头像（如图92）上表现得尤为明显。这些头像的模范显然是通过犍陀罗传播而来，具有古典风格。第二个头像与第一个头像出自同一个模范。雕塑家们的这种技术虽然简单，却能够统一他们的作品风格。

此外，我们还获得一个面部表情完全被改变的头像，是在模制完毕后又在其上刻画了一些条纹。在图93中，我们还可以看到头像的更有趣的变化形式，四个头像都出自同一模型，但通过变化发型、头饰和珠饰等，再加上模制和安装时的巧妙变化，制造出的头像，可能把一个自然主义的俗人头像，变成具有古典希腊神风格的头像。

图92　泥塑人物头像

图93　泥塑人物头像

图94　半人半兽的古怪头像　　图95　戴头盖骨项链的菩萨像残片

　　一个模制得非常漂亮的年轻女性头像，其面部表情非常自然，使我们联想起哥特式的艺术风格，她向后梳的头发上还扎了一块头巾。在那些浮雕头像中面部表情的表现非常自由，惊人地体现向现实主义雕刻手法转变的趋势，然而这些在犍陀罗风格中则极为少见。其中最出众的杰作是一个大笑的老妇的怪诞头像，与之媲美的还有一件精心雕刻的大笑状的头像。一件哭泣状的男性头像也可称为佳作。现实主义与丰富想象力大胆结合的作品（图94），表现的是一个半人半兽的古怪头像，口中正吐着一个骷髅盖骨。

　　摩诃衍那（Mahāyāna，大乘）晚期造像中清楚表现的戴着头盖骨制项链的主题，在类似菩萨像中也有所表现，如图95。当地艺术家敏锐的自然观察力，从那些雕塑精美的马像（图96）身上可

图 96　泥塑马　　　　　图 97　希腊风格的泥塑瓶子

见一斑，即使是表现他们并不熟悉的大象时，也毫不逊色。

最后我们注意到一个希腊风格的瓶子（图97），此外，我们在建筑残片中也可看到我们熟悉的希腊化佛教艺术的山尖饰表征和其他经典细节。

还有一个属于第三种类型的寺庙，位于前面所谈的寺庙的南面，并与它呈直角。由于上面堆满较厚的土坯，所以就没有发掘，但大火焚烧而造成的破坏痕迹很清楚，甚至影响到了通道。我们还对其东面的一个隔开的建筑遗址进行了清理，其墙壁破坏较甚，内部没有发现任何遗物，其建筑用途尚不清楚。该遗址以东矗立着许多大殿和房屋的混合建筑，其中最近的 xiii 建筑可辨认出属于第二种类型的寺庙。它的佛殿面积为17平方英尺见方，内部堆满了烧火过的土坯块。它的前殿似乎已被人清理过，通往佛殿的入口处的两侧各有一个高约2英尺、宽15英寸的造像基座，其上仍残留塑像躯干的部分残片。

佛殿后面有一个窄室，宽4英尺8英寸，经发掘在外墙底部发现了大量的装饰壁画。室内东半部残存长约12英尺的类似墙裙的木板，未遭扰。主要因为这半部的穹隆顶仍存，防止了湿气的入侵。然而，除了角落中出土的平面图中标为II的木版画，以及西墙底部的木版画12的残片，由于西边的穹隆顶和大多数墙壁早已坍塌，墙壁底部的多数壁画也都已褪色。在此有两条较矮的拱顶通道可通入佛殿，每条通道宽4英尺，高4英尺5英寸。发现通道内土坯堆积至顶，其中还掺杂一些从相邻的佛殿塌落进来的泥塑像的残片。从西边通道外墙上残留的大量的壁画残片中，我们可以断定在大火焚烧到佛殿之前，这两条通道就已被坍塌的土坯所封堵。

通道和佛殿中出土的壁画，都是在草拌泥墙面上用颜料绘成。在窄室北墙上发现了一组连续的壁画，画面用黄色条带分隔为两组：一组表现的是经师与众比丘；另外一组画面展现了一排隐居在森林中的洞窟内的僧侣正在抄写经卷。依据右绕的方向，观看顺序应该是从左向右，西面墙壁的壁画（图98）在前，东墙上的壁画（图99）在后，东壁上的壁画是前面提到的北壁壁画的延续，内容被分隔成了三组，各组之间都用黄色条带相互分隔。左边的一组画面表现的是一位手持笔和菩提叶的坐姿经师，年轻的比丘都跪在他面前，从天空中飘下的一名正在散花的仙女可能是乾闼

图98　壁画

婆。在中间的一组画面上可以看到一位面对许多合掌比丘的年长坐姿经师以及一位从天而降的乾闼婆。右边的一组画面描绘了一位比丘正在乘云升天，下面两侧分别有正在跪拜的五位年轻比丘和三位具项光的菩萨。最后，在东壁上面朝北的龛中我们发现了一块窄木版画（图98，左），上面描绘两位跪着的菩萨，上下分布。在西墙相应的壁龛中发现的木版画 Mi.xiii.II 上，上部描绘了一位比丘，下部是一位跪着的菩萨。与之相连的西壁上的壁画几乎全部毁失，西北角的壁画也已荡然无存。但中间还保存一块壁画（图98，右），左边描绘了一位正在供佛的小比丘。上面是一位乘云而下的比丘，右前部跪着一位穿着艳丽的男孩，很可能是一排均面右的拜佛者中的最后一个，现已失。

图99 壁画

　　一组木版画描绘的是同一个和同样的佛教故事是非常可能的，不过只有那些造诣深厚的图像专家才能断定。东壁上的木版画显示，故事的结尾是两个年迈的法师转变为佛教中的天神如阿罗汉或菩萨。尽管整个版画的工艺较粗糙，使用色彩也很有限，但风格很大胆、粗犷。考虑到窄室中暗淡的光线——没有发现窗户——要求仔细描绘，并刻画细节不太可能。不过人物特征还是比较明显，尤其是老经师的头部。这些壁画的时代比前面谈到的制作雕塑而发明的模范的时代要更晚一些，这一点没有疑问，至于更确切的年代范围，还有待那些专门从事库车和吐鲁番绘画遗存研究的学者来确定。

图 100　壁画残片

这些壁画有可能是回鹘时期的作品，证据就是壁画残片（图 100）。此外，该遗址发现的另一块壁画，风格罕见，很特别。具体是指北墙和西墙上所绘的正在写字的经师握笔和持菩提叶的姿势。从遗物表的描述可知，壁画中人物握的笔为毛笔，与菩提叶呈直角。叶子的尖头冲向书写者，其姿势正好适合纵行书写的形式。这种形式书写的文字要么是汉语，要么是回鹘文。由于没有找到任何迹象说明这些壁画是出自汉人之手，所以出自回鹘人的可能性似乎更大。但这一观点并非完全可靠，因为我们还不清楚绘画者所描的是哪种范本。

尽管西通道外墙上的壁画也属同一时期（图 101），但属于不

图 101　彩绘壁画

同工艺，其绘画技术更加娴熟。该壁画描绘的是两排佛徒，尽管他们的头没有剃光，而且外衣的颜色和装饰也是五花八门，但他们都是比丘。从上面一排比丘的面部所绘的胡须上可以断定，他们都是年长者。这些壁画不仅轮廓清晰，而且画法也很简练。不过与前室中大量出现晕染现象大不相同的是，这里没有发现像佛殿中所描人物常见的皮肤晕染的现象。这些壁画通过人物表情和头饰等方面的细微变化，突破了题材上的单调。然而，那些袈裟上彩绘花卉的画法极其拙劣，根本就没有考虑衣服上的皱褶，反映出整个作品制作工艺上的草率。

穿过 xiii 佛殿南面露天大厅，我们发现一组相连的小佛殿。在最北面的佛殿 xiv 中我们发现了几片精美的木雕制品。上面曾绘彩的金色顶饰（图102）很可能是小型寺庙的建筑构件。小型且雕刻精细的残木片，显然是来自一个雕花的圆形小盒，表现了拱形龛中的一个坐佛像。印度—爱奥尼亚型柱子、马蹄形龛、拱肩

图102 金色顶饰

图103 菩萨大头像

图 104　拱形木头

上升起的半身雕塑像以及其他一些细节属纯希腊化佛教艺术风格，而且都可以在犍陀罗浮雕艺术品中找到相对应的石雕制品。这些作品无疑是早期制作的，但木头的保存状况都特别好，所以即便是现在我们也会相信，在几个世纪前这个完整的小盒子一定是作为珍品供奉到此地。在此佛殿中还出土了一件菩提叶的残片，可能是一件婆罗米文书的残片，显然是梵文。

紧挨着的那些佛殿中没有任何发现，但在清理位于南坡低台上的一组小建筑时，却收获颇丰。xv 是一座普通的寺庙，面积大约 12 英尺，出土了无数浮雕塑像残片，它们在风格上与 x~xi 中出土的同类遗物有密切联系。此外，还出土了一些有价值的辅助性残件。其中最精美的是一件菩萨大头像（图 103），模制优美，精心加工，甚至能与犍陀地区罗最好的同类雕塑相媲美。所有浮雕塑像都因火烧而变得坚硬，因此也失去了原来的色彩。

在该佛殿的土坯堆中我们发现的两件木雕制品，是该遗址出

土的最为精致的木质遗物。一件是保
存完好的拱形雕刻木头（图104），表
现的是一组坐佛形象，上面的金色非
常艳丽。这块木雕的一端有突榫，另
一端有榫眼，很可能属于一个大背光
的边廓，形制与我们在热瓦克和其
他地方的雕塑上发现的同类遗物相一
致。另一件备受大家重视的木雕是一
件精美的雕像（图105），高度近10英
寸，表现的是护世天王的形象，呈现
出唐代最典型的风格，特征鲜明且很
威严，无疑是出自一位唐代艺术家之
手。从中我们可以感觉到来自远东的
反向影响。这种影响，在中亚地区佛
教灭亡之前的几个世纪里日益明显。

在分隔 xv 佛殿与南面佛殿的一
堵墙壁上的小龛以及进入 xvi 殿平台
的通道中，我们发现了大堆遗物，共
计有17块火烧后变硬的砖，中心都有
高浮雕的菩萨头像。壁龛所在的墙壁
实际高度为3英尺，表面为鲜红色，
第一眼看上去就像是用来烧制这类砖

图 105　木雕护世天王

图 106　木柱子顶部

的窑壁一样，此处残留了许多畸形或被扔掉的浮雕残片。这里也发现了一些偶然失火的迹象，因此作其他解释也是有可能的。在 xv 的西边延伸出一排小寺庙，因部分直接利用土坡建造，所以形制极其独特。对拱形通道的局部清理表明，填充寺庙内部的泥土比较潮湿，其内的壁画装饰几乎完全毁失。

中央寺院东北部较高的台地上坐落着一座引人注目的寺庙 xvii，它包括一座方形佛殿，图 63 的右边拍摄的是其西北面，佛殿内土坯堆积很高，经火烧后变得坚硬。在佛殿入口处清理到一半时，出土了许多浮雕塑像残片，其中包括一些模制的精美头像，几乎均与真人同大，与此处发现的其他浮雕塑像相同，在风格上与 Mi.x~xi 很接近。然而，始终没有发现属于这些头像的身躯部分。因为在被大火烧硬之前，绘画的墙面就已坍塌，所以几乎都变成了碎片。此外，在入口处附近还发现了一枚开元通宝铜币。

在 xvii 北边的一组紧紧相连的小佛殿和佛塔中，仅两处出土有遗物。在小佛殿 xx 中发现的铜装饰品残件是雕刻精美的木柱子顶部（图 106），带叶板装饰，呈现出印度—科林斯式的风格。在几乎被毁坏的佛塔 xx 的基座上，出土了一页残纸片，上面有潦草的字迹，看起来像突厥的如尼北欧古文书，具体性质尚未确定。

在上面提到的那组佛殿的西边散布着十多个佛塔和佛殿。图 63 左侧可看到其中一部分，位于遗址的西北边。除了下面写上要描述的 xviii 佛殿，其他佛殿中没有发现任何有价值的遗物。xviii 佛殿的结构呈现出一些特别之处：首先，值得注意的是该遗址没有任何被火焚烧的痕迹，而被故意破坏的痕迹很明显。从一个面向东北的院落或走廊可进入一个面积约17英尺见方的前室（图107），原来室顶似乎不是拱形，室内堆满土坯，堆高约3英尺。从西墙角出土的壁画判断，这个前室以前应该有顶。因此，我猜测它的顶一定是用木头建造，虽没有被火烧，但在该遗址遭破坏后，可能被搬到别处作为他用了。前室对面是一个小佛殿，9.5英尺×6英尺，三面被一条宽4英尺多的拱顶通道所环绕，虽保存较好，但非常遗憾的是其墙面只经过刷白，而没有任何壁画。

在前厅的角落，即入口处的两侧各残存一件浮雕塑像基座。基座前部出有各种麻布和丝绸品残片，可能是供奉之物。在清理佛殿中的土坯堆时，还发现了更多有趣的遗物。沿西墙延伸的大平台上原先放置有塑像，现在只残留了泥塑像的木骨部分。发现的带有各种装饰的圆形基座，在图108中可以看到其全貌，一半已被安全运走[1]。该基座用浮雕的花卉图案装饰，而且前后半圆座上的图案均相似，其色彩绚丽而和谐，保存得相当好。图案主题中央为一个瓶子，从中水平方向散布类似康乃馨的花朵和叶板。同样的色彩也见于两件坐姿和立姿的真人大小的菩萨像上。

在图108中展现的是一件保存较好的模制精美的浮雕塑像，表现的是一位穿着刺绣华丽外衣、站立在莲花座上的菩萨像。她

---

1 因为整个基座太大，无法通过喀拉库拉木隘口运输。即便是运走基座的一半，也需要掏空后才能安全打包，抵约一匹骆驼驮载量的一半。

图107　硕尔楚克明屋遗址古殿 Mi.xviii 前厅北角和相邻的内殿一端，自南望

上身较短的外衣和覆盖双腿的袈裟上的花卉图案风格非常自然，使人联想到中国制造的彩色丝绸工艺。这尊大塑像发现时被扔在北部的通道中，可能是从佛殿的相应位置的台座上扔下来。因为塑像太重，我们无法搬动。因此，与处理发掘的其他佛殿一样，当我们再度掩埋这座佛殿时，为了安全起见，我将它放置在拱顶通道内。两尊硕大的站姿塑像身躯（图108）被我们发现时，平卧在佛殿前面，而且都遭受过严重破坏，可能是门神像。出土的与真人手臂同大的泥塑手臂，在近肩部处雕饰有形状古怪的精美兽

图108 硕尔楚克明屋遗址古殿 Mi.xviii 外部内殿出土的灰泥浅浮雕塑像和圆形塑像基座

头，因此可能是护世天王的残臂。在残留的其他彩绘浮雕残片中，有一个天真烂漫表情的童子塑像（图109）和一只举有圆雕佛像的大手（图110）。

拱顶通道的外墙面，除西角残留外，其他已几乎毁尽。在墙壁底部幸存了的一些奇特的壁画残片。这里需要指出上面所述的那件作品，描绘的是一条生机勃勃的龙从波浪中升起，准备袭击一个赤足的男人，表现出大胆和高超的技艺。在其下面的那一块壁画中，有9行较短的回鹘文，书写在供养人像旁边，内容仍待

图 109 童子塑像 　　图 110 举着圆雕佛像的大手

释读。此外，上面那件壁画的内容也尚待解释。这里需要补充说明的是，在佛殿入口左侧的矮基座上也发现了回鹘文文书残篇。

在离开明屋遗址之前，我简要介绍一下那座显目的烽燧，它用土坯建造，非常坚固，位于遗址北部狭窄的山脊上，可俯瞰到遗址北部主要的一组洞窟。如图58所示，由于烽燧的地理位置显要，所以在遗址中就可以望见。烽燧底座约24英尺见方，高25英尺。我在匆忙调查洞窟的途中，对该烽燧进行了勘察，发现土坯建造的墙壁上每隔一定距离就在土坯之间夹入一层很薄的芦苇。这些不由得使我想起了我所熟悉的古代敦煌烽燧中较普遍的构筑方法。当时我并没有意识到这一发现的重要意义，直到我们从霍拉遗址向库尔勒前进时，路过了又一个同样坚固的烽燧。其结构与前者完全相同，位于山脊的一个高突壁上，与前者南面相距约3.5英里。我必须深入研究并寻找这些烽燧的渊源，同时还有必要在这里补充说明。天气晴朗时，站在明屋的烽燧上，可以一眼望到焉耆山谷以远的地方。在直线距离大约5.5英里外的博格达沙尔，也能轻易地望见烽燧。烽燧的北墙与一道破坏较甚的小围墙相连。从最近对这座坚固的土坯烽燧的盗掘痕迹来看，可能它被误认为是佛塔了。

第四节　霍拉遗址及铁门关

我们在明屋的工作条件非常艰苦。于12月23日结束工作之后，我又把沉重的文物转运到库尔勒，顿感心情舒畅。然后，我带着足够的劳力前往霍拉遗址。我在焉耆就开始打听这一带的遗址，但蒙古族牧民沉默不语，我费了很大的周折，才了解到一些佛寺遗址。这些遗址坐落在天山山脉的北麓、库尔勒西部平原与开都大河的山谷之间，因此欧洲探险者至今尚未注意到它们。行走第一段行程时我们穿过一片雪地，向北路过了一片狭长而凌乱的种植区，那些半游牧蒙古族所种的庄稼长得稀稀拉拉，灌溉这里的庄稼的水源从七个星上面引来。水渠流经的大宽沟，似乎是古代开都河的一条支流河床。

从最后一个小村庄诺盖拜可齐，我们转而向西，走了一小段

图111 霍拉遗址的佛殿，自东南望

路程，为光秃秃的砾石萨依地面，便到达了位于天山山脉脚下的小山脊陡坡上的佛寺遗址（图111）。如图112所示，在该遗址下面是一片小种植区，靠几口泉眼进行灌溉。这些泉眼源于距其南面600余码的一个小山谷的谷口，现已结冰。距遗址2英里处，砾石覆盖的萨依地形消失，变成了长满灌木丛的黏土平原。在此我发现了现代种植区的痕迹。后来我才知道这些种植区蒙古族有时种，有时不种，完全看水源而定。每当山上有特别充沛的降雪或降雨，造成来年春洪暴发，使洪水沿干枯的河床流到遗址附近的平地时，他们就耕种。在如此地形气候条件下还能种植（即使断

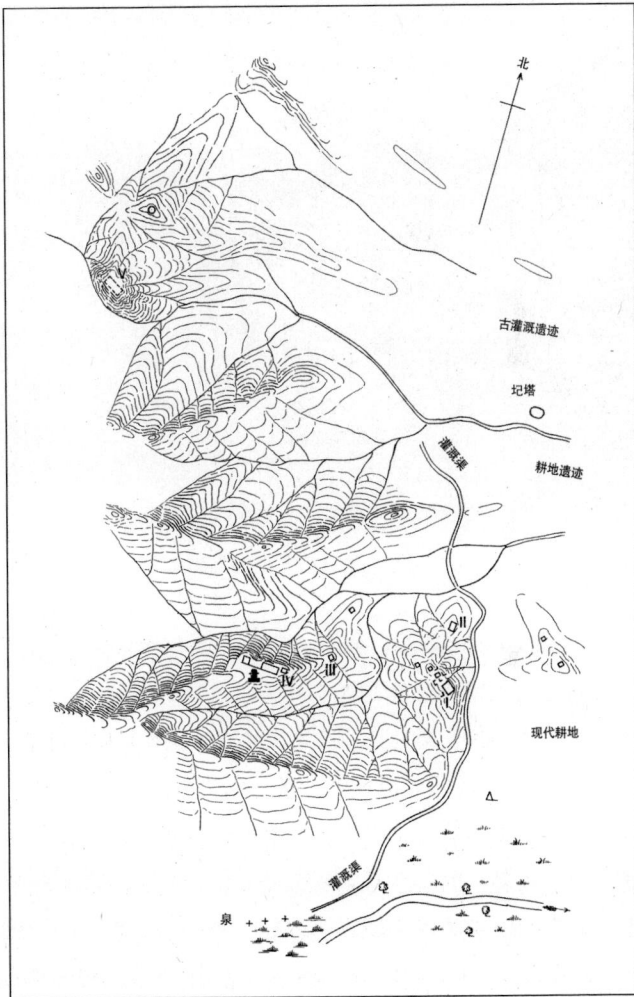

图 112 开都河谷霍拉佛殿遗址平面图

图113　霍拉遗址佛殿群 III、IV，自南望

断续续的），由此充分证明前面探究的焉耆各地的气候非常湿润。

这是寺庙建筑群的遗址。它们坐落在山背上，山不高但很陡峭（由于雨水的冲刷侵蚀而形成）。图111、113、114有助于说明遗址所在的位置，它使我想起以前调查过的较远的斯瓦特和布内尔山谷中的许多佛教遗址。距前面提到的那片种植区最近的是 I 组遗址，在图112和图114左侧即可见到。建筑遗迹包括几座佛殿，大多都比较小，分布在一个中央建筑的西北和东南面，如

图114　拉佛殿，前景为殿群Ⅰ、Ⅱ

图111、114所示。Ⅰ组遗址包括一个坚固的土坯和石头混合建筑的坚固基址，面积9英尺见方，距地表高约12英尺处有四个壁龛，里面原先一定都有佛像，可惜现在都已完全被毁。在顶部，即距地表高23英尺处，建有一个巨大的圆形鼓状物或拱形顶。该建筑的底部有一间小屋，长7英尺，宽4.5英尺，门向东南。我派遣去勘察遗址的一个维吾尔族队员，从蒙古族牧民手中得到了三块婆罗米文的菩提叶残片。据在此独居多年、以种地为生的蒙古人说，

这些文书是他在那间小屋中发现的。另一件小泥塑坐佛像，也是在这间小屋里挖出来。

佛殿I.i，长10英尺，宽7英尺，位于I组建筑西北面的山顶上，土坯垒砌的墙壁由2英尺高处坍塌。发掘此遗址只获得了一些腐朽的木栅栏和尖饰，它们可能都属于小型佛塔的构件。清理该佛殿下的西面坡地上有土坯堆，出土了一些同类的遗物。另一座佛殿I.ii，长9英尺，宽8.5英尺，内部堆积了很厚的土坯块，在出土的木质墙壁上的装饰品中，只有一件圆雕的坐佛像（图115）。在距地表高3英尺的墙面上，发现了一块壁画装饰，表现的是一群站立的小型菩萨像，其面部都不甚清楚，似乎是被有意抹掉。在中央建筑的东南面和一座小院落的外面，有一间大房子，长约19.5英尺，宽18.5英尺，其内堆积的土坯和垃圾高达4英尺多。在此只发现少量的壁画装饰残片，画的是菱格中的小佛像。所有的遗物都有受潮的迹象。

图114右侧是第二组遗址，占据北部的一道小山脊，正好位于前面谈到的遗址的下方。它包括一排三间相连的佛殿，共同构成了长70英尺、深27英尺的建筑群。清理这些佛殿，除了获得了一些小型浮雕泥塑残片，还发现了一件腐朽严重的木雕的头像。在第二组遗址东面的一个较矮的孤零零的台地上，有一个长约30码、宽约20英尺的平台，是用未加工的石头修建而成，高18英尺。该遗址东端矗立的一个大型土坯筑造的塔样建筑，其特征已无法辨认。由一个较陡的岩石山口，我们到达了第一组主要遗址区（图

图115　圆雕坐佛像　　图116　小木雕

113），这里只有一座孤立的佛殿 III，内部面积9平方英尺，是在一个带围墙的土坯建造的平台上单独修建而成，使用的土坯长15英寸，宽8英寸，厚4英寸。清理这间佛殿没有任何收获。

在刚才提到的狭窄山口的半山腰，距地面高约150英尺处，建有一组寺庙 IV，从图112中可以看得到。小高地向北延伸为台地，其上修建了一组背依山坡的寺庙。从山上流下来的雨水使这些建筑遭到了严重的侵蚀。其中，最东面的一座孤立的佛殿 IV.i，内部长11英尺，宽10.5英尺。在佛殿小前室的土坯堆中，出土了一些有趣的雕刻和彩绘的木制品，遗憾的是这些遗物都是先遭焚烧破坏后又受潮腐蚀。在小木块上（图116），阴刻一个跪着的人物，他双手合拢呈朝拜状。一件彩绘木块残片尽管其背面被烧焦

图 117 彩绘雕刻

致残，但仍可以看出圆形背光中绘有三个神像。最令人痛心的是，雕刻并彩绘的上楣遭到了破坏，残存的部分长约1英尺9英寸，宽1英尺，表现了两组画面。每一组画面均用各种颜色和金色彩绘描绘了被朝拜者所围绕的佛像。整个作品设计完美，制作精湛，但现因被烧得太黑而无法复制。一些特征表明这些画是在金色底上采用蜡画法的技巧绘成，但因表面被破坏，在未经化学测试之前，很难作出明确判断。上楣的底部边缘用一排奇特的浮雕半身雕像装饰，使人联想到哥特式妖魔雕塑（图117）。两件镶嵌木雕的残片出土时是分离的。

在 Iv.i 西边有一座较大的寺庙，其殿堂后面的一条拱顶通道因遭到后面山坡上的流水侵蚀，所以没有留下任何可辨的装饰。西面与其相连的一间佛殿情况也是如此。台地末端的两间小屋，根据其中一间内残留的灶可以推断，它以前应是僧房。在此发现了彩绘的木块，表现的是在两个漩涡之间漂浮在水面的一朵莲花。另外还有一件类似杯子的木制品。

在清理 IV 组遗址的同时，还发掘了一系列其他遗迹。在此，有必要对遗址中另外一些遗迹作简要说明。在距离 I 组遗址 600 码处，有一个半球形的土墩引起了我们的注意，它比水平地面高出许多，上面有梯田灌溉的痕迹。后来证实它是一座佛塔，直径约38 英尺，破坏严重，残存高度距地面约 17 英尺。在其南面发现了一条很久以前挖掘的可出入佛塔的深沟。佛塔的内部至中央都是空的，整座塔用土坯建造，土坯大小与遗址中其他地方所出的一样。在此塔南面约 25 码处，有一个较矮且平的土台，没有发现任何建筑遗存，似乎可以推测以前这里曾建有不太坚固的居住遗址。

在此佛塔西边不远处，距主要遗址中心建筑同样距离的地方是一个较陡峭的、几乎完全孤立的岩石山口（图 112 中的 V）。有迹象表明，此处似曾用于防御目的。山顶周围建了墙，面积也扩大了许多。墙壁一半是未加工的石头，一半是土坯建造，范围从北到南约 105 英尺，东西约 66 英尺。顶上有很厚的古代堆积，但没有发现任何建筑遗存。位于北部的一个类似堡垒的突状物，似乎是用来防守这一面的入侵者，因为通过这一面能轻易爬上山口顶部。其他几面有沟壑与邻近的山丘相间隔，从山脊往下 60 英尺处的北坡有一座小丘，上有一个破坏较甚的土墩，可能是佛塔遗迹，很久以前曾经被人盗掘，遗留有一条通往中心的盗洞。其中一面的地基类似方形，长约33英尺。由盗洞断面可知，此土墩一部分用土坯建造，另一部分用未加工的石头建造。塔的现存高度比小山顶部的岩石还要高15英尺。

在遗址中没有发现任何有纪年的钱币或其他遗物，但从建筑结构和其他遗物上判断，可以确定这些寺庙延续使用的时间与明屋遗址相同，而且它们几乎同时遭受破坏。如果附近没有较大的农业居住区，那么这些寺庙建筑也就没有存在的必要性。

我们沿着山脚行走，看到所有的沟壑口部都生长着茂盛的草丛和灌木丛林。12月26日傍晚，我们到达了被雪覆盖着的七个星平原。第二天，我们又走了很长一段路才到达目的地库尔勒，沿途经过的地形特点非常有趣。在低矮的山脊和台地上，直到最东部山脚被霍拉山脉断开为止。这条道路通向高大的台地上有一座已被破坏的大烽燧遗址。遗址非常坚固，地基面积约32英尺见方，现存高度约19英尺，用质量较好的土坯建成。建筑的土坯的风化程度足以证明它的年代很古老，但首先引起我注意的是那一层层置于土坯之间的芦苇，以及芦苇层之间清晰可见的大裂纹。建筑内部的墙壁每隔一层土坯之间就置一层芦苇，然而从一段可辨别的土坯外包墙上可明显看出，外墙每隔三层土坯才置一层芦苇。包墙厚约4英尺。这种外建包墙的建筑形式在敦煌的土坯建筑的烽燧中很常见。

遗址在位置、整体面貌和大量使用芦苇层等方面体现出的重要特点，使我立刻回想起赫定博士在1896年前往终点哈密的旅行途中发现的一组巨型烽燧遗址。他发现了由库尔勒至营盘的一条古代通道，烽燧均分布在此道上的库鲁克河至楼兰的支流的干涸河床上。他认为这些烽燧的时代可以追溯到古代中国首次开通由敦煌至楼兰，然后再向北行到达塔里木绿洲盆地的古代通道的时间。1915年我从库鲁克到库尔勒的旅行中，对这些烽燧做了尽可能仔细的调查，证实这一观点是完全正确的。由此可以得出以下结论：这些沿途修建的烽燧主要是用来观察和发送信号，用以连接楼兰和汉武帝建立的散布在天山南麓各绿洲地区的行政驿站和军屯基地。

《汉书》记载，对这条巨大的军事和商贸通道安全的主要威胁来自匈奴——尽管它不是唯一的。通过焉耆敞开的山谷，可以很容易到达北部裕勒都斯和其他大牧场，所以这里一直是东西南北出入和交通的主要门户。中国古代将领们在北部边远地区几个世纪的征战所获得的经验证明，防御突然袭击或入侵的最佳办法就是沿路修建烽燧，它能够及时发送警报，随时做好充分的防守准备。库尔勒及其附近相邻地区位于易受袭击威胁的交通道路上，所以有必要采取措施很好地保护自己。由东北一直延伸至焉耆山谷的一排烽燧，我们可以得到很好的启示。

以前沿霍拉山脚修建的这些烽燧的初衷，我认为也是为了防御需要。但无法弄清楚库尔勒外面的通道上从何时开始修建烽燧。值得注意的是，我在刚才描述的烽燧的外部看到了扩建的围墙，而且在营盘和库尔勒之间的烽燧上偶尔也可以看到如此的情形。然而，位于明屋西南部的烽燧则未经扩建，其底部面积约24英尺见方。此外，在敦煌的驿站上的烽燧也是未经扩建的。还有，每隔三层土坯间就置一层芦苇的建造方法，在上述地区也很普遍。因此，我认为这些烽燧的扩建部分很可能也是在汉代前期出现。我在1915年的调查表明，扩建目的与其说是修复或加固烽燧，不如说是为了加高烽燧高度，以便更好更远地观察到其他烽燧的信号。在此，我必须记录下我的遗憾。因为1907年底和1915年4月，我在库尔勒的停留时间过于仓促，未能腾出时间对明屋西南部与库尔勒东南部最北已调查过的烽燧之间应有的一些烽燧进行系统的调查。上述两个地区之间的距离27英里，这里的地形特征表明库鲁克塔格最西部山脉控制着平原的两端，其间建造两三座烽燧足能保证两地之间信号的发送和正常的联络。

通往库尔勒的通道上的遗物和地形特征我甚感兴趣。离开这些烽燧走约1英里后，那些低矮、风化的山脊就被我们甩在了后面。再穿过5英里的砾石缓坡，便到达博斯腾湖上游河流的河床。这条河发源于结了一层薄冰的湖泊，经最西部的库鲁克塔格山口和又高又陡的霍拉北部山脉，向下蜿蜒流淌，最终到达一个逐渐变窄的隘口。这里不仅水量大，而且河水清澈见底。连接焉耆与塔里木盆地绿洲平原的通道即由此通过，从古代起它就被视为重要的军事基地。其道路入口处有巴西阿音泥要塞，是阿古柏在库尔勒为防御等待来自哈密和吐鲁番的清军的攻击期间修建的。河流旁的隘口由此地绵延至硕尔托开附近的最后一个十字形山口，全长约7英里，由此首先可以看到广阔的平原。河流在两边突起的低矮的岩石之间弯曲流淌，道路距离河流很近，右岸上的山口不容易看到。同古代一样，现在这里马车依然能够通行。在其他地方，道路随山脉陡缓的走势而变得高低不平，河流的山口变得完全无法穿行。在喀拉卡附近的隘口最窄，但风景如画。河流的左岸有一小片种植区，有一个经常被朝觐者称为阿勒帕塔克麻扎的地方。隘口的道路上立有一道木门，还有岗楼，其功能相当于一座烽燧，至今仍然如此。

这里简述的隘口无疑与"铁门关"有直接联系，因为《唐书》中记载铁门关距焉耆西部有50里的路程，一直是很适宜防守和埋伏的地方，公元345年，中国军队从焉耆到尉梨或库尔勒以下的地区的活动中，非常贴切地将它命名为Chin shu（遮留）。我们还发现将这个山谷称为"遮留谷"的记录，该名称的汉语意思可解释为"拦截"，据说有一位汉人将领因为听说了这个名称，所以没有落入库车首领为他设下的陷阱中。

第五章

前往库车和克里雅河流域

第一节　库尔勒及其古遗址

库尔勒位于塔里木盆地的东北角，是片生气勃勃的绿洲地带。12月末，我在此只停留了短短的几天，就充分领略到了该地区所特有的地理环境优势。因为它恰好在由博斯腾湖供水的大河流的出口处，所以灌溉水源十分充足，不仅仅是充足，而且还有一定的规律性。这主要归功于博斯腾湖充当了一个天然大水库，每当春季和夏季天山山脉的冰雪融化，山洪暴发时，博斯腾湖就能储存大量的水，并由此逐渐向下流。这就确保了库尔勒上端的孔雀河一年四季都能保持相当大的水量，而且远远超过当地灌溉实际种植区所需的水量。这种储存水的方式在新疆其他地区的水利系统中还未曾发现。据估计，1907年库尔勒有1 700户居民，似乎已很接近准确数据，这里的水量充沛，完全能够满足该地区六倍人口所需的水量，而且在孔雀河的南部有广阔土地，适宜耕种，因此若扩大耕地面积，是轻而易举的事。

这里地理条件特别好，而其居民数量相对较少，这两者之间极不相符的现象似乎很难解释。但也有理由解释这个问题，主要是由于它与蒙古游牧民族为邻。这些蒙古族隶属焉耆地区，所以至今仍影响着汉人对该地区的殖民统治，进而阻碍了库尔勒的整体发展。库尔勒南部和西南部有茂盛的灌木丛和大片的芦苇滩，所以蒙古族牧民们带着饲养的马等牲畜经常到此获取冬牧草。对当地和平相处的维吾尔族居民来说，这些蒙古人绝对不受欢迎。

在库尔勒这样一个水源充足的地区，发现许多古代遗迹的可能性不大。我在此巡访期间，曾经听说这里只残存三座"古城"，而且这三处遗址中都没有出土能够确定年代的遗物。其中最大的一处是乌孜干布拉克遗址，它有巨大的长方形围墙，位于一条破围墙西南角0.75英里处，该围墙是阿古柏围绕库尔勒城修建的。现已经证实，乌孜干布拉克遗址的防御土围墙大致呈正方形，南北长380码，东西宽约250码，土墙高出被水侵蚀的地面12~15英尺。在围墙西北角有一个高18~20英尺形制不明的夯土墩，围墙外部东南角及其近旁有一座圣墓，内有几座伊斯兰教徒的墓葬，这表明很久以前这里就存在本地的宗教信仰了。

央塔克沙尔是一个带围墙的小型城址，它的形制与乌孜干布拉克城相同。它在库尔勒镇南部的东南约1.5英里的田野中，有一条长约140码的方形围墙。在围墙的东南角仍可看到夯土墙的残迹，其他地方的土墙都已遭破坏，变成了土堆，甚至有一部分已被现代居民的住宅所覆盖。沙喀兰达是第三大城，位于库尔勒西南3.5英里处，也在种植区内，距一条小溪不远。环绕该城的圆形土围墙已遭严重破坏，周长约510英尺，地基宽30~40英尺，高出内部地平面12~15英尺。围墙中央有一个大土墩，其他地方为平地。该城西北面与一座常见的伊斯兰教徒的清真寺相接，从形制上判断该寺为古代遗迹。

能够再度抵达塔克拉玛干沙漠附近，我感到非常满意，因为这是我最爱的工作地。据库尔勒当地一些人讲，他们曾经在西南部沙漠中见到一座阔台克古城，而且其大部分已被沙漠掩埋。这自然就成为一个诱惑，促使我来探寻这座一再听说的古城，并试图验证。在明屋期间，我也曾从那些胆小的库尔勒民工口中听到过关于这座古城的故事，感觉它既模糊又很浪漫。塔合尔伯克从焉耆州被派来充当我们的地方总管，他对这座古城的描述，使我对它有了更加深入的了解。他说他有一个表兄叫木沙，尊称哈吉，是塔孜干村一位善良的农民，五年前他在孔雀河西部的沙漠中打猎时，曾见过这座古城遗址。接着发现者本人（木沙哈吉）在库尔勒出现，他将他看到的遗迹描述为一个小烽燧遗址，有一扇明显的大门。他提供的细节似乎是实情，并在很大程度上与我们以前听说的主要部分基本一致。木沙哈吉断言，他再也没能找到这座古城，因为当他发现古城遗址时，突然刮起沙漠风暴，阻止了他的详细观察，迫使他返回。但他愿意做我们的向导，他的描述非常详尽，似乎在提醒我们值得去，并有抵达这座古城遗址的可能。尤其是在音其开河附近的丛林中，还有一些拱拜孜遗址，即拱顶建筑遗址，库尔勒的几个人都说他们曾经到过这里。当赫定博士1896年从沙雅到库尔勒探险旅行期间，他们还曾告诉过他。

木沙哈吉说，在恰尔恰克河和音其开河的河床之间的南部沙漠地带，他曾见到过那座古城遗址。因此，我就对这完全没有被调查过的地带进行了短期考察，结果发现了吉格代萨拉湖是因音其开河水流淌而刚刚形成的，湖面结了一层薄冰，它在地理上确实起到了指导性的作用。它以一种典型的形式表现了该地区的地表特征，随河道的变迁而不断发生变化，以及随着当地干旱的气候变化，沙漠带也不断扩大，导致人们通过与流沙斗争来开辟新的种植区。在沙漠中寻找了几天后，木沙哈吉承认他无法再找到那座他坚信自己曾亲眼见过并到过的古城。幸运的是我从旅行一开始，就派来自库尔勒的头脑冷静的达罗尕斯陪伴着木沙哈吉，鉴于他们仔细的寻找和他们对当地地形特征的敏感性，他们在一个被成群的沙丘包围的光秃秃的平地上，发现了一个带围墙的小遗址，它周围的沙丘一般高8~10英尺，而且到处都能看到被风沙刮倒的干枯的胡杨树和红柳树干。

圆形土围墙，周长约180码，地基厚度约30英尺，向上逐渐变窄，现高出地表约12英尺。在曾经似乎是门的旁边，我们发现了几块工艺较粗且坚硬的陶片。除此以外，我们在地表上没有发现任何其他建筑遗迹。我仍然还记得，那里也没有任何被风蚀过的迹象，因此在地表上才能够展现出这样的建筑遗迹。这个带围墙的遗迹一定是用作安全地带或是瞭望塔，它的大小和形制让我们回想起了买尔代克梯木遗迹，在此我们没有发现任何有助于断定其年代的遗物。因河水变化的复发期促使地面潮湿，所以古代垃圾和类似的遗物就无法得以保存，或者说几乎没有保存的可能。木沙哈吉大胆地否认这座残破的围墙就是他见过的古城遗址，但他也无法再找到其他遗迹来向我们证明。由此再向北走了2.5英里，便到达一条干枯的河床带，两岸有成排枯死的胡杨树。穿过此地，再行1.5英里，在距现代生机勃勃的胡杨林带不远处，我们发现了一个小拱拜孜遗址。遗址面积约8平方码，用泥土坯修建，很明显是一座伊斯兰教徒的墓葬，而且其年代也不会太久远。此外，在通过位于库尔勒西部的主干道时，我发现阳霞县和其他小绿洲地区的牧民们经常沿音其开和恰尔恰克河岸放牧。

从下一个宿营地木克塔尔乔勒，我们逐步向位于恰尔恰克河床的胡杨林带北部的沙漠地带挺进，进行了一系列的考古勘察活动，主要是为了探寻一座同样确信存在的古城遗址。这是后来加入我们队伍的两个库尔勒猎人说的，并确信七年前他们曾经在这个方向看到过这座古城。我们在此遇到了两条古老的河床，上面成排分布着大量的胡杨树和柳树，大部分早已枯死。远处便是一片光秃秃的平地，这里的流沙只形成了一些小沙丘，所以视野很开阔，可以一眼望到远处的山脚。最后，我得出结论：即便是那些叙述详尽的遗址，也没有任何事实依据，它们不过是在胡杨林之间残存的用粗木修建的小屋，是牧民们的旧居址。在木克塔尔乔勒北部10英里处，除采集到几块粗陶器残片和一些炉渣外，我们还发现这里的地表已遭沙漠逐渐侵蚀。从此地发现的遗物分析，我们认为该遗址的年代不算太久远。同时，我还目睹了来自库尔楚——一片位于主干道上的小绿洲——的人们，至今仍到此地来寻找燃料。仔细观察这里的地理环境，使我坚信历史时期在此范围内没有人长期居住过。

如何剖析我那些所谓的向导们的心理和行为，仍然使我疑惑不解。他们每个人都发誓，他们确实见过那座古城遗址，而且还都表现得非常真切。甚至当城址的实际位置发生了变化，他们各自也还能大胆地坚持自己的认识，丝毫不受影响。由于此行前，他们未曾提出要求对向导付酬，或我们也未曾答应要付酬，所以此行就没有任何明显的强迫之意。最后，我经过仔细琢磨，还是从当地人的迷信的传说中获得了确切的线索，揭开了这个疑团。据了解，库尔勒和其他地方的人都相信在大沙漠的边缘经常会闹鬼的传说，具体位置在被沙漠掩埋的一座"老城"附近，主要是因为城内埋藏了许多奇珍异宝。这个传说使他们坚信，古迹是由鬼神保护的，并且他们还能阻止第一次见过古迹的人们再度找到它们。所以木沙哈吉和他的"探宝"同伴们想尝试他们的运气，在沙漠中的不同地区，寻找当地不同时代的城址（阔台克古城）。他们要求当向导自然就表明了他们的意图，而且他们还寄希望于我的威拉亚提魔术，能够降服藏在带围墙的古城内的恶魔们。恐怕只有他们那些富有想象力的眼睛曾见过这些恶魔一眼，他们经常是在沙漠风暴之前或之后才出现。我的确没能给他们提供找到埋藏在古城内珍宝的机会，对他们而言，试图发现那些宝藏的确只会给他们带来更大的失望。这表明上述传说是古老传奇的一种延续，正如玄奘在和田西部媲摩听说的一样，他还用当地的方式记录了关于沙漠中掩埋的曷劳落迦城古城的传说。

第二节　从音其开河到库车

一个聪明的库尔勒人竭力替我找了一位牧民向导，他声称知道前面提到的位于音其开河附近的拱拜孜遗址的确切位置。为此，我于1月9日出发，再度穿过恰尔恰克河床南面的沙丘地带，次日便抵达了拱拜孜遗址。该遗址位于音其开河流北部约2英里处的沙丘之间，地表残留许多枯死的树木。不久我们便更加清楚，该遗址是伊斯兰教徒的墓地，与一年前我在车尔臣河附近调查过的墓葬很相似。其中最显著的遗址就是那座类似大厅的建筑，其面积19平方英尺（图118），门向南，用土坯建造而成。在此建筑的前面，大约19英尺处，残存一段矮墙，可能是该建筑围墙的残迹，现在已被毁。与之相邻的是一个小型拱顶建筑遗址，内部面积7平方英尺，面向南。该建筑与围墙之间有一条高4英尺的小拱形

图118　音其开河附近的拱顶伊斯兰教墓地围栏

走廊通道。清理大厅和走廊，我们只获得了透雕装饰的壁画残片，属粘贴物类，可能就是固定在墙壁上的。

从这些墓葬几何形制判断，它们都属于伊斯兰教徒的墓地。后来，我们在东南面160码的地方，即在一片古老胡杨树林带，清理的一个小遗址证实我们的判断是正确的。我们在一个残破的窄院墙之间，发现了一个矮平台，长约3.5英尺，很明显是一座穆斯林教徒的墓葬。在其旁边我们发现了一个马蹄（Takhtī，维吾尔语，意为马蹄）形木牌，约长18英寸，上面仍残留着阿拉伯文字。在该墓葬以西约300码处，我们还发现了一个几乎被完全破坏的小型麻扎。麻扎周围由墓葬包围，而且墓内的尸体一半都暴露在外，这显然是以伊斯兰教的传统习惯方式埋葬的，从而可以确定整个遗址是伊斯兰教徒的墓地，但不是现代的。因为在该遗址内看到的枯死的胡杨树和裂开的树干，都与丹丹乌里克和喀拉墩遗址暴露在外的枯萎和裂缝树木一样。焉耆县的一位牧民说，他曾在沙漠的更西端见过一两处类似的拱拜孜遗址，尽管我对他描述的遗址的特征没有任何疑问，但因他无法详细描述遗址的确切位置，我最终还是放弃了寻找的念头。

1月12日，我由此向音其开河上端走，抵达穷托开一个牧民的小木屋之后，我就与拉尔·辛格分别了。当他沿着以前未曾绘图的水路直接前往沙雅时，我自己则试图穿越西北部未曾调查过的宽阔的沙漠带，经过两段艰难的旅程，行程约60英里，我便抵达了轮台绿洲的北部商道。我们穿越沙漠的沿途中，没有发现任何遗迹。沿途经过的地区主要包括迁移的流沙带和恰尔恰克河床沿岸的胡杨林带的南面，以及与科克乔勒北部毗邻的一块广阔的牧场和沼泽地带，轮台河就在此断流。

在此，我要附带对南部的地形情况谈点看法，就是我们沿音其开或沙雅河进行地面调查时到达的地区。这一区域包括音其开河从沙雅下端至孔雀河附近的塔里木河段之间的河床地带，我认为这一区域正好与《汉书》中重复提到的与古代中国早期军屯基地有关的渠犁的领土完全一致，而且这一点毫无疑问。从有关渠犁领土的详细记载中可知，渠犁东北部与尉梨相邻，东南与且末毗邻，南部则为精绝国。关于渠犁国的一般资源也有了详尽的记载，提到渠犁国共计有130户人家，即1 480口人，并有150人的军队，另外与渠犁相连的一条河一直向西流至库车[1]，其间的距离约580里。看一眼地图即可明白，《汉书》中记载的有关尉梨（喀拉库木、铁干里克）、且末、精绝（尼雅遗址）和库车的地理位置，与上述河床地带所占据的区域完全吻合。

拉尔·辛格调查的沿音其开河和塔里木河流分布的种植区，不仅小而且散布广。这与1915年在塔里木河流南部相应的地带进行调查时，发现的种植区的情况完全相同。然而，无论是以前面已提到的长期性还是间歇性方式在此进行耕种，可能都要直接受到地面条件的限制。因为这地方必然面临以下困难，诸如河道的变迁，意想不到的洪水泛滥以及水位异常低等。由此我们可以想象，古代中国最初向塔里木盆地扩展，并在渠犁建立军事屯垦区来进行治理所付出的代价了。

在对大宛或费尔干那（公元前101年）成功讨伐后，据说有数百名汉族军人在轮台和渠犁安营扎寨。人们很久以前就认识到，并确定轮台即那个相对较大的布古尔（今轮台——译者）绿洲。《汉书》对渠犁的记载，提到它是建立的第一个军事屯垦区。公元前

1　这一点与怀利翻译的那一段的意思一样，"渠犁的西部边界为一条河流，大约行580里即可抵达库车"。木扎特河经过库车、沙雅，非常清楚了再向下就被称为音其开河。

90年，又上奏给汉武帝，要求重建屯垦区于此，还要求官方发布答复令。由此看来，在渠犁建立屯垦区的成功是短暂的。然而，偶然的一次机会，我们从有关资料中获悉"奏文"中要求，在这种地表上务农可能会遇到的困难，如需要通过开挖水渠和改变河道来改善这里的本身肥沃的土地，并且还要安置一些本地居民。这些居民同罗布泊现代居民一样，过着半游牧的生活。寄予的希望是"他们除了从事饲养牛的老本行，还愿意开垦土地务农"。

在奏文中提出的重新在轮台、渠犁及其东部的捷枝的区域内建立军事屯垦区的要求，当时没有得到肯定的答复。但在公元前68年，汉族将领郑吉在渠犁屯汉族军人1 500名，而且他在后来的几年中把此地作为他的根据地，成功地发动了一系列打击车师或吐鲁番的军事行动，并完全征服了这些地区。与此同时，郑吉还向西北部扩张，控制了匈奴部落。正如《汉书》中记载的，在取得这些成绩的同时，郑吉于公元前60年又在此设立了第一个都护府。后来在西域其他地区也都建立了相应的中央帝国的主要政治中心区，如在渠犁北部的乌垒、焉耆县或策大雅等地。我们推断，他选择这些地区是因为它们距渠犁较近，换言之，距郑吉远征抵达的最初的根据地不远的缘故。

纵观前面已解释的代表古代渠犁的河床地区，以及这里有不能永久居住的地理上的劣势，我们一时很难解释清楚，在早期政治活动中，中央帝国为何将渠犁作为垦殖的治理中心？恐怕更不会意识到渠犁还有哪些方面的重要性。事实上，这一举措完全是从渠犁在地理位置上的优势考虑，因为不仅它占据着楼兰通往中国内地的交通要道，即古代北道，而且从地图上，很容易就能看出渠犁这个"小美索不达米亚"正好位于连接楼兰和库车以及西部的其他绿洲地区的直线通道上，又是由现代的罗布泊或鄯善地区到达库车的最近的一条通道，是必经之路。它又是目前最常用的一条商贸之路。最能引起人们关注的必然是上述因素，因为我们知道郑吉还承担着保护鄯善向西的南道畅通的任务。最后，还应该注意到与以前楼兰充当的角色相比，渠犁充当了一个更加便利的政治基地，它还方便了对焉耆以及吐鲁番地区的操纵。楼兰则位于距塔里木盆地一些小国较远的地方，然而中央帝国却需要依靠这些小国的帮助，同时还有光秃秃的库鲁克塔格山将吐鲁番与楼兰隔开，在供需运输方面都是一道无法克服的自然屏障。此外，选择渠犁作为军事基地的又一重要原因是这里本地人口较少，而且有广阔的可供军垦的肥沃土地。

　　河床的变迁和河道的改变也许都是不利的自然地理因素，对灌溉或修渠而言，也都是非常难以克服的困难，即便是今日也是如此。我们完全可以肯定，甚至确信，就是由于这些原因，从公元前60年选择乌垒作都护府所在地了，以及后来渠犁从汉文文献中完全消失了。也就是在《后汉书·西域传》和《魏略》中再没有谈到渠犁这个地方，或者渠犁以其他名称出现。由此可见渠犁在中国历史上的重要作用是短暂的。正是因为这一点，以及河流经常变迁造成的不可避免的破坏，才使这里没有保存下来任何遗迹或遗物，这也就不足为奇了。

第三节　穿过塔克拉玛干抵达喀拉墩

我于 1 月 17 日抵达库车，在此停留的时间不仅短而且还很繁忙。就是在此地，我最后决定了横穿沙漠盆地抵达塔克拉玛干沙漠南缘的旅行计划，并做好了一切准备。在抵达库尔勒之前，我听说有一封来信，是拉伊·拉姆·辛格通过若羌抵达和田后写的。信的内容是关于那次徒步旅行调查的结果，该调查是我上个春季指导并安排的，由和田的几位寻宝的老向导们实施，结果他们在于田及和田下端的沙漠地带发现了几处未经调查过的遗迹。一封来自老朋友和家务总管巴德鲁丁汗的信，此人是在和田的印度和阿富汗商人中最年长的一位阿克萨喀拉（Aksakāl，维吾尔语，意为老人——译者）。这封信是刚到库车的一个商人给我带来的，从而更加确证了上面我听说的消息。信上主要谈及在这些遗迹的部分地区发现了大量老房子，也就是建筑遗址，还提供了这些房址的确切位置等详细情况，最后他确信这些会使我尽可能用更多的时间对这些遗址进行勘察，以免春季天气变热和沙漠风暴来临后，妨碍在此实施调查。

的确出于这种考虑，我被迫尽早向南走。同时也因报告在克里雅河流下游附近发现一处喀拉墩遗址，1901 年自我访问之后，那里又有了更多的发现。因此，我决定直接从库车南下，前往流入沙漠而断流的克里雅河流的终端，走此"近道"以便节省时间。我明白要从此处穿越沙漠非常艰难，同时也相当危险。通往和田河干河床的商道为我这次运输提供了方便，当然也得到了蒋师爷的关照。

这里我要简要解释，在库车停留的一个星期内，我为何没通过各种手段增加一些延期的劳力。如吸收那些曾经在这个既大又重要的绿洲地区的许多古代遗址中工作过的人，也就是指在过去五年中，为日本、俄国、德国和法国考古探险队效力的人们。主要原因是我竭力安排时间，使自己能够调查所有距库车只有一天路程的重要遗址，如位于库木土拉、克孜尔尕哈和克日斯等地的有趣的寺庙洞窟，以及杜勒都尔阿库尔和苏巴什（图119）的大寺庙遗址。后两个遗址，在伯希和教授的率领下，法国探险队进行了全面系统的认真清理，其结果令他们十分满意。可能是通过一种完全不同的途径和手段，他们还从当地的阿富汗商人手里收集了一批有价值的文书，那都是1890年起库车出土的大量重要的古代文书资料，其中包括著名的鲍尔文书。现在这些文书主要都收藏在霍恩雷博士创建的英国收藏馆内。

库车在各个时期都是塔里木盆地中最重要的地区（国家）之一。同时它也是和田地区重要的领地，不仅是因为它所处的地理位置特殊，还因为它在佛教艺术和文明等方面所起到的重要作用。因此，非常幸运的是，西尔文·烈维教授在其权威的论文中，证明以前曾解释为吐火罗 B 种的奇特的印度—欧洲语言与库车当地曾经一度使用的语言是一致的。同时，他还对《史记》和其他文献材料中记载的有关库车的所有历史资料进行了清晰和广泛的分析。这使我更加明确，应保留哪些观察到的有关库车历史地形方面的资料，以及哪些特殊地理条件决定了这一广阔和繁荣的绿洲区在

图 119　库车城北部苏巴什遗址佛塔

古代的重要性，并将它们都收录在我的第三次旅行的报告中。那样，我才能花几个星期的时间，对实际种植区和曾是其组成部分的区域进行仔细调查，诸如沙漠以东、南和西部地区。并且还证实，在这些长满灌木的沙漠地带发现的无数散布各处的古代遗迹的消息的确属实。这里与塔克拉玛干南部的古代绿洲地区的情况相同，干旱问题本身早已引起考古研究者们的极大重视。

1月25日，我离开库车镇，次日抵达南部最远的居民区沙雅，此地现在是一个独立地区的政府驻地。在此我停留了一天，主要为我的大部队做好最后的准备，如解决他们一个半月的给养等问题。1月30日，我们向南行进，渡过结冰的塔里木河后，就将那最后一间牧民的小木屋甩出很远。经验证明，试图翻越长达180英里的高土墩地带，显然是一次艰险的旅行。

在阿其克河，我们通过了偶尔从塔里木河流获取水源的最后的干河床遗迹，随后我们又翻越了西东向较高的沙石山脊或达坂，距我们的317营地直线距离只有约28英里。这些达坂恰好都与塔里木河道大致平行分布，这一点明确说明这些地表上的流沙系统主要受到与其分界的大河床的影响而形成。我们在不同地方路过的那一片片光秃秃的泥土地带中，没有获得任何石器时代或其他时期的遗物。那么，也就无法证明这地方史前是否与今天的一样，被猎人和牧民们的临时小居址所占据。

从317营地向南行，我们注意到了一个明显的地形变化，形成的沙石山大多相连，而且都比较高，与独立的沙丘有明显的区别。达坂距我们的道路很远，它们高度估计一般都在安全线之内，但在某些地方高度可达150英尺，或更高，绵延几英里，而且现在北部的东北至南部的西南地区达坂都是光秃秃的，没有任何变化。从总图中便可一目了然，克里雅河下游河道蜿蜒曲折的变化，恰好由大沙漠盆地中崎岖的坡地的外形（等高线）所决定。而且达坂的方向是绝对正确的标迹，它能够证明克里雅河曾经流达这里；我们无论是在干枯的河床上，还是在仍然有水的河床上都发现了流沙堆积形成的达坂，而且它们基本上都是与河流平行存在，这种现象我们随处都可观察到，不仅是在塔克拉玛干沙漠腹地，还包括罗布泊地区。

在距317营地以南直线距离13英里处，每隔一段距离我们就能看到成片生长的胡杨林，其结构非常显著。各处的树木都是成行排列，方向基本上是由东北向西南，或由南向北。在塔里木盆地中，河边丛林带的野白杨和其他种类的树一般也都是靠近河岸，或以与河床平行的方式分布，这的确是事实。这里需要补充说明一下，我从318营地向南走的三段路程中，每间隔一段距离也观察到了同样的现象，即有成排的胡杨树出现，但量相对较少，其中有些还活着，但大多数都已枯萎。在这个停留点，我们仍可以在浅洼地挖井取水，但在我们接着抵达的下两个营地就不可能了。在我们到达320营地之前，也就是在距320营地几英里的一个地点，我们首次发现了一条古代河床的痕迹，走向由南向北，河床很窄且很陡，一部分已被沙丘覆盖，这无疑是由水流冲积形成。

　　第二天，即2月6日傍晚，确定了我们所处的方位后，我们抵达了一座高约300英尺的大达坂。攀登达坂时，我们突然发现面前是一片干枯的树林带，无疑标明是干枯的克里雅河流老三角洲的最北端。在321营地，在多年以前已枯竭的河流侵蚀的洼地上，我们打了一口井，解决了饮水问题。正如我们所期盼的那样，我们已准确地到达了被很高的沙丘覆盖的古代三角洲的终端，即克里雅河的断流处。从这里我们开始了穿越沙漠的最艰难的一段里程。为了寻找水源和向导，我们在这最靠不住的干枯的三角洲经历了各种艰难困苦，这些均可参考我自传中的详细记述。这里我还要附带说明，我们又走了六段里程后，才找到了那条已干枯的河流，河面已结了一层薄冰，同四年前证实的一样，这条河流已经改道。与1896年赫定博士发现时的情景比较，现它已向西迁移了相当一段距离。

　　在323营地，我们进入了严禁入内的干枯的三角洲，走到直线距离约25英里的地方，我们第一次发现了人类留下的痕迹。主要是从小型破院墙式的建筑中推测出来的，这种建筑与我们通往楼兰遗址的途中看到相当数量的建筑很相似，它们都是在古代河床被侵蚀的地面上发现的，是源于前期新石器时代的遗迹。向南再行9英里多，在同一条古代河床上，我们发现了一块烧焦的木头，以及早期人类造访过的痕迹。我们又走了约24英里后才扎营。在此处我们发现了过去曾有人短期居住过的证据，那是一间毁坏较严重的牧民的小木屋。登上这真正意义上的干河床，大约又行走了两段路程，我们穿过了光秃秃的沙丘地带和枯死的胡杨林带，进入了一个充满生机的河边种植区。最后我们发现到达了尧干库木附近的牧场。1901年我在此地时，就已辨认出该地是克里雅河三角洲的最上端。沿途已经过了喀拉墩遗址约4英里，我们却没有意识到。

1901年我勘察的一座烽燧遗址，使我曾有机会探讨古代可能有一条由克里雅河终端至塔里木河，然后抵达库车的常用的道路。我从实践中获得的经验，以及穿越沙漠时简单记录的调查结果，促使我作出这样的推断。我仍然相信，通过在一条线上修建许多井和烽燧来开辟道路，与我们经过的这条道大致相似，而且在特别容易迷失方向的道路旁竖立标记也很实际。根据戈厄纳先生1893年的报告，大家都相信，这条通道实际上是于田很能干的阿木班策划。如果观察塔里木河流最南端的干河床地带，以及通古孜巴斯特牧场以下一两段路程的地方，我们会发现这两个地区之间几乎是大片寸草不生的荒芜区域，再考虑其间的距离之长，我认为这条通道现代不会成为一条常用的商道。

克里雅河的终端从那时起就因过度干旱而开始萎缩，所以到了汉代，甚至到了唐代，这里各方面的条件可能已逐渐好转，但找不到直接的历史和考古方面的证据来证实这一点。正如前面已经谈到的，这里的地形特征表明克里雅河曾经抵达或接近塔里木河流，但我通过各种途径都无法确定克里雅河变化的大体年代。米尔扎·海达尔认为克里雅河是所有注入沙漠东部大湖的河流之一，尽管他的断言不是直接或间接来自调查实践，但代表着普遍和流行的看法，主要原因可能是新疆的水文学通常含糊不清。

对当地地形情况的了解使我坚信这条穿越沙漠的捷径，从很久以前，特别是在紧急情况下，偶尔会使用。事实上，那些现已到过克里雅河终端的猎人和牧民们普遍确信这是一条"盗贼之路"。就是因为这种诱惑，促使那信心十足的寻宝向导吐尔迪前来给我帮忙。大约在1903年，他与和田人伯克为了逃避当地自治政府的干涉，也尝试从克里雅河终端穿过沙漠到达沙雅，那次冒险探宝旅行的结局非常糟糕，无论是对伯克还是对诚实的吐尔迪。这些不可靠的"寻宝人"或者是由强盗和其他人员构成的探险队，他们必然要避开那条主干道，走此捷径穿越塔克拉玛干沙漠。那么，这条捷径对他们自然就很有诱惑力了。就是在这个意义上，我相信，我们有必要将古老的突厥寓言中流行的传说，或达特克拉翻译出来。这个传说主要虚构了一群来自塔里木河流域的穆斯林武士，通过克里雅河通道，向于田周围的异教徒发动了一次突然袭击的故事。

1901年底，在那条河流旁边，我再度调查完现已被完全遗弃的通古孜巴斯特遗址后，就从沿途遇到的牧民中挑选向导，又添了一些劳力，然后再度向喀拉墩遗址走。自1901年我考察此遗址后，就有报道说在沙丘堆中又发现了不少遗址，这次我目睹了这些遗址，只是觉得数量和范围相对还是比较小。其中那个四边形的大遗址发生的变化较小（图120），该遗址中一些没有被高沙丘

图120 喀拉墩遗址废弃的四方院落，自西南角附近望

完全覆盖的部分，那时就被清理过。其他地方，如南部及东南部地表空旷，而且沙丘较矮的地方发生的变化较大，这里不仅遗址的面积已相对扩大，而且还发现了以前未曾注意到的暴露在外的居住遗址。如图121所示，在可以看到这些遗址的区域内，遗址是由南至北分布的，南北距离近1英里，宽0.33英里。此外，还能看到大片被侵蚀的空地，地表残留许多破土块。在由此向南延伸0.5英里的区域内，一直都能找到散布各处的这类遗物。此行最有趣的发现是我返回了原遗址时，在沙丘堆中找到了两条灌溉水

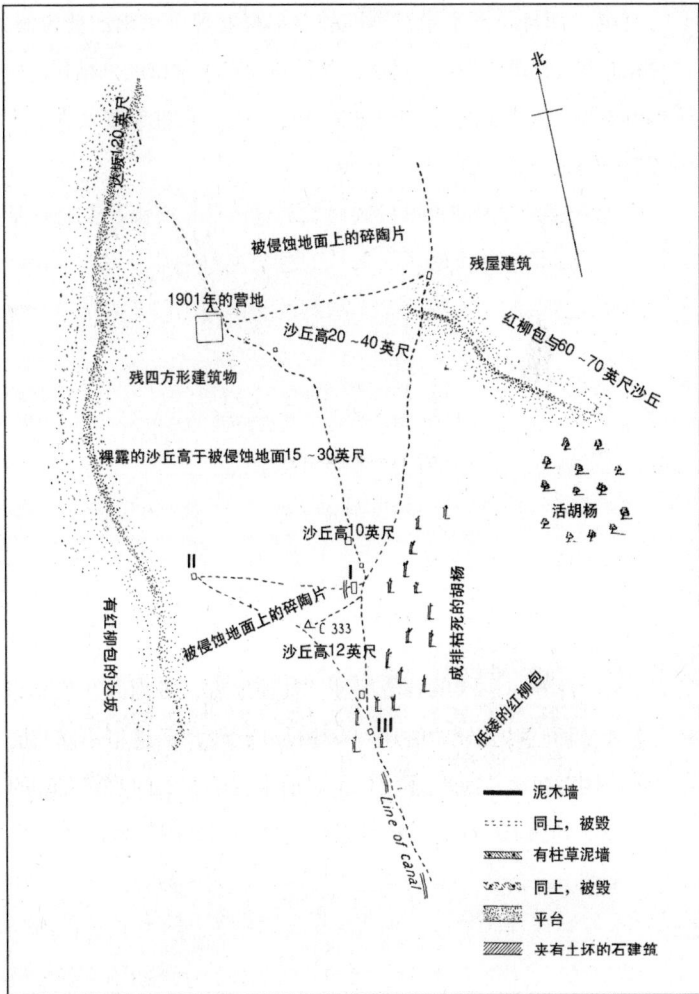

北

达坂高20英尺

被侵蚀地面上的碎陶片

残屋建筑

1901年的营地

沙丘高20～40英尺

红柳包与60～70英尺沙丘

残四方形建筑物

裸露的沙丘高于被侵蚀地面15～30英尺

活胡杨

沙丘高10英尺

II

有红柳包的达坂

被侵蚀地面上的碎陶片

C 333

沙丘高12英尺

成排枯死的胡杨

III

低矮的红柳包

Line of canal

泥木墙

同上，被毁

有柱草泥墙

同上，被毁

平台

夹有土坯的石建筑

图 121　喀拉墩房址平面图

渠的痕迹，而且每条水渠在不同的点都有发现，由南向北流淌，它的底部宽度约1.5英尺。此外，我们还发现了种植的已枯死的白杨和果树林。将上述水渠和树林遗迹相结合，就能够证实在这个堡垒遗址附近一定存在一个农耕区。

遗迹中最大的 Ka.I（图120、122）遗址是一间面积最合理的房子。房子的墙壁用泥和木头修筑，这与尼雅遗址中发现的那些房屋的建筑方式完全相同，甚至房间的整体布局以及内部设计也

图122 喀拉墩遗址居址 Ka.I，发掘前，自东北望

图 123　喀拉墩遗址居址 Ka.I 发掘出土的古代陶罐、木锁、屏风

都与尼雅遗址很接近。然而，这里所使用的木料基本上是野白杨，这与楼兰居住遗址中使用的材料大体相同。我们对位于主要部位的一间房屋进行了清理，其内部填满了6~8英尺厚的沙子。由于遗址距一座高约12英尺的沙丘较近，大房间东面的一些房址就没有发掘，主要是因为人手太少，我们合计只有十二三个人。同样，对房址外面高高的垃圾堆也都没有清理，或许其中还残存有考古价值的遗物。最后，我们将遗址中获得的遗物都在文后的遗物表进行了描述。其中可能提到了木头锁和钥匙、类似剑的铁工具、几只双耳陶罐(图123)，以及不同种类的结实的毛织物残片等，

这些均与尼雅和楼兰遗址出土的同类遗物非常相似。图123中的一块透雕木版画也是如此。一块方形木板，也是尼雅遗址出土的木器中常见的形制，但上面的文字已不存。

在Ka.II遗址，我们发现了主要用泥和木头建筑的一间房址，因风蚀被严重破坏，后来又被生长的胡杨树覆盖。现在这些胡杨树都已枯死，并在沙漠中形成了高约7英尺的锥状物。清理这间房址，没有发现任何遗物。第三间居住遗址Ka.III（图124）也被掩埋在仍然活着的锥状胡杨树丛中，墙壁也是由木头和成捆的芦苇和杂草垂直固定。除一件大陶罐外，这里出土的唯一一件遗物是一张素面木板床，长7.5英尺，宽4.5英尺。此外，还有四个小型居住遗址，这些房址要么是完全遭风蚀破坏，只残留地基部分，要么是被很高的沙丘掩埋，因人手有限，无法对它们进行发掘。

虽然新调查的遗址和发现的遗物都比较少，却给我们提供了确切的证据，证明在沙漠深处一定存在过一个小型农耕居住区遗址，而且小的烽燧遗址也不止一个，正如我以前所推测的那样。关于该遗址可能存在的年代，我认为不仅要考虑其特征，还要结合新调查的结果，这样才能使我们对它有一个更加清楚的认识。从居住遗址的建筑方式和出土的日常生活用具的形制上的相同，我们完全可以断定该遗址的年代大致可以归到尼雅和楼兰遗址被遗弃的时期，即相当于公元3—4世纪。这与我们在Ka.I附近发现的两枚钱币的年代相吻合。两枚钱币均为五铢钱，系公元2—3世纪的遗物。我第一次在此勘察时，发现的钱币共14枚，基本上都

图 124　喀拉墩遗址埋入红柳堆的居址 Ka.III

是五铢钱，还有少量没有铭文的其他钱币。1901年，我在四边形
遗址内发现了几张小纸片，确定它们的年代不再成问题，是因为
在楼兰的发现证明，在塔里木盆地除用木头片写字外，还用纸张。
如果其他地方没有再发现更早的证据，那么就可以确定这种书写
方式是公元3世纪中期在塔里木盆地开始采用。但不知什么原因
促使人们放弃了该居住区。

第六章

和田东部和北部的古遗址

第一节　法哈特伯克亚依拉克遗址

我在喀拉墩考察的时候，拉尔·辛格去了北部和东北部的沙漠做先期调查。结果除了喀拉墩，没有发现其他的古代居址遗迹。我们也找了一些牧民和猎驼人，但也打听不到古代遗址的线索。所以1月22日离开喀拉墩后，我就沿河上行，尽快与我的"寻宝队"会合。我在离开库车之前就安排他们从和田出发进行调查，这里面也要感谢麦喀特尼爵士的热心帮助。这条路线我从1901年起就很熟悉，看来尧干库木以上的河道变化不是很大。这是因为河两岸的达坂很高，河道不容易改动。2月25日，我们终于穿过辽阔的沙漠，在库其卡乌格勒会合了，看到了老吐尔迪的侄儿肉孜率领的十几个面熟的塔克拉玛干人。

　　他们带来的消息很让人振奋，于是我决定直奔达玛沟绿洲以北的沙漠带。他们在那里成功地发现了废墟和佛寺。遗址数量很大但很分散，而且隐藏在高耸的沙梁和胡杨林带中。1906年我们在喀达里克考察时，在此处西南约10英里，却没有发现这些遗址。这些遗址周围的地形颇具隐蔽性，对于这一点我深有感触。那是1901年，我们离开克里雅河来到西弗勒河尽头的沼泽地。之后，又向西穿过沙生灌木林，去考察据说位于达玛沟河头的遗址。我们根据以前的测绘图走到341号营地，距遗址中心部分还不到2英里，可是经验丰富的向导，因为以前没有走过这个方向，怎么也找不到这些遗址。它们分散在连绵起伏的胡杨林迷宫里，找起来实在太难了。由于没有找到水源，我们不得不向西南方向走，到老达玛沟遗址时终于找到了它们的位置。

　　玛拉克阿拉干是我们从沙雅出发后到达的第一个永久居住地，在这里我找了一批人力。于是我于3月2日向法哈特伯克亚依拉克遗址出发。这个遗址，向导以前从东面来时没有找到。我们看到遗址面积很大，遗迹零星地分布着。这个区域位于两条旧河床之间，现在达玛沟河的水流，据说在山洪很大的年份曾冲击到这里。此后人们在喀拉吉尔下游开垦土地，将山洪的一部分水流引向东北方向，以灌溉阿其玛的耕地。那时有一条小水道，流量约6立方英尺/秒，把达玛沟亚多余的、玛拉克阿拉干耕地不用的泉水，引向遗址的南端。我离开这里的时候，水道已穿过胡杨树林覆盖的沙丘，流到1号废墟的附近。不过此时正是喀拉苏泉水旺盛的时节，据说过不久河水到玛拉克阿拉干以外约2英里的地方就干涸了。即使这短暂的剩余水流，也足以使水道两边的水草和树木繁茂地生长。水道继续延伸约1英里，绕到一座胡杨树林高山后面。山很醒目，因为山顶上有一个像是标杆的东西。这个山顶就是法哈特伯克依勒斯，我的343号营地就设在这里。周围的草地被称为法哈特伯克亚依拉克。过去有一个阿古柏时代的伯克来这里刮取周围遗址的硝石。

我一眼就看出，这些遗址都遭受了同样的厄运。上述采集活动以及更早时期老达玛沟附近和其他条件便利的村落的村民和伐木人的耕作采伐，给遗址带来了严重的破坏。房屋原先高出地面的部分，上面的沙层都不厚，没有明显厚于2英寸或3英寸的。不过另一方面，我高兴地看到，水分并没有给房址造成太大的破坏。虽然现在水源很近，但情况没有我所担心的那么严重。我们发现，几乎所有可见的房址都坐落在风蚀台地上，高出周围地面约15英尺。它们显然是古代房屋与寺院，与丹丹乌里克和喀达里克的房屋遗迹相似。但由于遗址独特的位置，给人的第一印象就是，它们的年代可能要更早一些。关于这一点还有其他的线索，我在后文中将会提到。

这些房屋的墙体很容易分辨出来，它们主要用土坯建成，不过建造技术没有明显的年代特征。木骨或横向的芦苇束，或竖向的胡杨枝，都捆在木柱上。除了这些方法，也可以看到只抹泥的草率的芦苇墙，以及用干硬的平整及半平整的土坯砌成的墙。房屋遗迹的数目远远不像巴德鲁丁汗的报告所说的那么多，这个发现多少有点让人感到沮丧，这种情况同样发生在以后的其他遗址。我想这其中的原因是，我的这位好朋友自己从来没去看过古代遗址，没弄明白他的"寻宝队"向他作的汇报，误以为他们说的奥依就是房屋。实际上，他们说的某地有多少奥依，指的不是房屋而是房间。

我们清理的第一处遗址 F.1 由几组房间构成。房间大多很小，它们构成了几个院落，中央的蓄水池仍然清晰可辨。它们的墙体，无论是木骨芦苇墙还是土坯墙都已坍塌，残高不到1英尺或2英尺。院落外面可以清楚地看到几排篱笆和一个果园，树木成排种植，颇为整齐。房内，还保存着抹泥的灶台和坐榻。在一个房间（编号 a）中，发现有一块保存较好的木简，长12英寸，宽4英寸。木简每面都带有五行梵文，写的是《波罗蜜多经》。在长方形小屋 b 内，发现了一些泥塑贴花碎片。据此我们可以推测是一个家庭佛龛的残迹。青铜面饰物的碎片在废墟中也有发现。遗址其他区域发现了一些个人用品和家什，除玩具弓箭外，还有一件豹皮囊和最早发现于丹丹乌里克的那种毛掸。

房址 F.II 西距 F.I 约0.5英里，位于一个显眼的大面积风蚀台地上。它包括一座极为残破的大型寺院和若干居住区。房屋呈翼形排列，交角为直角。房内填满了流沙，厚达6英尺以上，保存了一些值得注意的遗物。在中央的房间 i 有一个佛龛，佛龛设在西南墙上，但龛口向外，很是特别。距地面4.5英尺处，现存一块花纹木板。这块木板，长3.5英尺，是泥像台座的支柱。台座四端有槽，可以安装侧板，并有两个门轴孔，曾有门扇开合。其后还有一张木台，长3.5英尺，宽2.5英尺，上面原有泥座和泥塑佛像。奇怪的是，我们没有发现木台的支柱，台座直接放在沙堆上。很显然，房屋废弃后，支柱或支撑的木结构在房屋受到流沙侵袭但还能进入的时候被人弄走了。在佛像左脚下，保存着一堆被老鼠啃咬过的供奉织物和《波罗蜜多经》经卷。

在房间i内，我们发现不少木简。有的长方形，有的楔形，有的保存完好，有的已破碎。上面写的文字，属于笈多文《波罗蜜多经》。在我看来，它们比丹丹乌里克的木简要早；语言似乎是古和田语。在其他遗物中，有两件宝石封泥特别有意思，从它们的形状和尺寸来看，这些封泥可能镶在尼雅遗址类型木简的槽孔中，或黏附在楔形简的尾端上。凸形宝石（图125）的图案，是一幅狩猎图，其构图毫无疑问是受了古典风格的影响。骑马人的造型与"亚历山大狩猎图"颇为相似。古典后期风格也可以在一件小凹雕（图126）的印纹上看到，上面是雕刻细致的妇人半身像。这两件封泥可能是从西亚传播过来的，约特干出土的许多半古典风格的宝石可能也是如此。彩陶碎片中有一件把手，形状为带翼马的颈部和前半身和一件形态怪异的西勒诺斯（Silenus，希腊酒神——译者）型人头贴花特别引人注意，因为它们的花纹大量出现在约特干的陶塑上。它们可以解决后几件遗物的年代问题，如果法哈特伯克亚依拉克遗址的废弃年代能确定的话。这里还要补

图 125　凸形宝石封泥　　　　　图 126　小凹雕封泥

充的是，这个遗址出土的一把花纹木梳也属于西方类型。

　　在清理房间 i 的露天大厅或庭院时，我们发现了一块木板。木板 4.5 英尺见方，四角有木柱。木柱间有木梁交叉，支撑着木板，粘贴一块粗糙的垫子。垫子距地板约 2 英尺，上部抹一层泥。木板内和周围没有发现其他遗物，其用途不详。但它使我们想起了尼雅遗址发现的木板。这块木板出土于 N.XIV 的大废物堆里，原先用来堆放草料，后来成了垃圾。同翼的最后一间房间 ii 只发现了一件保存完好的木质双梁。它的造型和雕凿精细的花纹特别引人注目，因为一方面，它们表现出由尼雅遗址发现的雕刻双梁延续而来的形态；另一方面，表现出向喀达里克出土的双梁过渡的形态。关于它的渊源，我在讨论米兰寺 M.II 的抹泥柱和悬梁时就已探讨过。这类双梁最早见于波斯的廊柱和犍陀罗雕像的悬梁，引入塔里木盆地以后逐渐发生了变化。关于这件精美木雕的详细描述，读者可以参考下面的遗物表。加上一些旁证，我们可以说明它对于法哈特伯克亚依拉克遗址的年代断定很有价值。这件木雕与这个遗址所有其他房屋所用的木材一样，都是人工种植的白杨木。

与房间 i 相邻的东北翼的几个房间保存有完好的灶膛，灶膛旁边还有坐榻，但没有任何遗物。由此向东，在略微高起的地面上有一座佛堂 iii。佛堂外侧三面是一条宽 6 英尺的礼拜道。佛堂上所覆盖的沙层厚不到 3 英尺，因此抹泥墙上只保留了极少的壁画。原来装饰佛堂的泥塑只残存了一些碎片，其中大部分属于一个背光。最大一块（图 127）上面是一些姿态优雅的小件坐佛像贴花，佛像周围是花边，其花纹与热瓦克和丹丹乌里克的抹泥墙上的类似装饰不同。佛堂内的方形佛座已塌毁，高度离地面不到 1 英尺，显然是有人曾挖进去想寻找"宝物"，但在它后面不远处发现有两件画版，旁边的佛寺墙根下则发现了五件。

寺院的位置很靠近 F.II 的居住区，这说明居住区原来是一间小寺院的僧房，F.III 房屋遗迹很可能也是如此。它们坐落在一个小冲积台地上，在 F.I 东北约 0.25 英里。其房间布局与 F.II 房屋遗迹极为相近。在这里，居住区同样分两翼排列，呈直角相交，寺院与居住区分开，位于东北方向。在两处遗址中，位于院落西南角但从这里没有入口的大房间，可能是用来接待来客的。中国新疆现代房屋的客厅往往采用完全同样的布局，目的是便于来客直

图 127　泥塑残片

接进入居住区，而不用穿过其他房屋。

　　寺院 i 所在的位置，也高于周围的遗迹地面几英尺，因此只有几英尺的沙层来保护它。佛堂和围廊的墙体已塌毁，离地面仅几英尺。东南面的佛室还保留了一幅精美的壁画墙裙，在暗红色底上，绘有床帏似的图案，其间还有悬挂的三角形和流苏。中央的方座和角落的四个六角形台座原先是放置佛像的。在僧房的门道里，还保存了四尊泥塑像的下半身。进门右侧的塑像，是一个护世天王。它站在一个蹲伏的怪兽上，怪兽的头部已经发现，发现时脸部有破损。佛室的内墙附近发现有《波罗蜜多经》经卷碎片，地面上还有一枚五铢钱。这枚钱币和在该建筑发现的其他唐以前中国钱币的年代学价值，留待下文讨论。居住区建造得相当讲究，只是空荡荡的。2号房间原来可能是举行小型会议和合僧的地方，在这里发现了一块刻有波罗蜜多经的大型木板。它西面外接的房间内，出土了一个雕刻精细的小木雕像的碎片。

在上述诸建筑遗迹西北随处可见古代陶片堆积的小塔提区域延伸了近3英里。这些区域分布在沙丘与胡杨树林之间的风蚀地面上，因此遗迹范围很容易分别出来。遗迹面积很大，原先有房屋，可能只用泥墙建造，因此给风蚀没了。这里有一条古代的引水渠，现在像堤坝一样高达8英尺，比两侧的风蚀地面更要高出许多。这条曲折的水渠，可以清楚地追溯到距F.II约0.25英里的地方。我还在一两个地方发现耕地的迹象，年代并不太久远。它们位于被风蚀削低的开阔地带，在老达玛沟有人居住的时候或更晚，水流曾一度引到这里。古代房屋的遗迹，只在三处小塔提的附近有所发现，其他的房屋很可能埋在胡杨树林或沙丘下面。

更有意思的是我们在清理一间小屋时的发现。小屋的旁边是一棵死了的胡杨树，从树梢可以看到它的屋顶。经过发掘，我们发现了一个小塔基（图128）。它的平面布局与1901年我们在大热瓦克寺发现的几乎完全相同。其平面也是方形，上面是对称的十字形四臂。各臂上我们都可以看到非常典型的突起。但由于个体小，四臂的长度从塔基的中心算起仅7英尺——这些突起原有的阶梯已看不出来。不过突起的根部两侧有小柱，它们的用意可能是标明阶梯最底部的扶墙。从图128显示的部分来看，塔基现存的两层之间与热瓦克塔基不可能存在太大的差异。但整个基座的

图 128 法哈特伯克亚依拉克佛塔基座 EVI，自东望

高度与面积之比，要远远大于热瓦克塔基。尽管两层之间分界的突起也见于热瓦克塔基，但塔基外表严重向内倾斜的现象在其他地方没有见过。塔顶已荡然无存。塔基内可能看见早年从西头挖掘的盗宝地洞。还有一些更小的塔基，底部两三英尺见方，把上述塔基围在中心。这些塔基高度都不到4英尺，它们的第二层以

上也都已塌毁。

F.I 的东面和东南面，地面风蚀更为严重也更为开阔。这里在 0.75 英里的范围内，可以看到几组建筑群的遗迹。这些建筑群已严重残毁，没有多少沙来保护它们。F.VII 原先有两座房屋，这里没有发现什么遗物，只有一些小彩陶碎片等。但在北面不远的风蚀地面上我们捡到了一块封泥，上面有一个椭圆形凹雕的印痕，很引人注目。左侧是加里米德（Ganymede，希腊宙斯神的侍酒童——译者）靠在岩石上，正在喂食右侧宙斯的鹰。这组图像构图很细致，工艺也是典型的希腊风格，整个封泥明显比我在和田发现的所有珍宝都要好，不管它们是印模还是封泥。这件封泥呈长方形，表明它原先是插在尼雅类型木简的印槽内；质地坚硬，说明它在后来无意中经火烧过。

F.VIII 建筑较为奇特。它坐落在一个颇为显眼的台地上，东北向约 0.25 英里。由于风蚀作用，旁边形成了一条很宽的沟，深 12~13 英尺。部分泥墙或木骨墙位置分散，它们之间的关系再也不能确定。除此之外，还保存了一个完整的石砌长方形台座，长 37 英尺，宽 35 英尺。表面抹泥，向内倾斜。它的东南部分，台座残存 7 英尺。这里有一条很窄的阶梯通向其中央，它两侧有扶墙。在这个方向，还有一段后加的墙，目的是在前面做出一个平台。这个台座和建筑原来的用途还不甚明了。小泥塑碎块是这里仅存的遗物。建筑以东不远是一片枯死的杨树树干，表示这里原有一个棚架。由棚架再向南约 400 米处，可以清楚地看到一个大果园，里面有成排的死沙枣树和其他呈梅花状排列的果树。我在 F.VIII 以西发现了清晰的马车辙。车辙出现在好几处坚硬的黄土地面上，沙丘之间幸存的地面上。因为车辙直接通向大冲沟的边缘，说明车辙的年代颇为久远，甚至可能早于遗址废弃的年代。

我们在 F.IX 清理了一座房屋，房屋包括几个房间，墙体系灯芯草抹泥。这里仅出土了几件木质和泥质的家什。房基的东南面是一座完全毁坏的寺院，出土的遗物仅有泥塑像的碎片，质料为白色硬灰泥。从 F.VIII 向南约0.75英里，有一座寺院墙基。寺院遗址包括一间佛堂和一条通道，通道的墙体为泥墙。佛堂内中央佛座的后面发现了一块画板，画面几乎磨损殆尽。此处还发现了一页《波罗蜜多经》的碎片。旁边是另一座寺院基址，其中除小型的居住区基址外，大殿的泥墙仍然可以辨认出来。由此再往南，发现一座小型的木骨墙建筑。建筑半埋在一个塔提区附近的沙丘，在这里出土了一枚素面的红封泥章。

第二节　F.XII 寺院基址及其年代

寺院 F.XII 之所以引人注目，一是它的位置，二是它的遗物。关于它的详情这里还需做些介绍。它位于 F.X 以南约0.5英里，坐落在一座很高的胡杨林沙丘的东南坡上。沙丘的西面和南面是两条几丛胡杨林长得茂密的山脉。过了山脉，是一条即将干涸的小河。它是达玛沟河的支流，蜿蜒流过灌木和水草繁茂的平坦地带。这座小寺院建造时，沙丘肯定比现在低许多。沙丘南麓有古老的灯芯草篱笆，现存长24英尺。寺院的地面，高出篱笆24英尺。沙丘现在已高出寺院地面达18英尺。寺院毁弃后，沙丘不断增高，寺院因此得以保存。寺院的墙体总厚4.5英尺，完全用平整的土块建造。西北角还保存了6英尺的高度，其他部分已塌至4英尺。佛堂面积很小，盗宝人从东角挖了一条通道进入佛堂盗窃。一些泥像碎块和东南墙的被割去头部的壁画像说明他们最近还进去了一次。所幸的是，流沙从西北墙原来的门填入佛堂，阻止了更大的洗劫。

清理结果表明，在佛堂内东南角曾有一个高大的泥塑像。塑像可能是立像，现在已完全毁坏，只残存了一只脚。其他位置还保存了五个小泥塑立像。东北和西南的小平台高约6英尺，上面各残存两个塑像的台座。但其中只有一尊塑像还保存了腰以下的部分，高4英尺（图129），剩下的四尊塑像已完全塌毁。仅存的塑像可能是一尊菩萨，其腿部和臂部穿着深红色的袈裟。袈裟的下边为浅绿色，装饰一个深绿色的大长方形图案，并以几条蓝点包边。脚已不见，其上的袈裟却露出深蓝色多褶的内衣。躯干内的灯芯草骨在腰部暴露出来。

在壁画中，蛋彩画比较容易保存下来。其中保存最好的部分，我在奈克·拉姆·辛格的帮助下，把它完整地成功割取下来。在前述塑像的右侧是一个优雅的观音立像（图130）。这个塑像的衣纹、

图 129　硕尔楚克明屋遗址古殿 Mi.xviii 外部内殿出土的灰泥浅浮雕塑像
和圆形塑像基座

图130　观音立像图

装饰等许多细部特征与希腊化佛像风格非常接近。头光和背光的圆团花装饰很少见到，让人奇怪地想到了萨珊织物上常见的花纹。波斯艺术的影响也显著地体现在其中一些壁画上。图129表现的是东北面壁画的残迹。这里有一尊浮雕佛像，佛像为坐姿，作沉思状，周围有一大株荷花花朵和根茎，它们一直延伸至墙角。佛像右侧是图案保存最好的部分。

不过这座寺院中最有意思的壁画，发现于门道南侧，它的下部磨损严重，很可能是香客们前来礼佛时脚蹭造成的。但上部还保存了大部分原来的色彩，我们也把它完整无损地发掘了出来。壁画中的人物，正如富歇先生首先认出的，是印度女神鬼子母和它的五个子女。这位女神，起初叫夜叉女，代表可怕的天花病和儿童的夺命者。就像民间传说和宗教历史中的人物一样，在迷信崇拜的过程中，她的地位逐步上升，成了一位仁慈的女神，她不仅是儿童的保护神，而且是生育之神。

去印度取经的义净，给我们讲述了这位恶魔在佛的感召下转变为善良女神，后来受到崇拜的故事。然后他写道："鬼子母的形象可见于印度所有寺院的门廊和斋房的角落。在壁画中，她怀抱着一个婴儿，膝下有三或五个儿童。"由此我们在寺院门道一侧发现了这位女神。其中一个儿童摸着她的左胸，三个儿童骑在她的肩上和胳膊上，而第五个儿童站在她的右侧手舞足蹈。除了这些人物，画板上还可以隐约看到，在左腿下面的几乎完全磨灭的画面上，有两个小人穿着紧身衣，正在玩耍，而在她的右脚旁边有一个裸体小儿好像在躲闪前面打来的拳，打拳者可能是另一个小儿，但已彻底磨掉了。令人惊讶的是，我们这幅壁画所见鬼子母的儿童一个不差地出现在吐鲁番的绢画上，只是其构图和风格差异很大。

除了图像学，这幅神化婴儿恶母的壁画还有其他方面的意义。她的脸短而圆，呈圆月形，带有保姆般的忧愁和安详的梦幻神情。这些特点不能不让我们想到波斯风格的美貌。但这里还不算明显，比较明显的是描述和田养蚕起源传说的丹丹乌里克画板上公主和宫女的脸，或米兰寺庙M5墙裙上须大籋女王和姑娘们的脸。不过，这些人物出现了对称的发辫，头发上也出现了联珠。与这些半西方特征很不协调的是耳上大得可怕的耳垂和脖子上特别密集的皱纹，也就是富歇先生所说的"印度的典型风格"。关于她们身上的华丽衣服，有些细节也许值得一提，她们穿的短袖紧身上衣与前述丹丹乌里克画板中公主所穿的衣服很相近。

可惜门道对面的墙壁已塌毁。正如富歇先生所说："我们原希望在这里看到与生育之神对应的财神。"这个"金袋之神"，据上述义净的记载，一般坐在印度寺院的门道中。人们很早就知道这位财神就是 Kuvera，在犍陀罗塑像中往往与鬼子母并列。他们特别合适一起出现在古代和田的寺院中，因为我们知道，Kuvera 本义是"北方的天王"或"多闻天王"，在和田被视为王族的祖先和王国的保护神，很早就受到特别的崇拜。

寺院 F.XII 的发掘，是我在这个遗址的最后一项工作。令人喜出望外的是，这里出土了一份很有价值的经卷。刚开始清理东南墙的时候，发现了六七片中亚正体笈多文和梵文菩提叶。此后我亲手从下层台座——其东北面曾有雕像——旁边的沙堆中，挖出了一个保存极好的经匣，内装有 33 卷完整的梵文经卷，让我兴奋不已。经卷长约 14 英寸，宽约 4.5 英寸。在经卷三分之一处，有一个线孔，装订颇为结实，不过以后在大英博物馆还是把它完好无损地拆开了。它们里面包含一部分中亚版本的《妙法莲花经》，后来此部分由瓦莱·普桑教授整理出版。他发现，这卷经文的文字特征与《金刚经》相似。后者出土于丹丹乌里克的僧房中，它的年代霍恩雷博士定为公元 7 或 8 世纪。

这个年代肯定是推测性的，因为中亚《波罗蜜多经》的历史本身还有许多不确定因素。尽管如此，它也不无意义。寺院 F.XII 的始建年代与法哈特伯克亚依拉克的其他遗迹相同可以成立，它还是能够帮助我们认识这个遗址的年代的。然而这个想法带有很大的问题，寺院的位置尽管相距很近，但与其他遗址的寺院存在本质的不同。虽然所有寺院无一例外都建在风蚀台地或者与附近台地等高的平地上，但是 F.XII 建在胡杨树林丘上，山丘的顶部在建造寺院时至少比该遗址一般地面高出许多，至少20英尺。这个位置的选择非常特别，这是毫无问题的。仅这一点，就足以说明遗址 F.XII 与其他遗址大为不同。据我所知，类似的遗址只有和田地区穆斯林墓葬集中的现代麻扎，它们往往建在很高的胡杨树林丘或者沙漠边缘显眼的地方。

许多这样的现代崇拜地点，地面上只能见到一些很高的木杆，上面挂着礼拜用的破布和藏人发辫，但是常常就在古代遗址附近。这并非完全出于偶然。就我们现在讨论的遗址而言，它的邻近就有乌鲁克麻扎和拉钦阿塔麻扎以及古代姬摩。在法哈特伯克亚依拉克的塔提中间就有一座这样的小型麻扎，据说老达玛沟的人来这里做礼拜。由此再往前，还有人们常去的依玛目·贾法尔·沙迪克麻扎和依玛目阿斯木麻扎。它们分别与尼雅和阿克斯皮尔遗址相邻。它们之间的相似性，和我们所知道的和田地区早至佛教时代的地方宗教的根本特征，使我们不能不作出这样的推测，F.XII 遗址的时代与法哈特伯克亚依拉克的其他遗迹并不相同，而是按照麻扎方式在古代遗址废弃于沙漠之后在其旁边建立的寺院，因而有可能要晚几个世纪。

当我们考虑整个遗址的大致年代时，如果按照这个推测，最保险的办法就是先考虑整个遗址出土遗物和 F.XII 出土遗物的年代线索。我相信，只要简要回顾一下就会发现这些线索之间并不冲突。它们都指向一个较早的废弃年代，明显早于唐朝对塔里木盆地进行有效管理的年代。首先需要注意的线索是钱币。除了佛堂 F.III 地面上出土的五铢钱，寺院中还出土了其他 8 枚中国钱币。这些钱币都发现于风蚀地面上，其中 4 枚发现于房址 I 附近，3 枚发现于寺院的僧房 II 附近，1 枚发现于 V 区的塔提。所有钱币都可能是后汉时期的五铢钱，或者是同时期的无字钱和剪轮钱。唐代钱币一枚也没有出土。这一点很重要。这里需要指出的是，我在清理喀达里克遗址时挖出来的钱币中，至少有 98 枚属于唐代，只有 5 枚是五铢钱。因此这些钱币可以证明法哈特伯克亚依拉克的遗迹年代要更早一些，我认为这是站得住脚的。

封泥提供了同样的年代线索。已经发现的三件，很明显原来都粘在木简上，上面的印纹来自珠宝。这些珠宝带有后期古典工艺或受了它的直接影响。它们的类型与尼雅遗址出土的封泥的印纹非常接近。F.II 出土的木质双梁的建筑迹象也能说明一些问题。前面已经提到，这种建筑迹象是大家熟悉的尼雅风格的发展形态，但肯定早于喀达里克类似木雕上所见的风格。我们对于和田地区佛教视觉艺术的知识还不全面，从 F.II 出土的几件画板的风格中得出可靠的结论。不过我的总体印象是，它们明显比丹丹乌里克出土的画板或喀达里克出土的壁画碎片更接近印度原型。另一方面，后者与寺院 F.XII 壁画在风格上差别甚微或者没有。最后需要注意的是法哈特伯克亚依拉克与丹丹乌里克、喀达里克出土的文书在材料和特征上的显著差别。后两处遗址出土的文书材料主要是纸，而法哈特伯克亚依拉克遗址出土的纸片很少，以木简居多。我们也不能忽视后者出土的文书都是波罗蜜文经，而丹丹乌里克和喀达里克两处还出有汉文经以及藏文经。

把所有这些线索综合起来考虑，使我得出这样的结论：法哈特伯克亚依拉克遗址停止居住的时间要远远早于丹丹乌里克、喀达里克的居住时间；而后者就像我们前面说的，废弃于公元8世纪末或者稍晚。现在还不能断定更为确切的废弃年代。但有两个迹象值得注意，也许有助于断定大致的年代范围。一个是纯粹的默证，即这里没有出土一件佉卢文书。我们知道，佉卢文在吐鲁番盆地一直沿用到公元4世纪，或者更晚一些。另一个是宋云记载的地名。公元519年，这位旅行者从且末走到和田时提到了末城，在捍摩以东22里的末城。末城，据沙畹考证，就是玄奘所说的妣摩，它的位置在乌尊塔提，乌鲁克吉雅特以北（或乌鲁克麻扎）。我相信，在第一次考察该遗址后，我已经提供了充分可信的证据。

在讨论这个观点时，我曾指出："捍摩以东22里的末城，应当到老达玛沟附近或它的北面去寻找。"从地图上可以看到，法哈特伯克亚依拉克遗址正好与我们所推测的这个地点相吻合。它最北的塔提正好位于我1908年再次考察的乌尊塔提地区以东，从地图来看，距乌鲁克麻扎东北3英里多。这两处遗址的距离在地图上正好7英里，也可能略少，因为乌尊塔提的废墟比实际考察的范围还要往东。因此它们的位置完全吻合，距离也相近，这样就证实了我们的遗址就是宋云记载的末城。假如说后者的废弃时间是在宋云经过此城的年代与公元6世纪末之间，那么我们就可以得出这个遗址的上限；前面所说的年代证据——钱币、考古、文书——也支持这个看法。寺院F.XII可能就修在这个废弃的遗址旁边，就像麻扎，年代要晚一两个世纪。

第三节　从达玛沟到和田

3月13日我从法哈特伯克亚依拉克南行，穿过达玛沟现在的绿洲，去考察肉孜和他的同伴们发现的遗址。达玛沟河东岸是一片灌木丛低沙丘地，那里有一个叫喀拉央塔克的地方，他们发现的遗址就在这里。实际上，它位于我们1906年10月考察的遗址麻扎托格勒克以东不到1.5英里，与玛沟亚源头的大坝东南的距离大致相同。遗址属于佛寺，已完全毁坏。可以看出，它的布局与装饰与喀达里克的主要寺院极为接近，不过规模可能要小一些。遗址大部分覆盖有厚达9~10英尺的沙层，但清理没有多久，我们就看出这里的房址与喀达里克一样，曾是用来采集木材的地方。除几英尺长的大梁和木材断头外，原先所有可用的木头都已砍去，沙层聚集盖住遗址是后来的事。从木柱上砍下的小块彩绘木头，数量很大。另一方面，没有发现任何火焚的迹象。

我们发现了一些壁画墙皮碎块，上面有小菱格坐佛和一幅大背光的一部分。除此之外，寺院的墙壁一无所存，而这些墙毫无疑问是木头芦苇做的。墙皮碎块出露的地方以东约10英尺，发现了中央佛像泥座的碎块。在它旁边的断木与墙皮废墟中，发现了一些泥塑小碎块，其中有音乐神模样的佛像的头部，风格与喀达里克发现的很相近；一块菩提木板，上面写有中亚波罗蜜文草书，字迹已经模糊；7块封泥，印自一个凹雕的印章，上面是一个菩萨坐在莲花冠上，工艺属于纯粹的印度风格。一块泥模从其中一枚翻印下来；显然是想做更多的这类供品。在同一地点发现了一个木雕佛像的碎块（图131），仅比膝盖高1英尺多。此外还发现了剥蚀严重的画板。在佛堂礼拜道的入口南侧有一个小佛堂，只有两个塑像泥座保存了下来。其中一个泥座的基础保存了一块高约

图 131　木雕佛像碎块

6英寸的壁画带，上面画了顶礼跪拜的一家人，他们都是供养人。所有人物的描绘都很细致，但大部分被碱腐蚀了。

根据这些为数不多的艺术遗物，我们初步得出了这座寺院的大致年代。它的废弃年代大致与我们所断定的喀达里克寺相同。这个看法得到了有力的证实。我们在地面上发现了一枚乾元年间（公元758—760年）的钱币，保存相当完好，没有锈蚀的痕迹。同喀达里克与麻扎托格勒克的情形一样，这座寺院和附近同时期可能存在的居住区在公元8世纪末就已经废弃。

从喀拉央塔克我不得不很快地跑了一趟该县的中心克里雅（今于田），并于3月19日赶回了达玛沟，然后在同一天进入西北方向的沙漠，再次考察乌鲁克麻扎周围的旧遗址。在经过达玛沟和古拉哈玛的路上，我看到这里的耕地也在不断扩大，村庄也在迅速繁荣，这引起了我的注意。1906年从我那次调查起，达玛沟就出现了一个大规模的巴扎。它东边奇格里克的周围地面，那时还是全部荒芜的，现在已经引了一条新水渠可以长期耕种了。这里多余的水量，现在正用于开垦喀达里克遗址和它上面的开阔地。

向西，我发现耕地也在不断扩展。这里的沙漠原有一条胡杨林带，过去把达玛沟和古拉哈玛的村落分隔开来。现在它的边缘地带正在迅速地减少，人们在这里平整好了土地准备灌溉。我很惊奇地看到，这些沿湖杨林山丘蜿蜒的水渠，竟派上了另一种用场。它逐渐地把渠里几个世纪以前淤积起来的肥泥搬走，覆盖在新土地上。这种扩展的效率越来越高，主要是因为更加节约地使用喀拉苏，即来源于帕纳克和古拉哈玛的"兄弟"泉水。因此后面这些村子的人口，根据可靠的当地消息，在过去的16年中已翻了一番。这个增长更加值得注意，因为人们开始抱怨夏季山洪（阿克苏）的水位，比同时期多数洪峰的水位低了。在这些变化中发挥了重要作用，那些似乎支持"陈发性干旱"说的传统证据，就显得苍白无力了。

在沙漠佛教圣地乌鲁克麻扎或乌鲁克吉雅特，即"神圣的寺庙"的周围和北面，有一片面积很大的废墟。我认为玄奘的妣摩和宋云的捍摩就在这一带，上次来这里就是为了寻找它的遗址。此次我也更好地了解到这个塔提的范围，它一直延伸到乌鲁克麻扎的南部和东南部。这次我们从钦阿塔麻扎出发到乌鲁克麻扎去时，由于有穆拉合瓦札这个称职的向导，走了一条直路。走了约1英里后，我发现整个地面分布着很多典型的废墟堆。里面有旧陶器碎片，烧结的砖、矿渣等，只要是沙丘与胡杨林丛之间露着风蚀土壤的地方都有。乌鲁克麻扎以南和西南长约1.5英里的地面上也是如此。在这些塔提的许多地点，大量的人类遗物由于风蚀暴露在地面上，表明是古老的墓地。我们认为这些墓地属于伊斯兰时期。这一点得到了相当的肯定。我们发现，在许多地点，相当完好的骨架成排埋放，而且很有规律，脚都向南，与正统的伊斯兰风俗完全相合。这进一步说明这个遗址一直沿用到伊斯兰时期。这一点特别重要，它有可能证明马可·波罗所说的培恩就是妣摩。

这些塔提新出土的钱币，完全与我上次考察所得的结论相吻合。同时它们也证明这片地区在宋云来到捍摩之前，一定居住了很长时间。拉尔·辛格在勘查遗址时捡到了一些钱币，一枚是宋代的，年代为公元1102—1107年；一枚是伊斯兰时代的，年代被定为公元14世纪，这里也出土了一些严重破损的五铢钱，还有一枚好像属于汉佉二体钱。这些早期钱币的发现特别值得注意，因为它们证实了宋云记载的寺院的年代。宋云从捍摩，即现在有名的乌鲁克麻扎圣地往南走了15里，到了一座寺院，带来了那尊法力无边的佛像。他说他所看到的大量礼佛旗幡中，大约有一半带有魏朝（公元386—534年）的年号，其中一面是公元384—417年间的。

我在乌鲁克麻扎停留了一天，因此我可以向北走到乌尊塔提废墟的旁边。途中发现了一个简陋的建筑遗迹，毫无疑问是伊斯兰教的，可能是一座清真寺。由于附近发现了晚期的居住遗迹，前面说的城堡属于后期的观点就更加稳妥了。马可·波罗所说的培恩废弃以后，过了一个很长时期，人们重新回到这个地方居住。这座建筑也许就是这个时期修建的。

乌鲁克麻扎是我们的最后一站，结束冬季考察后，3月22日，我往南走到策勒绿洲。

策勒是一个繁荣的大村庄，估计不少于3 500户。耕地主要靠充足的阿克苏灌溉，水流直接来源于穆士塔格峰的大冰川下面的山坡。在这里，灌溉地正在迅速地扩张，据说年增长面积1 000亩。这些几个世纪以前荒废为沙漠的土地，现在重新开垦出来，肯定要破坏这里现存的古代遗迹。对于这种破坏，我可以举一个很好的例子。我去了一趟叫作热瓦克的遗址，位于我的营地奥格热里克西侧约1英里。在新垦的耕地中间，我发现一座规模不小的房子的几面墙壁。墙是夯土做的，现在因为引来一条新水渠灌溉周围的耕地，大水把它们冲塌了。现存的部分是一座48英尺长37英尺宽的大房，在它后面紧接着三间很大的房间。没有发现明显的迹象，它的年代或用途也不得而知。只要是尚未灌溉的土地，都经过了严重的风蚀，露出一些常见的碎小陶片，说明以前有人居住。往西北约1.5英里，是一片胡杨林丘，现在已全秃，上面的树木和树根都被策勒人砍去烧火了。在这些山丘之间，我被带到一块约0.25平方英里的地方，在那里看到了密密麻麻的貌似古老的陶片堆积。从地面上松软的泥土中，我捡到了无数的泥塑碎块，下面器物表中所列的是其中的标本。这些碎块均为坚硬的白色灰泥胎，是一座寺院墙上的装饰。这座寺院很久以前就已彻底塌毁，很可能建于唐代。

3月24日，我离开策勒向西去和田地区的边缘洛浦。过去我走过克里雅与和田之间的主要商路，因此能看出策勒以西耕地范围扩大以后发生的变化。1901年我来时，康卡只有零星的几块耕地，从那以后逐渐扩展，现在耕地非常稠密，与策勒的阔纳也尔（或老土地）连为一片，而且又延伸了2英里。往前的卡尔帕特也是如此。以前只有路边上孤零零的一个兰干（驿站——译者），后来它的周围出现了一片小绿洲，现在耕地和白杨林路延伸了近2

英里。

离开洛浦巴扎，我向北走，去考察马合木提，我的一个塔克拉玛干人发现的遗址。遗址位于依玛木阿辛麻扎与苏丹瓦依斯喀拉木寺院之间的沙漠中。去往后者的路，过了肥沃的杭桂州北边，是一条满是沼泽的河床。这条河接纳了玉龙喀什河过来的最东面运河涨出来的水，以及无数泉水汇流而成的喀拉苏。河床向东北延伸，据说往下是芦苇沟和灌木丛带。牧羊人来过这里，从苏丹瓦依斯喀拉木要走两三天的路程。由于丹丹乌里克方向的水井中还有水，这条植被为我们从和田那边走到遗址提供了最直接、最方便的路径，值得将来的探险者去考察。苏丹瓦依斯喀拉木麻扎以西的胡杨林丛中坐落着两个古山包，这里的夏依克也都知道。它们是两座完全塌毁的佛塔。清理至地面后，可以看见一座佛塔台座的底部。底部台座23平方英尺，3英尺高，上面仍然保留了几处白色灰泥浮雕。残存的台座上部，高约7英尺或更高。由于剥蚀过于严重，根本无法复原了。

由第二座佛塔向西—北西方向走，翻过两座高50~60英尺的沙梁，才到达报告中的建筑遗址。遗址位于高15~20英尺的沙丘之间，距离约1.5英里。一路上，只要看见小块的裸露地面，上面都覆盖旧陶片堆积。这种情形也见于这些高沙梁后面开阔的沙地上。它向西和西南继续延伸，没有中断。它已成为大宰古雅塔提的一部分。1901年我考察阿尔喀库都克来过这里，1906年去阿克铁热克遗址的路上我第二次来到这里。其中一处，还可以找到一座房子的泥墙，由于已风蚀，离地面只有约1英尺高了。其中的两个房间发现有火灶。火灶离墙体达2英尺，建造方式与丹丹乌里克、喀达里克和其他地方所见的不同。往南约20码，有一处废墟，直径40英尺，里面发现有烧过的木头和烧土，说明这可能是一处寺院。这座寺院毁于大火，此后常有人来寻找"财宝"，附近还有一条人走过的小路。

此后，我穿过田野稠密的罕古雅和山普拉村庄，然后到达比孜尔。玉龙喀什河流出山口以后，比孜尔就在右岸。路上我可以收集到很多有用的消息，了解到这里发达的水渠网，它们可以灌溉位于玉龙喀什河以东的和田各乡，后来这些乡分出来，成了现在的洛浦县，这里不宜详述。此外，我在当地伯克们和米拉们的陪同下参观了新渠。新渠已经开挖，它绕着沙砾冰川的山脚而行，最后通到亚依拉罕的萨依。参观之后我也得到了不少启发，这里也不细说了。这里需要说的是，各方面的迹象都表明，作为和田绿洲重要部分的这片地区，耕地面积在近几年得到了持续增长，一方面是沙漠边缘的"新土地"正在引水灌溉，另一方面开垦了旧耕地中过去人们忽略的盐碱沼泽地。

从比孜尔我过河到玉龙喀什河的西岸，去重新调查牛角山遗址和人们报告的附近的一些遗址。和田两条大河在这里被萨依分开，我在穿过遍地石块的萨依时，赶上了一场疯狂的沙暴，让我无法观察。但过了玉龙喀什河——那时河床宽1英里，水流煤炭只有100码，深1~1.5英尺——之后，我看到了灌溉左岸各乡的水渠的源头。然后到达一个到处是堆积的遗址。它是亚玛达塔提的一部分。这个塔提，我第一次调查时就已来过，现在发现它向西南又延伸了约1英里。

第四节　和田北部的寺院遗址

我在和田停留了几天，我的"寻宝队"向导们在和田绿洲北边发现了一些遗址。

我调查的第一个遗址，坐落在沙漠中的狭长沙丘带。这个沙漠介于和田居民区最西北的外围村庄亚瓦与喀拉萨依之间。我发现亚瓦开阔的绿洲，只是近15年才出现的。不过它与喀拉萨依南边之间的遗址却让人很失望。在死亡的胡杨树林——树木全被砍去烧火了——之间的光秃的土地上，他们指给我一处遗址。这里出土了许多精美的白色灰泥塑像，他们带给我的一些塑像就是出自这里。什么房屋遗迹也没有保存下来，但从风化土壤里还能捡到许多同样质地的小块塑像碎片。毫无疑问，这些遗物是两座相距约160码的佛寺的塑像。所有建筑遗迹全部被风蚀破坏了，不过，我可以明确地说，由于修建了水渠，遗址两侧约2英里以内的土地得到了开垦，已经把地下水位提到了离地表约5英尺的地层。

这里出土的塑像残块中，大多制作精美，表面保存完好。其中值得一提的是一些小立佛，作无畏印势，形态各异。一尊男性塑像，带头光，可能是音乐神，残存头部与躯干，线条非常优美；似乎是"三宝"崇拜的塑像；制作精致的画板饰，上面的人物四肢呈花草状。这些塑像的风格与丹丹乌里克和喀达里克类似的泥质贴花非常接近，它们原来可能都是大型背光之类的装饰品，不过工艺上明显精湛一些。但是，特别引人注目的是它们的质料，一种极其坚硬的帕里斯泥。这种泥的特性，已经引起了亚瑟·丘吉尔爵士的注意。有人送给他一些标本，他做了分析和探讨，发现了这个特性。对于喀拉萨依泥的特别坚硬的特性，他的解释是"器物成形后，放入温火中焙烧"。他以为这种焙烧是有意的，不是无意的。这种看法似乎是成立的。没有一件上面有因火烧而变色的迹象，而奇格里克出土的许多烧过了的泥塑碎块都变了色。同时，只有几件表面出现了裂痕，而奇格里克在无意的焙烧中往往出现裂痕。大多数塑像的表面非常光洁，让人想起了象牙或瓷质塑像，但迄今为止还没有令人满意的解释。有几件保存了原来的色彩。

　　从喀拉萨依我渡过喀拉喀什河向东走。我的一个塔克拉玛干人阿巴斯，说他在高沙梁上发现了一座寺院，地点在和田的姊妹河之间，绿洲中心与两河的交汇处库什拉什之间。河的右岸上面是沙里克也孜，现在的英达里亚支流就是在这里汇入主河道的。过了右岸的石子地面，又翻过东面的高丘，走了约5英里后，阿巴斯领着我们向遗址走去。遗址是他两年前发现的，在光秃的沙堆中，他发现了墙皮和壁画的痕迹。这个遗址乍看去很不起眼，地面上什么遗迹也没有，我很纳闷我们的向导居然还能找到它。在一座高于原始地面达20英尺的沙丘的坡上，发现有一些彩色墙皮的碎片散落在上面。在它的西面和北面，灰沙梁之间的小块空地上覆盖着陶片。这些陶片呈鲜红色，极坚硬，看上去年代很古远。实际上，遗址地点位于玉龙喀什河左岸2英里。那里是一片灌木丛生的草场，叫玛亚克里克。

沙堆太大，上面的沙土不停地向下滑落，发掘进行得很艰难。但天黑以前就挖到了地面，离现存墙顶近9英尺。墙是干泥砖砌成的，面朝西南。全部清理出来之后，可知墙全长34英尺，整个墙面施蛋彩，上绘巨幅壁画，佛像和菩萨像交替出现。在墙壁完整的时候，其高度约12英尺。各个立像周围是卵形背光，它们之间下侧的空地，如图132所示，填以高3英尺3英寸的小佛像。壁画墙前面现存的沙层太高，我无法给这些巨像照相。为了克服这个困难，第二天把探沟拓宽，结果整面墙都塌了。墙下部的砖缝充满了水分，因此即使里面有木头，也全朽了，因此墙很容易塌。由于墙承受着它背后沙的压力，这些沙是不能动的。现在一挖，它就塌了。绘彩的墙皮，很早就已变软，在沙的重压下，全部粉碎了。由于这个失误，我只能用文字描述这些壁画，重复发掘时做的记录。

这些巨像，实际揭露出来的只有6幅。巨像最宽处为背光，每幅所占的墙面宽4英尺10英寸。画面上它们向右侧身四分之三。

图 132 玛亚克里克佛殿 Ta.II 墙上的供绘画，表现巨像之间的坐佛

右手好像总是作无畏印，左手下垂，放于腰下，拿着一个蓝圈或花环，夹于大拇指与食指、中指之间。每幅像均不见上胸和头部。佛像的衣服，只要是保存或能看清楚的，外层都是宽大的袈裟，披于左肩。这种袈裟有两种色彩，交错出现。一种是单层红褐彩，一种是红陶地上绘密集的深紫条纹，条纹长约8英寸，宽3英寸，中间有一条竖行的白色条纹。每幅巨像的背景都是深紫色，缀以白叶，仿佛紫丁香散落。至于身穿前述杂色袈裟的佛像，其背光的构图是：中央绘宽带三角形，角尖上指，两侧各有两条略窄的纹带，内侧呈紫色和红陶色，外侧呈红陶色和黑色。中央纹带上的三角块按顺序呈以下颜色：黑、红陶、深紫、红陶、白、红陶。着素色袈裟的佛像的背光，内边与之相似，但要窄一些。这条边的外侧，是一周由两条纹带组成的边，纹带分别为蓝色和白色，互相缠绕，形成类似浮雕的菱花。菱花内侧为红陶色，外侧紫色。前面所说下部空地上所填的小佛像，右手均作无畏印，着纯深红袈裟。脸均左向四分之三，各有一个椭圆形头光和一个背光。

上述壁画所在的墙壁，可能属于一座主室或庭院，从这里又通向下面说到的 Ta.I 所在的佛堂，并可能属于现已完全塌毁的一个或几个其他佛堂。另一堵墙与此相交成直角，西南走向，已严重塌毁，残存部分长不到10英尺。由于潮湿和风蚀的破坏，没有留下任何主室或庭院的遗迹。房顶的建造方式，我们根本无法断定。但考虑到壁画墙的长度，并且它还向前延伸，可能到 Ta.I 所在佛堂的前面，所以很可能房顶只建于壁画墙上，因此形成一种露天的走廊性质的画廊或过道。这种墙顶的建造，肯定是为了遮盖大热瓦克寺的四边，这里的壁画需要防雨，后者的各面墙上的塑像也是如此。这些墙的墙体较薄，只有2英尺多，说明它们原来并不是预备承重的。

我们在壁画墙的西北端继续发掘，经过艰苦的努力，挖出了一部分回廊遗迹。它肯定是一座佛堂周围的回廊。回廊的围墙，一道是ii号墙的延续，呈直角相接，东北走向；其他墙都是芦苇木骨墙。它们的厚度只有6英寸，同此处遗址的其他遗迹一样，由于地下水分的浸润，已经朽烂变软。佛堂的东南和西北墙在清理时就倒塌了。不过回廊墙墙皮上的壁画在这样的条件下，还能保存较为鲜艳的色彩，真是让人不可思议。无独有偶，回廊i外墙底部的台子上放置的塑像，保存的色彩可以说是同样鲜艳的。

南角原来放置的巨型坐佛，现在仅存交叉腿部分和莲花座。座宽5英尺，已破裂。不过这个转角的地面上出土了一个硕大的佛头，已经残破（图133），可能是它的头部。佛头的高度，从下颌至现存的头顶为16英尺。这块大泥塑过于松软易碎，无法搬运。不过脸上大部分仍然保存着它的色彩。照片上看到的黑块，可能是原来贴金叶的地方。这种小碎片现在仍然随处可见。

转角的另一侧发现有泥座和另一尊坐佛的双腿，略大于真人（图134）。他身上现存的衣服为庞培红加蓝边。佛座的前面高约1英尺，全绘有壁画。泥胎因为潮湿极为松软，后来又因为干燥而表面较脆，但这幅壁画还是被我成功地割了下来。

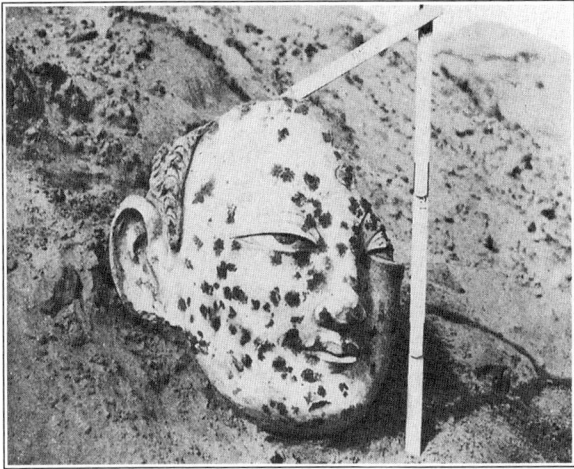

图 133　玛亚克里克附近佛殿 Ta.I 出土的佛院巨像的灰泥头部

图 134　玛亚克里克附近佛殿 Ta.I 的具有绘画基座的灰泥佛像遗迹

图 135　玛亚克里克附近佛殿 Ta.I 过道东南墙上的蛋彩画和灰泥像遗迹

上述塑像之后，发现一尊真人大小的人像，男性，腰部以上完整（图135）。给它拍摄后它就塌毁了。像身着紫色大衣，长至膝盖，饰有大圆圈，象征绣花或浮花。内衣为褐色，饰蓝圈。脚穿着长靴，恰鲁克式样，浅红色。塑像后面的墙的底部发现有五铢钱，嵌在像座的泥胎中。塑像碎块分散在各处，可能是这座塑像上的。这座塑像右侧的壁画墙，现存高度仍有4英尺，上面有令人感兴趣的壁画遗迹（图135）。主要塑像保存至颈部，是一尊装饰华丽的菩萨。她的左手拿着一个花环，右手举起一件画得很粗糙的东西。壁画刚清理出来时，我看着并非完全不像犍陀罗浮雕中与释迦佛常常相伴的佛像拿的东西。这部分的墙皮表面在清理结束之前就脱落了。塑像的身材特别匀称，穿白色袈裟，衣纹施深品红色，纹路特别优美流畅。颈部和右臂上可以看到精致的珠宝链。脚部的内衣上，上面有一只带角鹿的形象，画得很草率。

　　回廊Ta.I的内墙单薄而且极为脆弱，在它下部保存了两幅特别的壁画，高不到4英尺。左侧为背光，是一幅神像，里面是四臂人形象。图136是其中一块，保存不佳。人像的兽头侧面，它立即使我想起古代和田神话中的鼠头神。这种神话玄奘有过记载，我在丹丹乌里克出土的画板上第一次看到了它的形象。虽然这个头像的面容很像狗，但下颌上的锐齿和鼠样的尖耳明显属于神化的鼠王。由于它的降临，和田免受匈奴的进攻。在品红色的花冠之上，他举着一件东西，我看着像人头或头盖骨。说它是王国的天敌的征服者并非一点不合理。头像上飘浮的棕红色头发与丹丹

288

图136　鼠头神

乌里克神像的深黄色皮肤很协调，头、颈和手的枯黄色或淡黄色也是如此。右上手已断裂；右下手拿着不名何物的东西，可能是水果或树根。左上手握住一个白色的东西，可能是铃，左下手拿着一个圆盘。前臂上出现的五条黑带，可能是象征手镯的，看起来很奇怪。这幅壁画和邻近的画板上面有无数的小黑点；从上面的描述来看，我们需要注意二者表面贴附的金叶碎片。

刚才提到的画板，原来位于右侧的墙面上，也非常特别。上面画了一个站立的四臂女像，服饰华丽，有头光和背光。女像面对参拜者，目光向前，眼睛圆睁。穿着紧身上衣或大衣，下面覆盖到臀部。往下在上衣两襟后翻处，可见一件一件蓝夹袄，而在颈部的三条褶纹下面，只能看到它的一点低领。平展的胸部和低腰给这尊拘谨的女像增添了一点古怪的伊丽莎白风格。上衣两襟和紧身长袖上面装饰了精致的小白点花纹。这些小白点象征绣花，有可能也象征珍珠带。头像表现出匀称的年轻的容貌，除了长耳垂没有一点庄严的样子。头发平展地披在前额，直垂于头后耳旁的头发上戴着一个黄色花冠。与它的风格极为接近的是丹丹乌里克画版 D.X.4 左侧的女性所戴的花冠。头像左侧的花冠已经断落；由于同样的原因，左手所举的东西是不是一朵花，无法断定。右手所持的东西，呈圆形或卵形，白黄色，中央放射出浅品色细线。两只下臂僵硬地垂落在臀下，但是此处壁画磨灭殆尽，两手已无法辨认出来。在她的右肩上，这位女神背了一个小椭圆形花篮，里面伸出四片描绘清晰的细长叶子；在左侧的第一、第二片之间，出现了一个更小的卵形物，也许是另一片上卷的叶子，但也可以视为其他的东西。

有两个现象引起了我的注意。首先是右手里拿的东西，从形状来看，可能是蚕。然后是几片绿叶奇怪地出现在右肩上。它们令我立即想起这幅女像是一位中国公主。在玄奘记载的和田神话中，就是她把蚕桑传入和田。因为这部分墙倒塌之前我拍了照片，后来我又仔细地看了这幅女像，证明我这个看法是对的。丹丹乌里克出土的画版 D.X.4，原先是作为供品藏在一间佛室里的，完全反映了这个传说已经流传很广了。它也证明，和田人很感谢这位公主引进丝绸的恩德，因为丝绸今天还很重要，所以就把她供奉起来。考虑到这种崇拜是本地特有的，加上崇拜的对象并非来自印度，那么这位女神——和田的养蚕人肯定是想祈求她保佑他们的蚕桑——在我们的壁画中身穿世俗的衣服，完全不同于佛教神界的传统，并且被放在另一个地方神鼠王神的旁边，似乎在情理之中。

由于这些遗物表现出来的和田视觉艺术很让人感兴趣，也由于遗址远离绿洲现在的边缘，我们特别希望能找到年代方面的线索。目前最可靠的证据是钱币。遗址本身出土了两枚钱币，一枚是前面提到的五铢钱，一枚是墙ii根部出土的无字铜钱。此外，我们还在遗址以南的小片的完全风蚀的塔提地区捡到了八枚残破的中国钱币。它们要么是严重磨损的五铢，要么是无字钱币。所有这些钱币证据都表明，这个遗址是在唐代以前废弃的。据我们所知，更近的年代范围目前还没有可靠的资料。无论是壁画的风格还是它们旁边发现的两件中亚波罗蜜文草书经上面的古文字，都没有提供有价值的线索。但是我们在第一条探沟中虚松的沙层里，发现了一片小块彩绘墙皮，上面有三个字。我试着作了释读，如果不错的话，就可以把这个遗址居住年代的上限往前提到公元5世纪。就遗址的位置而言，应该注意到它的纬度几乎完全相同于玉龙喀什河对岸，与之相距13英里的奇纳托克马克遗址的最北边。上面我提出了废弃年代可能早于唐代的推测，这个较晚的年代，对于再往南约3英里的热瓦克佛寺来说则是确定无疑的。无论如何我们手上的考古资料可以证明，玉龙喀什河两岸的和田绿洲的范围，比现在要往北延伸了许多。

4月11日，我沿河北上，经过长途跋涉，进入伊斯兰阿巴德绿洲。这里是和田镇最北的村落。塔瓦克尔人上年曾去山顶一处遗址"寻宝"，他们给我拿来10枚木简，上面有藏文，类似于米兰城堡出土的木简。我的老向导，伊斯兰阿巴德的阿马德·梅尔根几个月前去世，但是他的儿子卡西木阿洪又送来13枚木简。它们是这位老猎人从一个沿玉龙喀什河放牧的牧羊人那里弄来的，特意留着让他儿子送给我。这里顺便提一句，三个月后我回到和田时，卡西木阿洪给我捎来一根木棍，长约3.5英尺。上面有六行纵向的文字，由右而左书写，乍看像巴列维语（Pahlavī，古波斯最后的萨珊王朝的伊朗语——译者）。这是不久以前在伊斯兰阿巴德以西灌木林带中的一座胡杨树林的顶上发现的。与它同出的还有两片，未写字；发现时这根木棍直插在沙中，一端露出沙面。人们马上把这座山丘奉为新麻扎，说它是一些不知名的穆斯林神灵，并把木棍埋了回去。但是卡西木阿洪想着我喜欢古物，又冒险把它从这个新起的宗教圣地挖出来，现在作为告别的礼物给了我。他说的一切我认为是完全确切的，我没有特别的理由去怀疑，只是可惜这些漫漶的文字至今还没有释读出来。表面无墨水的地方已经腐蚀，这足以说明了遗物的原来质料。

4月13日，我离开伊斯兰阿巴德。第二天我从奇里古勒乌格勒出发，去喀拉喀什河边的草地，考察卡西木阿洪和其他人所说的遗址，他们称它为契丹乌里克汉人区。在那里我发现有8座简陋的房屋，分散在一片光秃的沙地上，范围的直径为140码。房屋墙体由胡杨柱和竖立的胡杨树枝建成。它们埋在沙堆或粪堆中，保存了三四英尺的高度。粪堆的大量存在，表明这里是牧羊人落脚的地方，但在多久以前已无法断定。地面上覆盖着大量的陶片，但就像标本所示，这些陶片制造都很粗糙，质料不同于可知年代的古代遗址出土的陶片。因此这个和田阔纳沙尔最北的遗址就没有什么可留恋的了。

第七章

从麻扎塔格到巴楚

第一节　麻扎塔格古堡

　　经过两天的行程，我轻松地从驻扎在米拉维特的营地到达麻扎塔格山脉与和田河毗邻的地区，他们带我途经玉龙喀什河与喀拉喀什河的合流点。在人迹罕至的库什拉什兰干（驿站——译者）会合点，或许有当地人戍守，以提示旅行者追随商人行走的路是否偏离或前往塔里木，使旅行者从那里沿着宽阔的大河床向下游走。在这个季节河床部分地段已干涸，许多地方仅有1英里或1英里多宽，库什拉什下游狭窄、蜿蜒的河床流水亦不及5英里宽。除此之外还有一些水量愈发稀少的水塘，塘中新鲜的流水是去年夏季暴发的洪水遗留下来的。七八月间，位于冰雪覆盖的昆仑山脉中两条河流（玉龙喀什河、喀拉喀什河）源头的冰河迸发出全部的流量，巨量的河水完全淹没了整条河床。于是路线沿着河流左岸丛林中的沙丘地带行进，有些地方极难以穿过。但一年中的其余时间，路线仍是在广阔平坦的河床上，行走非常便利。夏季洪水经常发生的地区总有丰沛的地下水渗入河床。因此，河岸下面的水塘间或亦能保证蓄有新鲜的水，或者掘井也可以取到水。

沿着和田河行走的道路，为和田地区与塔里木盆地中北部之间的联系提供了最直接的路线。由于它的距离最短，历史时期一定被认为是极其重要的路线，但毫无疑问它具有沙漠道路的特性。麻扎塔格山下众多干涸的支流河床和小岛表明，由于河流经常性的变化所具备的自然状况，任何规模的长期居住形式不会在河流尽头存在。然而却很清楚地发现有人在河边丛林带中放牧，确切地讲他们接近的是沙漠每一侧的高大、荒芜的沙丘最主要的部分，这种情况也一定极大地促进了交通与正常的人际交往。因此，阿古柏统治时期，从和田至阿克苏保留着一系列驿站。现在一年中的大部分时间，来自各地区的牧羊人已形成常常光临河边颇具吸引力的放牧领地的习惯。这些简要的有关路线特征及它所通向地区的注释，将有助于说明为报答我在麻扎塔格的考察而获得的发现。

4月16日早晨，首先映入眼帘的是河流左岸耸立的一条长长地伸展荒瘠的山脉，半掩在沙漠升起的雾霭中。愈接近它愈能看清，在覆盖着大多数山岭的黄色沙土，以及山脚下河流边可寻觅的暗绿色的红柳和胡杨林的衬托下，在能立即俯瞰河流的地方上，那些黑红色的砂岩在熠熠闪耀。这里我顺便记录一下麻扎塔格山，它是一条狭长的西北向延伸的连绵不断的山脉，至少长24英里；无论何处它的高度都不超过300英尺，高于山脉的两侧是荒无人烟的高大沙丘。它由于处于塔克拉玛干沙漠的中心，又有地质学的有价值的特征，因此非常引人注目。它的山势与叶尔羌河两侧的巴楚和吐木休克附近耸立的崎岖、孤立的山脉具有相似的地质结构，证明了和田河流域的麻扎塔格山是古代一座山系的最后部分。我在阿克苏至巴楚途中不时观察的天山最外部的山系，向东南方伸入到塔里木盆地。这些山由于历经了无以数计的时代从未间歇的风力侵蚀，剩余的山体减少到目前毫无意义的高度。于是我得以在1913年从巴楚一侧抵达麻扎塔格的途中，能够尽可能收集到观察资料。[1]

这条险峻的山脉耸立于沙漠之中。如此引人注目的自然景观，在任何历史时期都吸引了当地人的崇拜，这或许能解释它现代的名称"神殿之山"。[2]因此，我准备搜集那些显著的用布条和其他奉献物装饰的木柱，它们挺立在山脉末端，下面是濒临河流左岸的陡峭山崖。但更令我满意的是，当我们登上高约100英尺的山顶，我发现这里分布着一处虽小但保存很好的戍堡遗址。如果站在一

---

1 "麻扎塔格"名称亦适用于巴楚东南部像岛屿一样耸立的、孤立的布满岩石的山岳。

2 根据民间传说中的信仰，独立的山岳因其神圣容易被选择为"神殿"或"麻扎"所在地方，像印度的自生者。

定距离从下向上看，古堡高大的墙体倚着蓝天醒目地屹立，几乎像某种石头雕刻品。陡峭的山坡遍布砾石和沙子，呈现的外观像自然的墙体、台地，或者是通向陡坡上突然出现的裸露的沙石地层的阶梯。

古堡废址所在的山岭顶部非常狭窄，向东邻近一条河流。在小台地的最顶点，有一座独立的烽燧（图137），宽仅30码。山岭南面呈现出非常醒目的外观，几乎难以攀登以靠近古堡。北面的山坡稍容易一些，但它们完全置于古堡和烽燧的控制之下。遗址平面图中展现的另一道山岭，以相当的距离与主峰平行，山势低矮，亦在弓箭的射程之外。因此，古堡占据的地理位置十分险要，无论是从南面还是东面都难以攻击，西面则有烽燧防御。除了远离中心的巨大烽燧，古堡西北面的防守则要依赖横亘于布满岩石的山顶的一道墙垣和两座16平方英尺的堡垒，堡垒耸立于墙垣两端，修建牢固（图137）。堡垒与连接其间的墙用混有灰浆的土坯构筑，每间隔10英寸在中间夹一层红柳枝。此外，嵌在中间的用胡杨树干制成的木桩和横梁，又进一步起到了加固作用。这里以及围绕古堡东南和东北部的墙垣有10英尺厚。古堡及内部建筑、院落的墙垣均由粗糙的土坯建造。

在墙体之间平坦的地带形成一条自然陡峭的北坡，可以进入古堡内部，包括50平方英尺的院落 iv。废墟中发现少量坚固的房屋建筑物，这里可能被用作营房，大量烧焦的木头表明它们可能主要是用木材建筑而成。院落 iv 西南面的外墙已荡然无存，仅在

图 137　麻扎塔格山脉的古堡与烽燧，自西北望

南角残留胡杨树枝。大量倒塌的墙垣散落在150英尺以下的斜坡，墙体的坍塌是墙基沿着陡峭、突出的岩石下滑造成的。进入堡垒 i 内部，要通过位于类似高楼的主要建筑一侧的大门。堡垒的墙垣最初由粗糙的土坯建造，厚4英尺，以后在北、东、南三面加厚至8英尺。与 i 相邻的堡垒西面的主体墙由不同的材料构筑，这一事实似乎说明堡垒 i 是遗址中时代最早的建筑物。它不仅仅只有一层，在墙体上还发现了方形柱洞，并恰好位于目前被损坏状态下的顶部，这显然是用于承载另一层。古堡内部空间有20平方英

尺，堆积的废墟包括烧焦的木材，高约7英尺。

在堡垒与古堡围墙之间的东北面是一间狭窄的房间 ii，长20英尺，宽仅6英尺。古堡围墙多已毁坏，穿过它，房间 ii 由一阶梯与外面的院落 V 相连。院落 V 水平面低于堡垒本身20英尺，很明显是后期增建部分。尽管院落的墙体很厚，用和古堡同样规格的干土坯建成，但缺少后者的红柳加固层和木桩支撑。故经常遭遇更多的破坏，尤其是北角。围墙所环绕的空间约90英尺×29英尺，废墟和垃圾堆中有大量被烧焦的木头，所有的土坯经大火焚烧变得更红，据此判断过去可能曾有封顶。沿着东北面的墙清理，在其他地方发现马粪堆，这清楚地表明这是一处外院。穿过它可进入古堡，这里主要用作马厩。大门通过东南面10英尺厚的墙垣。

山顶上的烽燧（图137）海拔225英尺，高出河床两侧土岸的顶部，距离古堡西面的堡垒60多码，极其牢固。从结构、规模以及圆锥形的外形看，它令人惊奇地联想到分布在敦煌的相似的烽燧。它由平直、相当规整的硬土坯砌成，土取自位于山脚下的河流两岸。土坯每间隔10英寸有一层红柳枝，胡杨树木桩和横梁也嵌入其中。西南和东北面的基座宽25英尺，其他两侧宽约22英尺。由于东南面已严重地毁坏，较长的两侧的实际长度已无法测量。烽燧现存高20多英尺，即使没有登上它的顶部，亦能远远地眺望绵亘于宽广的河床及河边丛林地带上下的景观，远至高大、荒芜的沙山。

古堡内部遗迹发掘工作开始后，我们非常忙碌地度过了漫长、炎热的三天。堡垒 i 最近挖掘的洞穴痕迹显示，我在伊斯拉马巴特获得的吐蕃文木简曾出土于此。但是这些挖掘物遗留的厚重的废墟之下并未被扰动，经过清理出土了一些吐蕃文木简，同米兰古堡发现的非常相像。此外还发现了罕见的吐蕃文纸文书。类似的大部分遗物是古堡最后的居住者留下的，发现于房间 i 外侧入口的壁龛 iii 的堆积中。房间的混杂物中发现了一支芦苇笔，笔尖切削，与米兰发现的一支笔相同。一枚木质骰子，数字的排列方式同米兰出土的象牙垂饰一样。一把喀达里克型式的木钥匙，以及一个精致的龟形陶碟。在房间 i 惊奇地发现了一个挖掘在地面下的大窖穴，深 5.5 英尺多，面积约 6 平方英尺。它曾用木材精心地铺垫，像一块大木板形成了外罩，木板连同一个小活板门毁于最后的火灾中。这个窖穴肯定是用来贮藏东西的，人们都曾确信会在这里发现"珍宝"，然而发现时却是空荡荡的，令人失望。

在狭窄的房间 ii 发现的遗物除了 6 件吐蕃文书，还有一个三角形坚硬的灰泥制模子，用于浇铸坐佛塑像。几乎不需要这个发现，我就确信在佛教时期"神殿之山"一定也拥有自己的寺院。但是直到 1913 年 11 月我再次考察时，在前文提到的用奉献物装饰的木柱堆一面的围墙下寻觅到佛寺遗迹，现在这里被认为是伊斯兰教圣徒的休息之地，而受到旅行者们的崇拜。在房间 ii 的一角出土了约 20 件平整、制作粗劣的陶碗，直径约 5 英寸，可能用于祭祀。

清理古堡主体墙内的大区域 iv 时出土物甚少。地面被烧过的残土坯及木炭覆盖着，厚3~5英尺。所有易腐烂的遗物都被这场巨大的火灾毁坏了。发现了两个埋入地下的大陶罐，这两个陶罐可能用于贮水。在大陶罐里发现两枚铜币，年号是乾元。相同年号的第三枚钱币在小陶罐附近发现。顺便提及我们发现的其余6枚钱币，或散布在遗址附近地表，或埋入古堡下面的垃圾堆中。至少有4枚钱币是乾元年号，其中一枚年号为大历，另一枚是唐朝通用的开元钱币。因此，这些钱币提供的有价值的年代学证据，值得深入思考。

第一天工作中，在东部和东北部的陡峭山坡下发现的巨大的古代垃圾层，证实了各种类型丰富的遗物远远超过了古堡遗址本身。垃圾层从靠近外院 V 的大门，一直延伸到院落 V 北角以外的范围，长约190英尺。它们在山坡上的最宽处约70英尺，有些地方深4~5英尺。这些垃圾堆主要由稻草、粪便、动物骨骼等混杂组成，其外观和仍然刺鼻的气味使人直接回想起古老的吐蕃人废弃于米兰戍堡的那些无法形容的肮脏、巨大的垃圾堆。垃圾物的形成毫无疑问最早主要归于一支吐蕃驻军的存在。经系统的清理发现了大量书写于木板或纸上的吐蕃文书。而且在这个厚厚的大垃圾层中出土的文书遗物继续占优势，各种不同内容的文书混杂，它们的保存状况出乎意料地非常好。因为从下面的河流升起的潮气不可能上升到这座岩山的高度，故这里完全不见植物生长的迹象。而前文已涉及的高地和外部低矮的山岭，又阻挡了沙丘以及流沙堆的侵蚀。

图138　木弓残片

图139　木筷子

这些出土遗物有助于说明位于沙漠中的这个孤立小要塞的生活状况。一些带箭杆的长箭充分说明了驻守军队的装备，是一些没有任何装饰的箭杆，其中一支在有皮革的部位装饰了一片叶状青铜饰品。用红柳制成的木弓残片（图138），短剑和刀的木鞘。还有许多被丢弃的用羊毛和毡子制成的各类鞋子，有的鞋用不同的图案缝制，它们的厚度和巨大的尺码都说明足以抵御严寒。与楼兰、敦煌边境地区类型相似的编织鞋也具代表性。众多的织物残片属于毛质衣服的一部分，多数是紫红色或大红色。由于缺乏精致的纺织物尤其是丝织品，因此这些毛织物极具意义。仅有的一件织锦残片，它的织造与米兰吐蕃戍堡出土的一块锦非常相似。两双木质筷子也具代表性（图139）。渔网残片，表明当河流暴发洪水时，也可捕鱼。木质骰子，上面的孔或墨绘的圆圈的排列方式同米兰戍堡的一样，是吐蕃士兵盛行的一种娱乐活动。一些木质封泥盒，型式与敦煌边境地区驿站出土的极相似。在清理垃圾堆时，发现了大量的吐蕃文书、和田语文书、回鹘文书及汉文文书残片。

第二节　穿越阿克苏和乌什

我花了8天时间从麻扎塔格到达塔里木河与叶尔羌河汇合河口边，其间150多英里的路程中，没有发现任何古代遗迹。从库尔勒阿亚克下游开始和田河分流出众多支流河床，这些支流河床形成于不同时期，而当这些支流河床淤塞后又成为沙漠地带。在这些支流河床之间，当我沿着逐渐宽阔的和田河道顺流而下，展现在眼前的正是我在罗布沙漠中的库鲁克河三角洲与克里雅河古三角洲所见到的它们完全干涸之前的景象。

在各种有启发的特征中，我仅需强调一点即可。当我接近塔里木时，过去反复提到的在塔里木盆地其他地区的古河床方向已不再可追寻。但是在这里成排的死树或树桩（Kötek，维吾尔语——译者），我确信它们标志了古河床的方向。当我们从西北方的吉尔下游——和田河河床横穿，朝着塔里木前进时，我发现了从前一条名叫孕孜库木的古河床。这条河床虽然干涸了许多年，而且已完全被高大的沙丘淤塞，但在曾经是河岸的地方依旧生长着活胡杨。

从376号营地行走几英里后，所有的河床遗迹都消失了。但是在宽阔、荒芜的沙丘地带我们不得不深入。成排的枯死的树显露于沙丘之间，仍保持着相同的方向，按东南—南至西北—北方排列，与孕孜库木沿线观察到的一样。直到我们进入叶尔羌支流库鲁克里克阿肯两岸方圆几百码的丛林地带，这里所有的树木生机勃勃，从西向东横向地排列成一排排。树木与河流平行，河水哺育了它们的生长。景观的变化如此剧烈和突然，似乎树木的排列出自人类之手。

4月28日，在叶尔羌河与阿克苏河交汇点下游约1英里内我们横穿塔里木河。这个季节的叶尔羌河几乎干涸，而阿克苏河的河床宽达300码，流动着相当的水量。阿克苏河的水量大是因为它面积大，相对地与供给水源的天山主山脉上高高的冰雪覆盖层距离最近。它的源头从汗腾格里高峰西坡到喀什北部的铁热克山口，延伸了四个经度多长。但是这里丰富的适用于灌溉的水量，与河流左岸狭长的村庄地带从事的贫瘠、粗放的耕作形成鲜明的对比。前往阿克苏"新城"漫长的三天旅程中，我有充裕的机会观察这些现象，而记忆犹新的繁荣的和田土地必然加深了这一印象。

非常清楚，这个或许能发展为一个大规模、兴旺的地区目前落后的状况，不能归于缺乏供水。最终我将落后的状况与明显差异的人口种族特征相联系，包括阿克苏地区河岸地带及广大区域纯突厥血统的居住者，即著名的多浪人。从语言、种族类型及原始的生活风俗来看，多浪人与柯尔克孜人十分接近。柯尔克孜人分布在天山附近的牧地，乌什上方的托什干河河谷也有部分人从事农业耕作。众所周知，从巴楚上游到阿克苏沿着叶尔羌河分布的大多数多浪人，他们的血统不同于绿洲南部、东部、西部的居民。可以肯定他们从半游牧方式转变为定居的农业生活发生在最近时期。移民潮使他们翻越天山北部真正的突厥领地，进入塔里木盆地，时间不太久远。然而正如我们现在所见，促使多浪人迁徙的地理因素也或许有助于解释关于阿克苏的明确的历史观察。

停留在"新城"潘大人的统帅部的五天期间，在阿克苏我获得了重要的古物。这次为期较长的重聚中，我非常感谢这位作为阿克苏道台的尊贵的官员朋友所有积极的帮助。在他的辖区内我扩展了访问的范围，即从我第一次进入若羌以来，直至远远超越了东部界线。我也向他展示了出土的中国古代文献标本等，非常感谢他对我的劳动成果有着经久不衰的学术兴趣。同时得益于潘大人有力的推荐，保证了拉尔·辛格翻越天山外侧山脉远及喀什北部山口进行连续的测绘时，能够得到所有当地的支持。他的友善的关心，也使蒋师爷备感安心。蒋师爷热情的服务对于我成功地完成工作帮助很多。

在阿克苏停留期间我所作的调查，没有获得这一地区内古老遗迹存在的任何信息。由于拥有沙畹和戈厄纳已阐释的中国文献中必要而有用的资料，我无须再长篇论述它的早期历史和地形。戈厄纳的功绩，在于首次正确地指明《汉书》所描述的姑墨地区。《后汉书》以及《魏略》提到相同的名称，均指今天的阿克苏。《汉书》记载姑墨位于龟兹或者库车之西670里，距离南部的和田骑马需"十五天"的行程，与我计算的和田与阿克苏之间所需路程相符。现有的3 500户人口似乎证明，与历史记载的龟兹（库车）6 970户，焉耆（即喀喇沙尔）4 000户人口相比接近正确的比例。同传中的温宿位于姑墨西270里，近代中国地理书和官方命名错误地认为它即是阿克苏。戈厄纳和沙畹指出它应位于乌什。

《唐书》清楚地说明汉代姑墨就是"跋禄迦小国"，即玄奘从库车向西穿过一个小沙漠600里后到达的国家。《唐书》也记载了从库车向西到乌什（温宿）的全部路线，另外提到阿克苏城亦名拨换或威戎、姑墨，准确地记叙了它的位置。关于阿克苏一系列不同的名称，必须增加亟墨这一名称，《唐书》第一段文中将其作为异读名称记载。除了威戎，悟空还提到钵浣（怖汗）。[1]玄奘关于跋禄迦的叙述简洁，《唐书》亦没有再添加内容，描写姑墨或亟墨即是"小国"。玄奘记叙跋禄迦的面积大约是东西长600里，南北宽

1　悟空约在公元787年返回长安途中，从和田行至阿克苏。很明显他不得不绕很大的弯路行走，当时因为经过罗布泊和敦煌的直线道路已被吐蕃人占领了。

300里，首府面积为方圆五六里。"土宜、气序、人性、风俗、文字、法则同屈支国，语言少异。细毡细褐[1]，邻国所重。伽蓝数十所，僧徒千余人。"

玄奘致力于库车与和田的详细叙述中，无论哪一个国家拥有的佛教僧侣都达5 000人。如果将其与阿克苏简短的报道对比，很容易明白在他抵达阿克苏时，这里是远远缺乏重要性和财力的地区。根据《后汉书》《魏略》及《唐书》记载姑墨是龟兹的属国，今天仍可观察到这种情况。如今作为商业和行政中心的阿克苏日益重要，这并非归于远远低劣于库车的产品和工业，而主要是"新城"和"老城"充分地利用了优越的地理位置条件。从喀喇沙尔至喀什穿越塔里木盆地北部绿洲的大贸易路线经过阿克苏，其他通向天山北部沃谷的几乎同样重要的道路也从此经行。从阿克苏通向正北方向的多数路线经常翻越木札特山口，木札特山口连接着塔里木盆地和伊犁河谷，是伊犁的商业中心。托什干河谷高处及经过乌什有一条路线翻越别迭里山口，从这里开始有通路。此路通向伊塞克湖围绕的山谷一侧，以及靠近雅夏特斯源头，与前往费尔干纳的山谷一侧，分布在其间的土地几乎最易引起中亚征服者们的觊觎。同样的原因使今天的阿克苏在汉代即成为平等地

1　如今，阿克苏的织毯与鞍具等仍受到塔里木盆地人们的喜爱。它们主要由山区的柯尔克孜人制造，贸易则集中于阿克苏"老城"。从阿克苏运输棉布货物到库尔伽。

从事贸易交流和商业往来的繁忙地区，同一时期乌孙在北方山谷建立强大的王国。玄奘离开跋禄迦（阿克苏）继续访问托克玛克附近之后，大片的山脉和平原被西突厥人占领，他们的最高元首是可汗。相同的地理因素一定促使阿克苏具有战略和政治方面的重要性，但缺乏必要的解释。毫无疑问，1877年清朝收复新疆之后，在这里设立了道台，最初明确地选择阿克苏作统帅部，驻守（名义上）一支强大的戍卫军。[1]

这使人自然地联想到，诸如此类已不存在的地理联系，对阿克苏地区的人种史也未施以深远影响。与喀喇沙尔相似的情况是，这里有丰富的灌溉水源，故也或许遭受来自北方的侵犯。但我缺乏材料以深入地探寻这个问题。必须充分指出，前面我偶尔提及期望引起关注的本地区的名称的多方面变化，至少部分名称源于同一种族构成相连的变化。目前的名称阿克苏是突厥语的派生词，据我考证它的最早出现不会晚于公元14世纪。

5月6日我离开阿克苏"新城"前去访问乌什，以及位于南面的天山外部山岭著名的柯坪地区。我知道柯坪曾被不全面地考察过，在阿克苏由于潘大人友善的帮助获得的信息表明，接近小绿

1　当时在阿克苏"老城"南面7英里建立"新城"或英沙尔作为清朝统帅部和大本营，贸易和交通仍保留在老城。可能是阿克苏丰富的供水，以及为维系守军随之扩展的耕作，是选择阿克苏的关键因素。这里需说明当我从塔里木经过马坦的途中，遗憾地忽略访问过去曾是"军屯"的土地，它们明显地按早期汉代方式分布。

洲和通向巴楚的地带分布有废弃的遗址。因为在和田有许多任务
迫切地召唤我，从莎车返回和田以前，我希望通过访问这些遗址
以结束我的田野考古工作。从阿克苏"新城"到"老城"骑马走7
英里，我们沿着广阔、荒凉的高原边缘行进。高原耸立、突出的
黄土崖高出两城60~100英尺，与灌溉区毗邻。高原顶部分布大片
墓地，麻扎和坍塌的古堡，明显属于伊斯兰晚期。在许多近代神
殿附近可能存在早期遗迹，但我没有发现。但是，大量的类似史
前穴居人的住址和坟墓表明，那些保存良好的石窟遗址可能曾修
建险峻、易于筑造的坚硬土墙。

经过两天轻松的旅程，我到达乌什地区最东边缘。这里遍布
肥沃、易于灌溉的土地。但仍旧疏于开垦，正如我从塔里木沿途
所观察到的一样。原因是这里人口稀少，缺乏劳力。阿克苏河（在
这里亦叫库木艾日克河）以及托什干河都流经整条路线，带来大
量的水流，远远多于同一季节的和田河水量。其次，尽管河水只
充满了洪水期间的河床的一小部分，库木艾日克河仍宽0.75英里，
几乎不能涉水而过。[1]戈厄纳和沙畹指出，这两条河流在《唐书·地
理志》有关记载中均准确地提到，书中也记述了从拨换城（即阿

1　库木艾日克河供水给托什干河东部阿克苏主要绿洲上所有的水渠。我
测量了一下，河流流量为1 640立方英尺／秒，不包括高处的小渠拦截的水流。
托什干河流进三条主要的浅水渠，总流量超过6 800立方英尺／秒。这个季节
之后，当覆盖在汗腾格里山西坡巨大的冰川开始融化，阿克苏河流量远远大于
托什干河。

克苏）到大石或温肃城（即乌什）的路线。第一条河名为拨换河，第二条河是葫芦河。拨换河与拨换城的距离未说明，但注明与葫芦河相距40里，恰好与现今穿行沼泽地道路距离约12英里几乎一致。表明库木艾日克河西部的一条古河床，在铁热克巴格村与托什干河交汇。《地理志》记载的"小石"城位于两条河流之间，可能十分接近今天的巴伦村和恰瓦力克村。

5月8日，经过一天愉快的行程，我们从托什干河西岸附近前往乌什。道路主要穿过南部著名的荒芜的喀拉铁克山脉脚下一片相当古老的耕作地带。田野呈现出精耕细作的外观，并经常出现优美的棚架。后来据一位老熟人，乌什的行政长官彭大人解释，乾隆皇帝统治时期经历一场叛乱后，这里原先的所有定居者全部被消灭，现在的居民是来自喀什与和田地区的移民后裔。因此，经过素格特里克麻扎附近的遗址，我看见那里分布着一些大型拱顶坟墓或拱拜孜，是柯尔克孜人或同源的族系的墓葬，而当地人传统地误认为它们是克普恰克王子的墓葬。

狭窄的耕作地带以外的北面伸展着一片广阔的草原，草原吸纳了来自托什干河充裕的潮气，对于柯尔克孜人而言作为冬季牧场极具吸引力。因此，多数柯尔克孜人居住在高山谷上，而其中一部分人也从事农业。在乌什也可见到许多柯尔克孜人，我住宿于他们在伯克的宅邸。在这个远离繁荣的小城，我也能利用两天时间在他们中进行人类学测量。大多数柯尔克孜人的体质特征仍保留纯粹的突厥血统，但是另一些人明显与萨尔特人的血统融合。

图 140　乌什上方岩石山嘴上的堡垒，自东望

这里的柯尔克孜人称呼信奉伊斯兰教的定居者为萨尔特。中亚西部地区非常普及使用这个术语，但是在塔里木盆地我第一次听到，使我回想起俄国边境附近地区和锡尔河源头。

　　春季时常弥漫的尘雾遮掩了北部巍峨的天山山脉的雪山，因此不可能远远地望见别迭里山口。玄奘曾经过别迭里山口到达伊塞克湖地区，由那里前往索格底亚那。即使没有天山这个庄严的背景，我仍然认为乌什是我在中国新疆所访问的所有地区首府中，风景最优美、最令人愉快的。肥沃的绿色山谷鲜明地映衬在南部环绕城镇的光秃的灰色山脉之下，特别醒目的是一座高大的堡垒（图140）。它位于一个突出的岩石山嘴顶部，山嘴与城镇西墙相连，突出于墙上，像一座巨大的天然堡垒，最西边的山崖高达250多英尺。堡垒与两侧的防御工程与城墙连接在最近完成。在一次叛乱中，乌什被包围和占领，人们在被摧毁的防御阵地修建了城墙。但这个天然堡垒肯定自很早时期即被利用。

第三节　翻越山脉前往柯坪

在乌什停留期间，我所做的调查没有获得有关山谷中分布古老遗址的任何信息，但是从像柯尔克孜人的村民那里听到了关于一些神秘的城镇或堡垒的模糊的传说。据说只有在天气晴朗时，远远地看见它们位于南面高大的山脉上，但无论什么时候去寻找它们，人们都无法找到。所有出发去寻找废城和珍宝的人们都没有发现它们，足以说明这些传说仅是库列克沙尔、巴巴尔沙尔等的本地反映，是塔克拉玛干沙漠周围的多数绿洲的人们渴望寻觅古城普遍的想象。同时我高兴地从年老的猎人阿卡勒尧勒其处听说，在去阿克苏的路中有机会探寻这个当地的民间传说。十多年前他和另一位伊斯兰教徒遵从按办的命令，陪同一位汉族男子到达名叫喀卡加德山峰脚下，山峰耸立于柯坪路线上方。汉族男子希望寻找到他称之为"唐代首领的宫殿"和埋藏在那里的碑铭，在山中汉族男子失踪了三天之后又重新回来，但没有揭示他探索的结果。以后阿卡勒尧勒其自己也登上喀卡加德山峰，然而山顶仅有岩石和长满野草的台地。

　　5月11日，我离开乌什经空台废弃的烽燧后，到达西南面一个开阔而荒凉的河谷。位于我们左侧的崎岖的山脉愈来愈高大。骑马行走20多英里后，映入眼帘的是非常醒目、奇特的锯齿状山峰顶部，排列成长长的一排，沟壑中还存在小部分冰雪层。从喀拉什维峡谷走出，进入开阔的山谷，更接近地眺望这些山峰，令人奇妙地联想到大理石。这些山峰高耸13 000多英尺，极其险峻的顶峰和几乎垂直的崖壁与废弃的古塔、堡垒惊人的相像。高大的山谷周围仍然能见到一些柯尔克孜人赶着畜群前往贫瘠的草场，草场由于持续的干旱几乎没有水。他们知道这一排山峰叫喀卡加德，并且迷信地敬畏它们。当我注视屹立在眼前的山峰，或像塔楼、城垛、高楼，我不由地肯定这一段山脉非同寻常的景观是在乌什听说的有关传说的渊源。据陪同我的向导、柯尔克孜头人曼古什伯克说，山峰中可能居住着一条龙，不时地以云的形象出现，喷发冰雹和火。他以及其他柯尔克孜人的故事，使我清晰地回想起年老的汉族朝拜者讲述的传说，在帕米尔冰雪覆盖的高处和兴都库什山口上面居住着龙。传说内容如此相像，似乎清楚地表明此中亚和其他地区的关于山脉的古老传说是不分种族变化，非常稳固的。

我愈发对这条山脉产生了浓厚的兴趣，它不同于我在中亚旅行时所见到的山脉。当天深夜住宿于曼古什伯克的帐篷，由我的机智、敏捷的牵驼人哈桑阿洪颇费周折提供的消息获知，山脉南侧高处有一个石人像。曼古什伯克似乎有些不情愿地承认知道石人，然而却答应当向导。第二天经过短暂但相当困难的路程，我们从海拔高度约8 600英尺的赛格孜坎阿尔特山口横穿山脉，穿越灰沉的岩石覆盖的峡谷，峡谷里有道路可从南面到达喀卡加德山。赛克孜坎天然的山口南面稍远处有一个萨依特卡克石塘，因此我们在此扎营。5月13日，在曼古什伯克的引导下，我继续寻找石像。尽管道路漫长，一天内仅有柯尔克孜人的矮种马践踏这里的大部分地面，但仍是一次极有趣的旅行。

沿着山脉东南侧攀登了一系列的陡峭山峰后，在最高的萨尔拜勒（海拔约10 000英尺）山峰下方我们发现了一处柯尔克孜人的小营地。这里以及山脉的其他地区明显地缺少水。柯尔克孜人仅依赖冬季融化的雪水，将雪水保存三四个月。一年中的其余时间从卡可（即石塘）汲取水。发源自高处的雪层下方的泉水，流入重叠的山峰之间的深沟幽壑。这个营地的一位聪慧的柯尔克孜老人声称在他年轻时，这里的雨雪充沛，过去许多柯尔克孜人到达这些贫瘠的山峰，而且依靠分布的低矮植物维系大批牲畜群的生存。

从萨尔拜勒下方我们沿着逐渐宽阔的山地骑马行走，山地环

图 141　分布古堡的麻扎塔格山，自东北望

绕在两天前所见的喀卡加德山峰渐倾斜的山嘴脚下（图141）。从这边看山峰呈现出非常奇异的景观。这些高耸的岩石山峰具有一种特殊的魅力，而且大部分山峰根本不可能攀登上去。因此，很容易明白为什么古老的传说会发生在这些山峰中，并被认为这里是装满财宝的堡垒。非常遗憾由于时间紧迫，我们无法再靠近山

峰，也没有时间试图确定这些奇形怪状的岩石形成的地理原因。顺便附加一句，山脉两侧峡谷里暴露的岩石主要是一种红色砂岩。

从萨尔拜勒下面骑马10多英里后，我们到达恰勒考依德牧场。牧场海拔高约6 700英尺，我惊奇地在那里的一座岩石小山丘顶部发现了一座建造粗糙的圣人墓，位于山脉顶部一线高高的上方。眺望山峰，可以看见这里有一条路通向伊达克吉勒尕，那里突兀地耸立着一座特别陡峭的山崖，虔诚的柯尔克孜人认为是古代一位名叫喀孜阿塔的英雄的形象。但更引起我注意的是，在简陋的用石头堆砌的宽约8英尺的围墙中部发现一尊真正的石人像，标志这里是神圣的地方（图142）。石像为一块碑形石板，高2英尺10英寸，宽12.5英寸。平面粗略的浅浮雕，表现一名男性手持一把弯曲的剑，双手交叉于胸前，头部巨大，颇不合乎比例，双脚已不可辨认，眼睛和眉毛有墨绘痕迹。尽管雕像过于粗拙，难以谨慎地估定年代，但石头已遭受大量的侵蚀明显地古老。

无论雕像可能象征什么，它都已成为伊斯兰教化以前的人们所崇拜的物体，似乎像一个圣物。迄今更可能虚构的是，在石像一侧发现一座被认为是佛塔的小型象征物（图142右侧）。石块高14英寸，双面，更像是一个近方形的双层基座，上方是一个向后倾斜的造型，粗糙的圆顶表明这是一个残留的穹隆顶。石质可能是花岗石，石头背部扁平。因为它是浅浮雕，我认为这种简陋的雕刻品象征佛塔。但是7年后在遥远的帕米尔附近地区，经过不断的观察我发现这种石头奇异的形状是天然的，是由侵蚀作用造

图 142 喀拉特克山脉依达克山口下方，恰勒考依德神殿柯尔克孜人崇拜的石像

成的。在俄国瓦罕纳马古特附近常去的麻扎，对面是妫水上的喀拉依喀卡古堡的地方，我采集了很多相似的石块，它们仅尺寸不同，但都明显地像小佛塔。很清楚它们是自然形成的，而且出于尊崇它们的形状被人们放置在神殿。当佛教依然流行于妫水最上

游流域时，自生塔肯定被奉为崇拜的对象。

然而这奇特的恰勒考依德圣人墓最令人好奇的特征是，围墙周围摆放了正统的伊斯兰教寺院常有的奉献祭品，包括绵羊或者盘羊的角，野山羊角，马的头骨，旗杆上悬挂的布等。可以肯定对这座神殿的崇拜是目前非常频繁的事情，尽管乌什的毛拉赫强烈地反对。这个情况是曼古什伯克告诉我的，他说直至近些年对这个奇怪的圣人墓的崇拜才在附近牧场的柯尔克孜人中普遍起来。许多男人过去亦从遥远的山谷到达这里，同所有的柯尔克孜牧人一样虔诚的伊斯兰教徒也延续了漫长的数代。据说今天只有老人们遵循在神殿祈祷的习俗，甚至没有人敢进入围墙。非常惊奇的是曼古什伯克讲述的石人雕像是女性，名叫库瓦格孜，她是古代英雄喀孜阿塔的妻子。前面已提到显眼的岩石山峰，被认为象征喀孜阿塔的形象。这是一个令人迷惑的传说，我已无法解释联系两个人物之间的细节。但模糊的关系足以说明，矗立在这里的奇异的神殿一定源起于对一种神奇的自然特征的敬仰，即一个自生者，它是梵文术语，在古代、近代的印度民间传说中极负盛名。因为本地的佛教崇拜总是需要一个场所。

从萨依特卡克这段有趣的旅行，以及接下来前往柯坪的两天路程中，我了解了天山山脉外部山脉非常普遍的极干旱的状况。由于缺乏文献记载或者任何古代文书遗物，不可能探究历史时期这里的气候可能经历的变化，尽管柯尔克孜人传说似乎清楚地指出气候趋于"干旱"的发展发生在近期，但关于这一点没有任何明确的资料。研究这些山岭的现状，泉水非常稀少，所有的旅行依赖于了解可获取供水的天然石塘的知识，不同的季节的供水变化，颇具历史价值。它们使我更容易地认识，诸如北山最西边缘的现已绝对无水、荒芜的山脉过去普遍的状况。在这一时期，当古代中国开辟的新北道穿过那些贫瘠的山岭直到吐鲁番和古城（即今奇台），匈奴入侵者依旧从哈密一侧经过这里通向敦煌西部的古代中国主干路线。颇有启示地发现具有相似特征的柯尔克孜人袭击者，也从高大的天山山谷侵扰连接阿克苏与喀什的平原上的商道，迄今柯坪和巴楚人仍然保留着回忆。我丝毫不怀疑，古代中国向北方的行政或军事权力的控制一旦松懈，他们就一定会卷土重来。

　　从萨依特卡克向下至柯坪行走的路线位于穿过幽深、景色优美的峡谷的道路上。峡谷砂岩和片麻岩构成的陡峭崖壁，有些高达 1 000 多英尺，醒目地显示过去因洪水侵蚀作用而遭受冲刷的迹象。然而仅在库鲁木勃古孜峡谷我们看见了一条小溪，浇灌了从柯坪绿洲开垦的铁热克阿巴德小铁列噶 20 多英亩的麦田后，不久消失于碎石地带。这一时期这里下游的河床完全干涸。小溪从南面流过俯视开阔的柯坪峡谷的像墙一样的山脉，然后经过一道威严的石门流入向绿洲伸展的一片巨大的沙砾缓冲地带。它没有直接流进绿洲，而是在铁热克阿巴德被西南方向的山谷一侧阻隔。我沿着平稳、宽阔的干涸的洪水河床向下游到达萨依朗麻扎，那里的地下水涌出形成一眼泉。在一个阴凉、精致的凉亭下的苏勒堂奥乌拉孜阿塔圣人墓表明，这是一处近代的水源。无论如何其他地区的流水流到这片巨大的冲积扇，直至在布拉克巴什以下15米多时才会显露出来。这里叙述的洪水河床与源自柯坪的干涸的河床相汇，从接近它们的交汇点涌出的沼泽般的泉水形成了一条小溪，流向阿恰，远及于今天阿克苏至喀什的大路上的其兰驿站。

5月15日，我到达柯坪绿洲。这里仍然是一处愉快、颇有意义的地方，尽管当地的人们名声恶劣，在阿克苏以及其他地方他们被长久认为是小偷或者抢劫者。或许古时候，当柯尔克孜人袭击南面大路的交通或策划抢劫时，柯坪可能担当了作为一处合适的基地的角色，拥有这种"声誉"自然是理所当然的。现在绿洲展现的是一幅广阔耕作及高水平的乡村景象，我在塔里木盆地及其他地区从未见过比它更好的绿洲。远离所有主要的路线，经过一段将柯坪与最近的市场阻隔的路程，柯坪人运输自己的资源，他们似乎没有受到来自外来的影响。同时孤立的状况也使他们最可能地利用传统的方法。环绕狭长的耕作地带两侧的完全贫瘠的山脉及荒凉的沙砾戈壁，印证了这一结论，迄今更加显著。

西面、南面和北面与古老的村庄土地相连着许多肥沃的黄土。由于灌溉水源十分有限，为满足迅速增长的人口的需要，只有在三年或四年中轮流开垦新土地。从当地确凿的消息得知，随着中央帝国的重新治理，建立定居的生活方式以来，柯坪传统上被分成12个村落的人口稳定地增长，估计总数约2 000户。根据当地极富才智的首领卡斯木伯克与村民们一致的说法，供水在他们那时没有变化，传统上也没有任何改变。因此，很清楚在这种情况下从阿古柏时代任何英耶尔（意为新的地方——译者）或新土地的开垦——我在调查过程中已确定它们的分布范围，仅是人口增长的压力的结果，而不是气候变化导致的。

因此，柯坪提供的证据对于塔里木盆地有关"干旱"或气候变化的问题具有明显的重要性，而关于后者的争论或许源于废弃的遗址显示的考古学观察等。它又一次明确地揭示，过去扩大耕作需要充沛的水源，即非常湿润的气候。这个证据值得重视，因为影响柯坪灌溉的问题是唯一的，不同于我们记录的多摩可遗址所在绿洲的复杂性，或者依赖于供给水源的易于淤塞或漂移的河床。柯坪所有的水源源自距离绿洲中心 10 英里苏巴什一条深谷流出的泉水。这条峡谷在特征上相似于库鲁木喀热勒峡谷，泉水从西北面流入峡谷平原，穿过狭窄的穷喀热勒峡谷。[1] 有趣的是由于供水有限与人口稳定地增长，可灌溉的土地也不足以维持人们的生存，而从未听说有永久性的移民。即使阿克苏和库尔勒拥有充沛的水源和适于耕种的土地，也不能说服柯坪人延长季节性的停留时间，他们中的许多人已习惯于在阿克苏、库尔勒和其他北部绿洲做劳力。

1　峡谷名称源于一处废弃的喀热勒（哨卡）。两侧的墙垣形成一个丘萨穿越峡谷口，由于时间短促我没有考察它，但是当地的消息确定它的年代相对地晚。由本地的一位汉族小官员证实，在一份"新版土"的汉文报道中他发现了乾隆时期的这种"卡子"建筑。

由于解释柯坪的灌溉水源，当我在今天的耕地范围附近或周围发现已报道的遗址毫不奇怪。萨亚特沙尔是一座方形小堡垒，位于深陷的库恰克亚里洪水河床西面，它的周围一侧环绕着轮流灌溉的新开垦田地。简陋的土墙构成了一个约166码×90码的方形，有些墙体高仅6~10英尺，厚约6英尺，一段薄弱的护墙厚约1.5英尺，顶部高出今天的地表约6英尺。围墙里面除了一个完全倒塌的低矮的土堆，没有发现任何建筑遗迹。西南角外部有两排相邻的低矮土墙，约50码×25码，但没有显示任何原来的特征的迹象。这个小遗址不见任何形式的遗物，有时来自运河的洪水亦会阻止风力的侵蚀，但地面上没有发现陶片。因此，不能确定这个小筑堡的年代。相同的例子也见于曼加克其遗址，它位于柯坪小巴扎以南1英里的一片小废墟地区，目前多数已散布在田地中。这里我所记录的仅是缺乏出土的陶片和一个不规则形状高约15英尺的土堆，土堆已被挖掉一部分用于给土地施肥。据说遗址的年代应早于附近采集的石质小装饰品。

柯坪的这些遗迹没有考古价值。最令我高兴的是，这次访问幸运地遇上一个柯坪人的宴会，他刚刚调查了阿克苏至喀什道路上，吐木休克和柯坪外部贫瘠的山脉之间孤立的沙漠宽阔地带分布的塔提类型的广大的废墟地区。同和田塔克拉玛干奇一样，当春季一系列的"大风"搬移了沙丘，将以前隐藏的坚实的土地一块块地暴露出来，人们沉迷于这种寻宝的活动。有时也会发现一些珍贵的金属质小遗物以及其他东西，尽管柯坪人什么也没有告

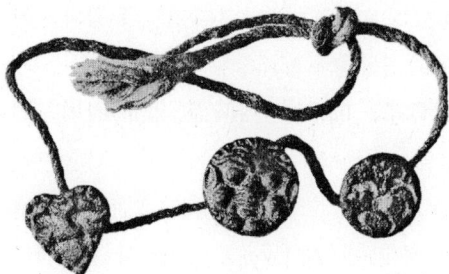

图 143　青铜印

诉我。我从他们那里获取的大量的时代跨越汉朝至唐代的钱币，
毫无疑问曾经分布在他们搜寻的地区。进一步的证据是，他们获
取的石质、金属、玻璃、琉璃质小物品所显示的特征。其中值得
介绍的是一枚凹雕光玉髓质印，粗略地雕刻一个女性半身像；青
铜凹雕印，虽磨损严重，但仍能反映出古典模型的影响；透雕细
工的青铜垂饰，男性舞蹈者的形状。我在柯坪不久获得的另一套
相似的金属质或石质小遗物，发现于库独浑山南部的沙漠地带，
肯定也出自同一片废墟地区。其中的三件青铜印（图143），包括
一个浅浮雕的森林之神的头部，使人联想到和田赤陶镶饰的怪异
的头部。

第四节　吐木休克和巴楚北部的沙漠遗址

　　5月17日，为探察位于南部沙漠的古老遗址，我从柯坪起程，随行人员是"寻宝人"和工人们。由于早已预料季节的炎热，携带充足饮水和供水的困难性，所以经过阿克苏以后，我不得不在所有工作中节省使用骆驼，不再用于运输，因此三天的考察有些费力。第一天由于贫瘠的山岭崎岖不平，负载辎重的牲畜难以翻越，我们被迫绕着柯坪外部山脉的东端走了一段很长的弯路。当绕过距离阿恰（即前面提到的远离柯坪的聚居地）不远的山脉尽头，向东南方远远地眺望，我看见了一个高大的土墩，即索克苏克沙尔梯木，从我们即将前往的道路根本不可能去访问它。柯坪人认为索克苏克沙尔梯木是一座非常古老的塔，并流传下几乎准确的猜测。它屹立的位置或许曾在从阿克苏通向喀什的古老路线上。

　　我们在靠近一条狭窄的峡谷出口的山脚下扎营。峡谷高处据说分布着一个卡克，或者岩石水塘，时常蓄存水。次日早晨我们离开通向巴楚的沙漠路线，经过著名的库独浑山峰脚下，继续向西南—南方向前进。山脉裸露的黏土斜坡上的道路，是稀疏的红柳堆及沙丘覆盖的地面，而向前行沙丘高达10英尺。行进了约14英里，我们到达了柯坪向导提到的穷梯木废址，即大塔。距离遗址0.5英里的范围内，沙丘之间的地面厚厚地堆积着陶片、矿渣，以及相似的塔提废墟，很快就证实它的分布面积超过2平方英里。遗址的北端被枯死的红柳堆和高达15英尺的沙丘包围，遗址因古塔屹立在那里而得名。与遗址西面相邻的是一座几乎是东方化的堡垒（图144）。堡垒每面土墙长约110码，西面保存最好，依然耸立，高出最近的裸露地表12英尺。由于靠近沙丘而难以确定四面原来的地平面，堡垒大多数地方由于风力侵蚀作用而被严重地破坏。但是因建筑中加入灌木层，夯筑的泥土仍然坚固。烽燧破坏严重，以东面墙垣为准，仍高出可能是地面的位置约35英尺。从烽燧的东面测量（因为它的底端比其他几面堆积的废墟少），基座约25平方英尺。烽燧用晒干的土坯建造。这种建筑外观粗陋，只有灰泥层，层与层之间没有灌木或其他类似的结构。

遗物以及四周被侵蚀的地面所呈现的面貌，明确地反映了废弃的堡垒的古老性，古堡最近的区域发现的小遗物也完全证明了这一点。在北墙外面采集了11枚磨损严重的五铢钱和鹅眼钱，发现时它们聚拢为一堆，很明显是从同一根绳子掉落下来的。在靠近堡垒的地方发现的其他中国钱币中，有3枚是五铢钱，一枚是唐开元钱币。这些证据表明古堡的时代从早期一直延续到唐代，我在柯坪获得的钱币也证实了这一推断。这些钱币是"寻宝人"在最近一次搜寻穷梯木遗址时发现的，有几枚为唐代钱币，最晚的年号为大历，其中一枚为王莽货泉。

堡垒周围风蚀的地面堆积很厚的陶片，多数是细腻的泥质红陶，它们显示了一种鲜明的古老风格。其中一块陶片，饰有斑驳的绿釉，具有中国汉代风格。另一块陶片，绿釉下浅雕出花纹，与公元2—9世纪的近东可能是波斯的器物相似。关于遗址的最晚年限，遗址采集的各种各样的小文物，如青铜器、玻璃、琉璃和木器，没有一件文物表明遗址的废弃晚于唐朝末期。

围墙里没有任何形式的建筑遗迹存在。西墙里侧分布着一个

图 144　柯坪南部沙漠中的穷梯木遗址的烽燧

垃圾堆，高3~4英尺，延伸约25码。我将这个垃圾堆全部清理至地面，但出土物极少。在牛、马粪堆，稻草、灌木堆中，仅出土破碎的棉布、毡片、绳子等。我愿记录的是垃圾堆中没有出土一片纸，然而颇具意义地发现了散布在围墙周围的许多小块硫黄。它们确凿地证明，在库独浑山峰东坡有一处硫黄矿，现正被柯坪人有规模地挖掘，而山岭向北的一些类似的矿源在小古堡占领时期也被开采。遗址的特点，特别是高大、牢固的烽燧，似乎清晰地指出在从阿克苏通向喀什的古老路线上它是一座驿站。作为路边的小站，它非常自然地出现，与处于同一条直线上的硫黄矿相距约10米，也许是为了运输硫黄矿的产品而形成了一处固定的地方。

这里我需立即解释，穷梯木遗址已被证实位于与其兰相连的最直接的路线上。现在的这条道路起自阿克苏，离开山岭脚下。我在1913年10月的探察表明，它的古老路线通向巴楚北部，沿着山脉脚下一直延续到喀什。在没有详细地研究1913年的考古与地形调查结果之前，不可能提供作出这个推断所基于的理由，必须等待我的第三次旅行报告及配置的细致的地图出版后方可。同时需充分指出，这条古代路线穿过现在的巴楚至喀什道路的北部，远离源自喀什河的洪水易发地区。下面我将叙述的拉尔塔格沙山脚下的废址，或许与西南方的穷梯木遗址最接近属于同一时期。这条古老路线的相反方向，大概以穷梯木西北的索克苏克沙尔梯木为界限。我的柯坪向导称穷梯木遗址和索克苏克沙尔之间的沙丘有两处毁坏严重的土墩，他们认为是炮台，准备带我前往考察。但这个季节供水极困难，无法在沙漠里过久地停留。土墩附近则没有塔提废墟或其他遗存的分布。

我仔细考察了周围的地面后很快即确信，穷梯木遗址不仅是一处路边的驿站，也是一个具有一定规模的居住点。遗址南面和东南面1英里多的范围内，随处可见侵蚀的台地，通常高约810英尺，堆积着厚厚的陶片，清楚地表明这里是已完全被破坏的居址。其中的一点泥土"证据"，即规格为10英寸×10英寸×6英寸的大型土坯遗物，它们肯定取自具有一定规模的建筑物的基座。柯坪"寻宝人"不久前到这里搜寻，在挖洞的过程中发现了一只大陶罐。陶罐里没有他们所期望的珍宝，仅残存凝结的一团油类物质。充足的油质使得破裂的陶罐底部粘连，从而保存了一件标本。在几处地方我偶然发现了一些小水渠隆起的堤埂，水渠由西南向东北向延伸。参见地图，养育这些水渠的运河一定来自吐木休克，可能是源自干涸的喀什河的一条支流，或许是现在以干涸的乔热艾肯河床为界限的同一条支流的尽头。其他地方可见枯死的果树枝干散立于地面，仍显露出在古老的果园里的种植行列。

丰富而明确的证据表明，遗址早期即被废弃。但我在堡垒东南方不远处，采集了3枚近代才流通的中国铜钱，感到非常困惑。其中两枚为乾隆钱币，铸造时间晚于1759年，另一枚是嘉庆（1796—1821年）钱币。我到达位于现今的大路上的吐木休克村以后，这个考古之谜才得以解答。据管理本地官方邮政的年老的喀热勒巴什讲，大约于1876年由这条通往阿克苏的道路还有两天行程的亚依迪附近，在一次战争中阿古柏的儿子哈考拉击败了觊觎王位的哈克木托拉率领的军队。被打败的军队的许多士兵北逃入沙漠，在8月炎热的太阳照射下，由于饥渴与筋疲力尽而悲惨地死去。柯坪人后来进入沙漠寻找死去的逃亡者身上的贵重物品和钱财时，掩埋了他们的尸体。

继续前往穷梯木西南方向约3英里，经过了一些废墟覆盖的小地方，沙丘之间也出现了很多的古老水渠的遗迹。这里发现的一枚五铢钱与四枚开元钱币说明，这一地区与穷梯木属于同一时期。经过了又一次的沙漠宿营后，5月19日，我们以吐木休克上方显著、陡峭的山岭为引导向西南方前进。不久沙丘逐渐稀少，低矮的灌木越来越常见。距离389号营地以外约2英里，又出现了一块块小塔提覆盖的侵蚀的地面。但很快发现的钱币证实，现在到达的这一地区的存在时期长于穷梯木，一直延续到伊斯兰时期。除了两枚唐代钱币，还包括两枚年代为1034—1038年和1068—1078年的宋代钱币，以及回历743年打制于克瓦里兹木的金质荷尔德（Gorde Horde）的一枚小银币。

进入红柳堆密集的地带，即距这些小塔提约1英里，通常标志着进入一条古老的河床。稍远我们继续在这个确定无疑的干涸的乔热艾肯河床行进，岸边生长着高大的胡杨树，有的仍生机盎然，有的已枯死。向导们告诉我，喀什噶尔河尾闾一条古老的支流经过吐木休克西面的两座岩山之间的峡谷，据说一直远远地向东流去。我看见位于小红柳堆之间低矮的土墩上耸立着成群废弃的房址，除了河边地带，所有的情形都让我回想起消失在塔克拉玛干沙漠中的克里雅河、民丰河等流域常见的地表。房址中很明显没有任何古物出土。或许在最近的时期，当乔热艾肯隔一段时间又一次挟水汹涌而至，当地人们试图从丛林中开垦这片地域。我们到达喀什噶尔河尾间三角洲北缘，在需要其他附带的参考之前，常记下有关这一地区耕作情况的经常性变化也是其中的一方面。

沿着大路到达吐木休克村，我发现已距离前面反复提到的备受欧洲旅行家和考古学家们注目的遗址非常近。1906年伯希和教授花费了几个月的时间在吐木休克西北方风景如画的岩山脚下的广阔的佛寺遗址工作。经过快速的考察我发现，虽然佛寺和寺院建筑明显遭受了火灾严重的焚烧，教授仍第一次系统、全面地清理了遗址。山脉的另一侧，距离古老的托帕沙尔城墙和乔热艾肯河岸不远，我调查了分布在那里的托库孜萨来遗址。我在吐木休克得到的伊斯兰阿尔斯兰钱币与托库孜萨来出土的完全相同，证明托库孜萨来遗址的废弃不会早于公元14世纪或15世纪。参照以前提及的乔热艾肯下游的塔提遗迹，这个时代具有特殊的意义，而对这个遗址快速地考察证实了钱币所提供的年代学证据。在吐木休克停留一天，也使我有机会访问位于长长伸展的山脉两端的遗址，山脉一直延续到前文提到的东南方的山系，超过了大路所通过的山口。位于山脉南端的遗址明显是属于伊斯兰时期以前的

图 145　吐木休克塔格古城遗址

居住点（图145）。

目前，我们必须加强夏季多方面的工作，以保证有时间尽早返回和田。几番斟酌后，为了翻越阻隔在我与和田之间的350多英里的道路，我们决定走经过莎车的路线。由于时间有限，我们必须日夜兼程地行走。5月21日吸引我前往巴楚的原因之一，是这些山岭呈现的不同的地理学的价值。从吐木休克这条路线横向地经过一系列崎岖的山岭脚下，这些小山沿西北—东南方向，醒目地平行排列。每一座山岭因侵蚀而损坏，像一座座突起于平原上的孤立的石岛，但相同的地质构造清楚地证明它们是一条古老山脉的剩余部分。这座古山从巴楚北部天山的边缘区伸出一个尖锐的角，曾经向东南方向远远地伸入到塔克拉玛干沙漠之中。[1]这些一系列岩山因呈现鲜明、险峻的外观，自最早时期一定即已成为当地人崇拜的对象。其中最高峰耸立于巴楚东部，海拔7 000多英尺，它的山峰被当作麻扎塔格尊崇。位于它的北部山脚下，高出恰尔巴格平原的一座寺院经常有人来朝觐。其他山岭据说是伊斯兰教圣徒的休息地也受到人们的崇敬。较低的山岭则由于陡峭的山崖，使它们区分于"圣地"，同在奥库麻扎塔格所见到的情况一样（图146）。

---

1 近期巴楚发展成为一个农业居住点，过去它的名称是巴尔楚克，但在中国早期文献中不见有关记载。

巴楚的灌溉主要源自一个巨大的人工湖——穷库勒，于公元1877年以后由汉人建造。每一年当叶尔羌河暴发洪水，以及某种程度上来自喀什噶尔河的洪水，填满了这个人工湖。喀什噶尔河的河床非常低，因此一年中的大部分时间，它的河水只能灌溉恰尔巴格附近古老的沼泽地开垦的土地。在我到达这里以前的10—15年中，喀什噶尔河北部新开垦的土地依赖三条简陋的木质水管，或者淖尔进行灌溉，水管穿过深陷的河床输送相应的水流。

其中的三条水管分别为乌卡特淖尔、喀拉库勒淖尔、托帕淖尔。借助于这些水管开拓的居住地也使用同样的名称。潘大人负责管理莎车地区时，包括巴楚，他建造了托帕淖尔。令我高兴的是，当地的居民仍充满感激地记着我的老朋友。

　　这些山岭南端之间伸展着广阔、低洼的地带，有些依然是长年的沼泽地，每年时常受到叶尔羌河与喀什噶尔河夏季洪水的泛滥。只有经细致地调查这一地区，才能阐明复杂的水路情况，据说目前已发现了喀什噶尔河真正的尽头。根据穷梯木周围沙漠曾经出现的灌溉水利设施，以及1913年11月，我曾肯定不时暴发的罕见的洪水淹没了远至阿克苏耕作区西南端的古老河床，因此，早期的喀什噶尔河可能向东继续延伸。

图146　吐木休克奥库麻扎塔格南面脚下神殿附近的伊斯兰教坟墓

像每一块三角洲地带一样，位于吐木休克与巴楚之间的地域一定也易于发生地面变化。具有文物研究价值的两个事实，以及今后可能发现的简短记载会阐明这一变化。我确信直至清朝于1877年重新治理时期，位于麻扎塔格和奥库麻扎塔格之间的整个地域，即现在为繁茂、巨大的恰尔巴格平原提供土地的地区未被开垦。因为这一地区每年遭受喀什噶尔河的洪水泛滥，而且分布着广阔的沼泽地。因此，从吐木休克出发的大路没有经过它现在穿越的奥库麻扎塔格南端以及恰尔巴格，而是从吐木休克山岭之间的隘口继续向前穿越沙漠，向西直到拜勒塔格山脉。这条古路穿过一个类似的山口，位于现已废弃的古老的恰尔巴格村庄附近的沼泽地的北端边缘，穿过这里的东北部通向位于喀什噶尔河尽头的巴楚。

最近时期产生的相当的变化，影响了这一地区的耕作地和一条重要大路的路线。这些变化所造成的明显迹象，与我观察柯坪南部时初次引起的关于前往喀什的中国内地古老路线的问题有关。因此当到达巴楚，我听说经过拜勒塔格山的古老路线上分布着一些遗址，拉尔塔格山脚下也有一处废址，我决定花费一天的时间朝着遗址的方向进行勘察。经过一天炎热而漫长的跋涉，骑马行进约40英里，发现了一些有趣的现象，直到五年以后我才再去考察它们。在一位观察力敏锐、年老的村庄首领阿衣甫米拉布（我曾住宿于他的果园）的引导下，我首先穿越东北面整片的大绿洲。行程中看见随着中国政府的重新治理，巴楚大面积的耕作地带已开始发展成为这条重要路线交接点的农业资源。但也很容易地看见这种发展同阿克苏一样受到阻碍，原因是这里的人口构成仅仅是多浪人，他们以前的一两代人仍然主要是半游牧的牧民。

在托帕淖尔灌溉的土地边缘以外，我们进入一片生长着繁茂的灌木和红柳的地区，正好延伸到光秃秃的拜勒塔格和奥库麻扎塔格山。显然，整个地区曾形成喀什噶尔河巨大的洪水泛滥盆地。当气候略微潮湿，喀什噶尔河的洪水大于现在的水量的时期，一年中的部分时间里道路肯定会被迫中断。根据这一事实，我们或许拥有的理由之一，正如前面推测的从阿克苏至喀什的古老道路为什么沿着天山最外部的山脚下向北延续。关于这个问题及一系列问题，必须等待讨论我的1913年调查之后才可解答。这片古老的沼泽地生长的植被如此地密集，如果缺乏有经验的向导，要及时穿越沼泽到达我们的目的地则非常困难。在一块孤立的小片土地偶然遇到了年轻猎手塔里甫哈吉，他带领我们穿越沼泽地。他是一位富有魅力的拓荒者，曾在丛林中开垦土地。

沼泽地几乎到处都是我的向导们称之为来自吐木休克的"老路"的痕迹，循着飘移不定的路径，最后我们到达奥库麻扎塔格西北端，即阿恰塔格。在这里我发现了干涸的池塘，说明它们是巨大的沼泽地向北延伸的最后残余部分，而查尔巴格附近的沼泽地大部分已被开垦。远远地眺望，一座连绵的山岭像被一条狭窄的峡谷截断。穿过沼泽地向东南方前进，据说人们仍清晰地记得巨大的洪水泛滥时期，洪水流至奥库麻扎塔格现已完全干旱的东部山脚下，迄今仍可见水流冲刷的河床痕迹。

一座孤立、陡峭的山岭长约1英里，中部高200多英尺，拜勒塔格山脚下的宽阔的峡谷与其分离。这座山岭即阿拉其山，它的两端均遗留明显的古代防御工事。防御工事建造在山脉的隘口附近，以便控制来自或前往吐木休克一侧可能经过的一切交通。防御工事依地面构造建筑，极其清楚。三座小山，奥库麻扎（阿恰塔格）、阿拉其以及拜勒塔格总长约18英里，形成了一道天然的防御屏障。只有从位于阿拉其两侧的两个隘口才可以穿越，而仅依靠步行和艰难的攀登几乎无路可走。由于奥库麻扎塔格东南端的地面现已非常湿软，近期根本无法穿越，因此这条天然形成的防御线的重要性和自然的险要则十分显著。唯一值得观察的地点是阿拉其两侧的峡谷。阿拉其山东南端低矮的山嘴顶部分布着一座约60码的土坯墙基，可能这是一座烽燧，已被"寻宝人"挖掘的洞穴严重地毁坏。位于山岭同一侧的高处耸立着一座方形小烽燧，残高10多英尺。烽燧所处的位置险要，必须经过陡峭、极其光滑的岩石山坡才能接近它。

沿着阿拉其山岭一直到它的西北端，山顶矗立着一座结构坚固的烽燧。烽燧用土坯垒成，基座长24英尺，土坯层之间嵌入薄薄的红柳树枝，清楚地表明它属于早期建筑。烽燧坐落于北面一个高约10英尺的有围墙平台上，平台以上现存的高度约15英尺。从山顶向北至峡谷地势渐平缓，分布着一个约120码的牢固的土坯墙遗迹。由于沙堆的保护，有些部位的墙体仍高达12英尺，厚

3.5英尺，它所用的建筑材料同烽燧的一样。从隘口的地平面看，这面墙垣首先出现在东面，然后转向南面，消失在烽燧下方。由于风力侵蚀作用形成的小雅丹地貌，墙垣确切的位置已很难寻觅。我估计这片被围墙环绕的不规则地域宽约300码，内部的地平面主要覆盖小沙丘。侵蚀的台地上方高耸着一个土坯基座，约24平方英尺，残高5~6英尺。在这个小墙垣的里外侧的侵蚀的一块块地面上都发现了一种粗糙的陶片。峡谷另一侧也有一座用于防守崎岖的拜勒塔格山脚及山嘴的烽燧遗迹，也是用硬夯土建筑，每层之间夹入胡杨树枝。现存的烽燧高出岩石约12英尺，顶部约为30英尺×27英尺。这座烽燧或哨所位于峡谷地平面上方约100英尺，由于它的位置和下方极陡峭的岩石山坡，因此处于易守难攻的地势。

从四周环绕着众多、孤立的山脉的地方眺望广阔的景观，首先看见南面的穷梯木、吐木休克直至大麻扎塔格，北面则是绵长伸展的拉尔塔格山。向导们告诉我，拉尔塔格远处的山脚下有一处遗迹，根据他们的描述我推测它可能是具有一定规模的佛寺遗址。拜勒塔格和拉尔塔格之间是一片宽广、部分覆盖着低矮沙丘的荒芜的平原地带。阔纳沙尔的故事似乎特别与拉尔塔格有关，而柯坪人前往巴楚的沙漠路线也经过这条山脉的北面，他们说某些地方仍可见塔提遗迹，这些所有的证明都留待于将来。我从和田离开之前获得的文物在某种程度上至少肯定，拉尔塔格遗址不是阔台克沙尔类型。阿依甫米拉布通过一位商人送给我一些小型灰泥塑像残片，将在下面目录中描述，他声称是从拉尔塔格的佛寺布特哈那获得的。1913年10月，我确信他所讲述的是正确的，而且他的这种经验性的挖掘也不仅仅是第一次。

从巴楚经过5天急速的行程，由于炎热以及剧烈的沙暴我疲惫地到达莎车，因此没有机会进行考古观察，但是在调查工作过程中，我了解了影响叶尔羌河沿线灌溉的自然条件，在这些散布的绿洲耕作区引起人们的注意。我必须在莎车停留几天，为准备返回印度做一系列实际的工作，包括安置从于田带来的勇敢的骆驼，它们在我的沙漠旅行中提供了如此英勇的服务。然后我从和田的基地出发，经过八天，主要是在夜晚行进，遭遇了一系列各种各样的季节性大风，终于到达印度。

第八章

从和田到伦敦

第一节　在和田做准备

6月9日我重新回到和田，依然住在尼牙孜哈克姆伯克的庭园纳尔巴格里，1901年这里曾是我的旧营地。我发现许多从冬季存放的箱子，在巴鲁丁汗这位和田阿富汗老人（亦是我的一位热情的本地朋友）的细心看管下十分安全。一两天内满车的古物从喀什运来，1906—1907年，这些文物由乔治·麦喀特尼爵士保管，通过他的努力这些马口铁皮包装的托运物非常安全。因此没有片刻耽误我即开始整理和包装考古采集品。鉴于过去在漫长而艰难的旅程中所承受的风险，这项工作需要尽可能细致和小心，因此我花费了6个星期辛苦地工作，直至全部安全地完成。数十个男人在纳尔巴格庭园繁忙地给这些箱子做标记和包装马口铁，在当地条件及物力的允许下尽力快速地工作。但是我亲自重新包装了马口铁箱里的所有文物。在这个最炎热的季节，每天日复一日我从黎明到黄昏辛勤地从事各项工作。最令人烦恼的一项工作是用棉布条粘贴于壁画背部做衬以加固壁画，然后在壁画之间夹入紧压的芦苇层以重新紧固地包装。只有细心和承受体力上的痛苦，这些通常由最易碎、易坏的材料制成的古代文物在历经总长达8 000多英里的旅程之后，包括翻越高山、冰川山口，以及骆驼、牦牛、马背上的运输，随后在牛车、火车、轮船上的旅行，它们才能依旧完好无损。

　　这些工作没有进行几天，一件完全预料不到的灾难性事件的发生又增加了人们的苦恼与忧虑。3月底，我曾派奈克·拉姆·辛格前往米兰从事一项额外的重要任务，重新拍摄过去我被迫留下的精心掩埋的壁画。壁画位于佛寺 M.V 的墙壁，迁移它们需从其他地方相似的操作中获取的经验与细心，以及允许的充裕的时间。拉姆·辛格离开我时身体健康，并急于投入工作。自从他出发到遥远的目的地，我再也没有得到有关他的任何消息。然而这位曾经刚毅、强健的"灵巧的助手"被带回时，眼睛已毫无希望地失明了，这个打击太大了。与我的最值得信赖、最能干的维吾尔族随从伊布拉音伯克前往若羌的急速旅行中，拉姆·辛格的头部便剧烈地疼痛。而犯这种可怕的青光眼疾病之前没有丝毫预兆，因此到达若羌时他感觉疼痛日益增加，一只眼睛突然丧失了视力。由于他这个民族所具有的英勇顽强特性，拉姆·辛格继续完成任务，坚持向米兰前进。在伊布拉音伯克的监督下，当又一次到达已清理的寺院时他的第二只眼睛也失明了。他不畏降临的灾难坚持在米兰河边等待了几天，希望情况有所好转，有机会完成工作。在若羌停留了一星期之后，他最终同意返回。伊布拉音伯克尽可能小心、迅速地带他回来。

在和田短暂的休息期间，拉姆·辛格表现得最勇敢，就像他过去曾是一名真正的战士，充满希望地期盼病情完全康复。我赶紧送他前往莎车，并配备所有相应的供应品，以使他路上感到舒适。但是经瑞典医疗慈善机构的拉奎特牧师诊断，他患了不治之症。三个星期后我得到了他的诊断报告，陷入最深的痛苦之中，但我确信，即使奈克·拉姆·辛格没有志愿参加这次旅行，他的病情也会发作。只有及时实施手术治疗，才会有一丝希望挽救他的视力，然而甚至是医生也无法正确地诊断出前期潜伏的症状。遵照拉奎特先生的建议，一旦喀喇阔昆仑路线开通，我就安排这位可怜的患者回到拉达克，从那里返回印度。为了使他一路上舒适、安全，我毫不吝惜地尽可能提供一切供应品。他平安到达拉达克后，当地的英国联合地方长官奥里弗上校安全地送他到克什米尔。在那里我的一位老朋友，斯里纳噶教会医院著名的院长尼弗博士进一步确定了令人悲伤的诊断。奈克·拉姆·辛格有一位哥哥住在附近，他带着可怜的奈克·拉姆·辛格回到旁遮普费劳兹普尔附近村庄的家中。之后，直至12月我经过拉合尔的途中，他前来看我，望着他非常萎缩的精神状态，我们双方都很痛苦。我把拉姆·辛格积攒的薪水委托给保证其安全的他所在的军团长官，他对辛格的处境表现出极大的关注。在我去卡勒库塔访问期间，我竭力为这位忠实的伙伴申请特殊的补偿。已故的明托勋爵阁下，后被封为总督，对辛格的病情也表达了关切。不久，我从接替我的工作的人那里听说，印度政府慷慨地授予辛格一笔特殊的补助金，完全满足了他和家庭的需用。1909年底以前，死亡使辛格从承受的所有的更深的痛苦中解脱了。而作为一项慈善的事务，大部分补助金则继续发放给他的妻儿。

施加于身上的所有焦虑和艰难的任务，使我面临着巨大、严峻的考验。我更加感谢蒋师爷一直在身边给予安慰，分担我的烦恼和痛苦。他自己总是辛苦地从事我所安排的迫切的学术性工作，初步翻译和抄写从敦煌边境地区和其他地方获得的古代汉文文献，至少为千佛洞出土的一部分汉文写卷作粗略的目录登记。他所做的前项工作的重大价值已得到了最具权威的评论者沙畹先生的正式肯定。而对于后项工作，唯一的事实是当这些写卷安全地收藏在伦敦以后的那些年中，要保证完成那些几千份的写卷的全部目录编写根本不可能。现在我非常感激，在和田困乏、炎热的几星期里，蒋师爷至少完成了三分之一写卷的目录编写。

除了所有的包装工作，我必须为长期计划的准备进入和田南部高大的昆仑山脉从事考察付出更多的细心和辛劳。1900年和1906年我在喀让古塔格山脉的探察已证明，穿越那些因向西流的河水冲刷的深幽峡谷到达玉龙喀什河源头根本不可能。因此很久以前我即决定做一次新的尝试，从东面即与高大的西藏高原西北端相连的仍未被全部探察的山区出发。我计划穿过克里雅河源头，沿着昆仑山主山脉仍未考察的南坡行进，昆仑山上的冰川孕育了玉龙喀什河的最上游。这次考察结束之后，我和拉尔·辛格到达喀拉喀什河的东南源头。从河流源头下来我们又回到前往喀喇阔拉穆山口北角下的拉达克的商路，在那里已安排好的运输我的巨大的文物箱和所有沉重包裹的柯尔克孜人正等候我们。

我很清楚面临的难以逾越的障碍，如高山上难行的地面，也许还有寸草不生的完全荒凉的高原，甚至还有更多的困难存在。为了成功地结束这次考察，周密地安排运输和供给至关重要。极其严峻的一个问题是，从我们离开昆仑山脚下最后一个居住点普鲁，直至到达喀拉喀什的最高点，在喀喇阔拉穆路线上的柯尔克孜人伯克萨提普阿勒迪在那里建立了一座供应站，其间我们和牲畜的生计只能依赖随身携带的供应品维持。进行这项计划好的旅程至少需40天。而且我们也没有相应地增加牲畜，马、驴的负重，在如此高的地面上尽管它们能承载比这一时期的饲料供应更多的物品。由种种因素所产生的牢骚以及花费的努力，可参阅我的个人日记。

最令我感到安慰的是拉尔·辛格经历三个月的分离之后，又重新平安地加入我的队伍，他成功地完成了所有委派的任务。他沿着天山从阿克苏到喀什北部流域首次进行了非常有用的测量。然后，经我们以前未调查的一条路线到达南面的皮山之后，他绘制了位于克里阳和喀拉喀什河中游之间昆仑山北坡未探索地区的最后部分的地图。一星期后完成最后的包装工作，我得到短暂的休息，去参观约特干的古和阗国遗址。在埋藏于巨大的黄土冲积层下的文化层进行的每年的淘金活动已经开始。我要附带说明的是，由村民手中直接获取的文物，到我搜集的那些奇形怪状的赤陶以及类似的小文物，虽然埋藏的废墟层经过十年的开采仍不断地出土这些文物。利用这次机会我又测量了一批典型的和田人，以增加我的人体测量学资料。尽管这次深入和田乡村的最后一次旅行十分短暂，但它又一次向我显示了近年来耕作迅速发展的景象。不仅仅在绿洲沙漠边缘，而且1900—1901年我仍然看见的沼泽地或盐碱地覆盖的大量荒地，例如艾丁库勒附近，或者和田城西部的硕尔巴格的土地都已被开垦。

8月1日我满意地看到装有93箱文物的庞大的护送队开始踏上漫长的旅程。我相信在蒂拉·拜依的照管下它们会被送到桑株，当夏季洪水消退时从这里继续安全地前进，穿越喀拉喀什上游的素格特冰川达坂，在那里我希望与它们会合。两天后我离开和田，乘船经过玉龙喀什以后，现在它的河床涌着巨大的夏季洪水，穿越风景明媚、肥沃的土地以及像河流一样四处溢水的运河，一直行进到绿洲东南端的阔塔孜兰干。

第二天早晨，我向蒋师爷和巴鲁丁汗告别，他们在那些漫长而炎热的几星期里艰苦的工作中给予我极有力的帮助。从我的第一次考察开始，巴鲁丁汗忠诚、关切地为我的工作提供了各种服务，许多情况证明他的服务很有价值，甚至当我远离他所挚爱的和田几百英里时仍有体会。后来听说在其他人的鼎力支持下，印度政府授予他新的头衔萨黑布汗，我非常高兴。但是帮助我的热情的中文秘书有些困难，他是我在亚洲地区的学术工作中最能干、最有效率的助手。乔治·麦喀特尼保证任命他为英国驻喀什总领事馆的中文 Munshī，我天真地希望再次在那里遇见他。

第二节　翻越昆仑山脉

接下来是两天的长途跋涉。我们穿越了铁克力克塔格（海拔18 780英尺）贫瘠的砾石山坡。从这里俯瞰平原，它像昆仑山的一个巨大的堡垒。山里有许多纵深的沟谷，甚至在这个季节也没有水。在其中的一个深谷的斜坡上方，我发现了一处奇怪的喀帕克阿斯特（即悬挂葫芦的地方）麻扎上的立杆悬挂着几百个破裂的葫芦，而不见通常使用的破布。立杆下方屹立着一块巨石，它的平顶上放置着大小不一的22个杯状物，直径从5英寸依次递减。距离巨石几码之内也发现了两个平顶的小砾石，同样也分布杯状物。当地传说将这些石头与"四个伊玛目"联系在一起。人们认为这是伊玛目的休息之地，是在前文提到的普鲁西北面常有人光顾的神殿，受到尊崇。据说在旅途中伊玛目停留在这里，把石头修理成喝水的杯子。这些杯状石头极有可能源于史前时期，我们也知道以伊斯兰教为外表的形式下，仍然存在另一种早期的本地崇拜形式。

在喀拉塔什河谷首先看到的是耕地，这里分布着一连串的小村庄，统称为阿萨。村庄沿着狭窄的冲积地带向策勒延伸。从多石的高原陡峭地倾斜下来的路线，直至戈吉勒尕峡谷和喀拉塔什河之间河边一块狭窄的陆地地带，距离此地约1英里分布阿萨的阔纳沙尔遗迹。它处于一块天然坚固的地势，周围是险峻、侵蚀的砾石悬崖而易于防守，惊人地类似于交河故城，但规模小。距离台地狭长地带尽头约620码，从一个无法攀缘的悬崖向下至河流，一面巨大的墙垣从一条峡谷穿行到另一条峡谷，切断了道路。这面墙长约120码，保存最好的部位仍高约20英尺（图147）。尽管十分巨大，但它仍然用河床里被水冲刷的石头粗糙地建造，层与层之间夹入泥土。距离峡谷一侧约30码的两座堡垒突出于墙垣30英尺。堡垒之间的地带被一段厚约10英尺粗糙的外墙围绕，形成了一个长约60码、宽25码的外围工程。阿萨村民为给土地施肥挖掘的深洞里放置着混有砾石的垃圾层，深10~12英尺。在接近顶部的一层我发现了混入的毛织品遗物。

因为垃圾堆里发现大量的骨骸，这里以及主体墙里的土壤特别有利于施肥。因此，整个墙垣内部到处分布着深坑和洞穴，其方式更多地如同印度西北前线班努附近的白沙瓦村或阿克拉古代村庄和城镇挖掘的土墩一样。除了已提到的墙垣，地表不存在其他建筑遗迹。另一面内墙穿过高原山岬建造，极窄，长约60码，

图 147　阿萨上方进入古城的围墙，自西南望，以及外围防御工事的垃圾堆

但结构相似。粗糙但明显是高温烧制的陶片，遍及废墟中曾用来建造房屋的墙壁等的泥土和石头中。阿萨人顽固地拒绝寻找钱币或者其他文物，由于缺乏他们的帮助，难以对遗址的存在年代作出任何判断。但垃圾堆的厚度表明了长时期的居住，当时的人口一定比现今阿萨狭长耕作带的人口密集。

　　同一天的行程中我到达恰哈。这片规模相对大的村庄地带沿着一河流分布。这条河与来自东面的乌鲁克萨依汇合后，流向位于大路的固勒合玛。在这里我发现了大量未被开垦的肥沃的黄土层，不是因为缺乏供水的困难造成。这里有充沛的水源，不仅仅依靠来自河床的水，还有恰哈西面的泉水，唯一的原因是缺乏劳力。然而同位于策勒河和克里雅河之间的塔格山脚下地带的村庄一样，自从中原王朝重新有效管理后，这里的人口无论从各方面来看都确切地得到较大的发展。8月6日，经过一天漫长而沉闷的行程，穿过荒芜的砾石斜坡（其东面仍有一部分被沙丘掩埋），我终于到达富饶的奴尔绿洲。绿洲海拔7 000英尺以上，空气凉爽。晚上沙雾即消散，而我在和田的所有停留期间沙雾完全遮盖了山景。南面升起一线壮观的雪峰（图148），一些雪峰高21 000英尺，似乎以一片未被考察的高山区的迷人的旅行景观让我愉快地向熟悉的绿洲和沙漠告别。

第二天早晨，这种辉煌的景色依旧清晰。我继续向北前进访问梯木遗址，亨廷顿教授首次发现了它。路线首先沿着一条蓄满充足水源的运河通向亚勒古孜巴格边缘区的小聚居地，更远地穿越一片沙化、空旷的草原。草原上青草覆盖的经常干涸的河道清楚地表明这里是运河从前的延伸部分，但规模大，然后一直通向沙漠遗址。遗址位于奴尔大村庄整8英里，其名称梯木，源于在这里发现了一个用碎石和夯土层构造的圆形土墩。土墩顶部宽约36英尺，高近16英尺。它的内部被全部挖掘，毫无疑问是为了寻找财宝。这种形状表明，它象征着一座已完全废弃的佛塔遗迹。

图148　奴尔西南方与西南—南方的昆仑山主脉的雪峰

东北面约250码处耸立着另一个外观相似的土墩，但规模小，而且它也被全部挖掘过。

　　大土墩以南约0.5英里的地面散布着大量陶片废墟，据说向北一直延伸了近一个炮台的距离（约2英里）。我们没有发现钱币，也没有听到任何相关消息。我相信在某种程度上遗址属于佛教时期，而没有任何迹象表明它是一处大规模的居住地。在古老的运河那里我没有发现陶器遗物。截至这个季节，古运河仍载着亚尔古兹巴格剩余的水量流经35码后，到达大土墩西端，在土墩东端延伸了约500码后突然消失。它表明这里有可能是古老的居住地，就像今天奴尔的狭长地带。肥沃的黄土平原一直铺展到河流宽阔的砾石河床。河流流自萨依巴格，据说经过暴雨之后溢满洪水的河流向下流至达玛沟东部的戈壁。

陶特伊玛目圣地是我这次旅行中考察的最后一处遗址。在风景如画的陶特伊玛目小绿洲，我花一天的路程到达四个伊玛目遗址。这里不见任何古物遗迹，尽管它作为朝觐圣地以及环绕周围的圣墓而闻名。这些因早期当地崇拜而存在的伊斯兰教寺院，很可能完全相同。由于绿洲远离大路，夹在绵长荒凉的山脚之间，它们不可能引起那些佛教朝觐者的注意。无论如何，我们知道这些佛教崇拜者是古代和田的地形学行家。

经过一天的行程，我们从陶特伊玛目到达了海拔8 500英尺的普鲁村，普鲁村半隐半现地位于克里雅河旁边的一条小溪上方，正好位于积雪覆盖的高大的山嘴脚下，这个山嘴从南部昆仑山巨大的山体垂直倾斜下来。普鲁村是我目睹了多年的新疆的最后一个居住点，也是我们的考察进入一个艰辛的、绝大部分未被勘察的山区的出发点。经过三天忙碌，完成了最后的准备工作，使我有机会对村庄里的塔格里克人进行了人类学测量。测量显示具有价值的塔吉克人人种类型，明确地不同于和田绿洲的人种，可能早期受到来自南面的吐蕃人的影响。8月12日，我们开始了已长期计划的考察工作，考察对象纯粹是地理学方面的，这里无须记叙详细的内容。这次考察所取得丰富的结果，以及付出的各种努力和牺牲已全部记录和阐释于我的个人日记中。但是从这个简短的概述仍然能适时地发现，它仅仅表现了穿越岩石、冰川或砾石覆盖的荒地的长达500多英里的旅行中的几个方面，而这些荒地自人类出现的历史时期起即成为人类尽力克服的自然景观。

当穿越普鲁上方恐怖、狭窄的峡谷时，我们历经四天艰难的跋涉才到达最北部的高原，它与海拔高约15 000英尺的昆仑山外部主脉相邻。这段路程所用的时间相当于公元1873年弗斯传教团的学者首次旅行以来欧洲探险家们所用时间的6倍。但是重要的是它提供了直接通往最西部的西藏高原的道路，无论是战争还是和平时期，它从来不服务于任何结果的活动。我们面临的困难是深幽的峡谷上陡峭的岩石山坡，穿越峡谷即可从北面到达山脉的分水岭。困难如此巨大，部分路线负重的牲畜根本无法行走。另一个更严峻的障碍是用于贸易和军事的路线往往分布在海拔超过16 000~17 000英尺的、宽阔的高原和山谷的完全荒芜地区，穿越这片地区到达位于拉纳克拉一侧的拉达克的最近的居住地需要数星期时间。虽然也使用骆驼，由于普鲁峡谷的自然条件根本不可能提供放牧，相当多的旅程里没有任何形式的放牧，可能这里所遇到的困难同喀喇阔拉穆路线上的一样。因此，和田的叛王哈比布乌拉赫为安全地避开其敌人的干涉，极力想开通与拉达克和印度联系的道路。他所努力指示的方向，正如我们现在所看见的，通向穿越喀让古达坂的短路，横跨英达坂高大的冰川达坂，尽管路线上存在更多的可怕的自然障碍。

我的个人日记曾经提到幸运地遇见一名打野牦牛的猎手，相比于狡猾的波普尔人他非常坦率。他带领我们考察队前往玉龙喀什河的冰川源头，选择了一条通向扎依里克高山谷的路线，在那里发现了众多密集的金矿。我有理由相信，叠压在这条支流的片麻岩层之下，以及相邻的海拔13 000~14 500英尺的玉龙喀什峡谷附近地区，密集的含金层已被开采多年。但是这些几百个被废弃的矿井，常常被封堵起来当作穷人们的坟墓。那些可怜的悲惨者在准北极圈的气候下像奴隶一样辛苦地劳作，再也无法诉说他们的故事。现在金矿的产量已大大地减少，但是很久以前法显记载，许多黄金被慷慨地用于镀造和田的寺院，迄今仍被约特干的地层所证实。这些黄金或许源于这些峡谷，当然同因蕴藏含金地层而享有盛名的其他荒芜之地一样，禁止人们随意进入峡谷。

完全依赖在夏季几个月里被带到这条阴郁的扎依里克峡谷的、大约48名可怜矿工以人力搬运辎重，才使我们经过8天艰难的行程到达冰川覆盖的盆地，玉龙喀什河最东部最大的支流发源于此。我们翻越险峻的山嘴的一侧，以及一些几乎无法逾越的河谷，循着野牦牛走过的道路行走。为了测量工作，当爬行到海拔18 000~19 000英尺的地方时，看到了这个美丽的山区壮观的全景，人类从未在上面眺望它。因此，我们沿着这条大河直至它的冰川源头。在源头我们发现了具有地理学和准文物研究价值的证据是，这个方圆数英里的相对于近代才形成的冰川，现在则是一个覆盖着冻土和砾石的巨大的地势起伏的高原。历史时期玉龙喀什和昆仑山更东面的河流的所有冰川支流的消退，肯定也直接影响到沙漠中被遗弃的古老居住地的命运，诸如丹丹乌里克和尼雅遗址。这种情况非常可能。

9月3日，我们重新回到乌鲁克库勒湖泊附近易于行走的地区，那里有一个备用品运输和供给站。然后我们继续前进，途中常遇到一系列暴风雪的阻挡。沿着普鲁至拉纳克拉的路线一直到海拔约17 200英尺宽阔的盆地，克里雅河就发源于这一线巨大的冰川脚下。这些冰川是从环绕玉龙喀什河最东部源头的，同一座覆盖冰川的山脉的东坡倾斜下来。离开海拔18 000英尺的克里雅河分水岭以后，我们转而向西前进考察名叫阿克—萨依—秦的高大平原地区。但是印度测量局最新的运输前线地图上，这一地区为空白点。我们没有找到平原，相反发现了屹立在这里的山坡上积雪覆盖的高大的山峰，高23 000多英尺。山峰之间是宽广、荒凉的峡谷，从由南面俯瞰玉龙喀什源头的巨大的山脉倾斜下来。在这些山谷出口连绵不断地分布着一块块独立的大盆地，海拔均位于15 000~16 000英尺，其中的湖泊多已干涸。幸而已被完全侵蚀的十字形的山嘴上方有较容易通行的鞍状山脊，加快了穿越这条沉闷地带的进程。这里极其荒芜，经过第一个湖泊之后再也没有放牧的地方，在我们全力地照顾下，马匹和驴子很快地越过这里。

我们离开前往拉纳克拉的路线经过一星期漫长的行程之后，到达了一个巨大的盐湖。40多年以前即被印度测量局的一支三角测量队伍观察到，但是现在大部分已干涸。它的大概位置标注于说明1865年约翰逊先生从拉达克到和田的探险旅行路线草图上，这次我准备考察这条古老的路线。我们向西北方行进了三天多以后，穿越绝对贫瘠的盆地，这里分布着充满盐碱的干涸的咸水湖，没有任何形式的动物或植物生命。我们怀抱着巨大的信念继续沿着古路行走。在通向北面的一个谷口，发现了一半掩埋于粗糙沙土和砾石下的两个小石堆。它们是两星期前穿越巴巴哈蒂姆达坂，前往克里雅河源头以后我们第一次看见的人类活动遗迹。

这些遗存的几乎完整的圆锥形小石堆，是发现于山谷高处的枯死的树根堆。其他一些小文物是过去开通此路的两年（1864—1866年）中经过这条路线的人们遗留的。由于地势高、路线具有干燥的气候特征，这些文物保存得非常好，似乎生动地证明人类几乎没有出现在这个与世隔绝的高原上。自历史开始以来，高原即横越已存在的西藏最西北部。

40多年来，尽管人们并不这样认为，然而大多数地方的路线仍可极好地确认。沿着路线到达契丹达坂，9月18日夜晚，我们最终出现在喀拉喀什河东部支流的峡谷。峡谷里有一座用天然石头粗劣地修造的凉亭，上面标记着"哈吉兰干"。喀拉喀什河高山谷的一位年老的柯尔克孜人首领萨蒂普阿勒迪伯克告诉我，这个凉亭是遵从哈吉哈比布乌拉赫的命令建造的。这位命运悲惨的和田反叛统治者（1863—1866年），当时开通了穿越喀让古塔格南部高大的昆仑山脉前往拉达克的路线。两天后在喀拉喀什河谷低处，我与来自和田的携带供给和运输物的萨蒂普阿勒迪伯克带领的柯尔克孜人队伍会合。至此，翻越昆仑山脉极艰难的探险似乎胜利地结束了。

但还有一个考察任务始终强烈地吸引着我，因为它提供了准历史学方面的价值。它即是追随哈吉哈比布乌拉赫路线，向上直到经过喀让古塔格上方的昆仑山主脉的一座高大的冰川达坂。但是，1901年和1906年我们从相反的一侧进行的调查，也没有发现约翰逊记录的英达坂的确切位置。为此我和柯尔克孜人及他们的牦牛重新回到哈吉兰干下方，那里明显地连续分布着一系列圆锥形石堆。很早以前横越契丹达坂时，我就发现了这片石堆向北延伸到山谷一侧。从这座山谷的出口可以清楚地追溯大约7英里的路线，除此以外的道路被掉落下来的雪堆和岩石废墟全部掩埋而消失了。沿着狭窄且分岔的山谷向上走了一段短路，进入两条险峻的峡谷，一条在北面清晰可见的冰川显现，另一条在东面的一座积雪覆盖的山谷一侧出现。我们穿越时所到达的峡谷没有发现什么，但是无论如何，为了最终与我们的调查工作相联，尽力到达分水岭则绝对必要。

我个人日记里所解释的原因，促使我9月12日在拉尔·辛格和一些柯尔克孜人的伴随下，沿着北面的冰川，攀登昆仑山分水岭的雪山口。由于高高地位于冰原之上，冰川上分布众多的裂缝以及松软的积雪，攀登十分艰辛。因此经过长达10个小时的攀登后，我们才到达高约20 000英尺的顶点。山顶正位于一座巍峨的雪峰的山肩下方，三角测量高度为23 071英尺。以前我曾认为，如此艰难的冰川攀登事实上在近期不可能通向山口。但是在这次意外降临了机会，我们的调查所得到的充分的报答是，从这个制高点可以眺望铺展于山谷两侧极其辉煌的自然景观。因为剩余的停留时间短暂，我无暇顾及辛劳的身体，就开始在极寒冷的天气下绘图和照相。尽管当时阳光普照，下午4时，温度计显示的温度为零下16华氏度。在冰川上由于担心天色逐渐黑暗，我们没有片刻停留即刻下山到达营地，我发现我的双脚已严重地冻伤。这一天经过艰辛获取的成功以后给我带来长期的痛苦，但令人满意的是它也伴随着完成了我们最后一次的考察任务。

第三节　翻越喀喇阔拉穆前往英国

我冻伤的双脚剧烈地疼痛，无疑是这次事故的严重后果，急需医疗。我的双脚根本无法行走，甚至不能坐在马鞍上，我躺在一个临时制作的担架上被抬下喀拉喀什山谷。经过四天忧伤的行程后到达波塔什，我欣慰地看见我的庞大的装载文物的运输队穿越桑株山口安全地抵达这里。在营地忙碌的两天工作中，我安排了下一步的运输，给参加昆仑山考察的柯尔克孜人与和田墨玉人支付费用，解雇了年老的随从。保留的运输队由拉尔·辛格管理，他具有的自我牺牲精神减轻并分担了我的重负。

　　我发现我的右脚趾开始出现坏疽，担心它会进一步恶化，因此急于尽快向列城前进。9月30日，我们尽可能轻装从喀拉喀什山谷出发，我被抬着沿着喀喇昆仑的商路急速地行进。一路上随处可见的累累动物骨骼，正是这些萧瑟的高原上险恶的自然条件的悲惨证明。10月3日，我的忧伤的小运输队，翻过海拔18 687英尺的喀喇阔拉穆山口。又一天的行程后，慕格和隘口的岩石使放置我的担架的马匹根本无法继续前进。幸而遇见一群强壮的藏族苦力，如果没有拉达克的英国联合地方长官奥里弗上校及时地提供这项帮助，我无法依靠自身的力量穿越前面艰难的地面，以及可怕的萨瑟冰川。

　　经过9天艰辛的旅行之后非常令人宽慰的是，我在努布拉河地处最高的拉达克村庄遇见了施密特神父，他负责管理列城的莫拉维亚慈善医院。尽管他本人也承受着一种严重的疾病痛苦，但是凭着最仁慈的自我牺牲精神，仍迅速翻越高大的喀尔墩山口赶来医治我。由于我的身体状况极糟糕，很大程度归于事故发生之前的努力和艰辛的工作，因此我容易被感染。施密特神父不得不推迟给我的右脚做手术，直到10月12日我们到达列城。在列城我的所有脚趾被截去，施密特神父和他的医院同事们仁慈地为我提供所需的舒适。但是近三个星期之后，我自认为身体强壮，足以面对前往克什米尔连续14天的旅程中的辛劳。截肢后的伤口非常疼痛，恢复也极缓慢。因此根据我的一位老朋友，著名的外科医生和登山家尼夫博士的建议，我在斯里那噶停留了很长时间。但这次在助理驻扎官奥里弗上校和马可费逊上校的关心和照顾下，病情很快恢复。在我曾经热爱的克什米尔周围地区获得的帮助下我的各种工作顺利地进行。

不久我终于能拄着拐杖走了。12月1日，我起程回到印度，我的伤口仍旧增添了不少麻烦。因此在拉合尔我的旁遮普老朋友爱德华·马可拉干爵士家中享受着治疗和休息，而且悠闲地工作，完成了官方以及其他方面所需要的账目结算。前往卡勒库塔途中，有许多官方会见，还有一个来自我的一位老朋友的友善的邀请，他是总督阁下的私人秘书詹姆斯·敦洛普·史密斯陆军上校。因此，我匆匆地访问了德拉敦。得益于布纳德陆军上校，后来的印度三角测量局的主管的友善帮助，保证了我能够为出版我们的三角测量图作充分的安排。停留卡勒库塔的几天内，明陀勋爵再次证明了他所具有的曾经伴随我的旅行的令人受到激励的个人兴趣，宽厚地考虑到我的印度助手。由于明陀勋爵的个人干预，前面提及的可怜的奈克·拉姆·辛格申请的特殊抚恤金很快得到批准。拉伊·拉尔·辛格在异常艰苦的条件下表现出的热忱和能力，是我在其他任何印度人身上未曾见的。他受到了官方的高度赞扬，被授予拉依·巴哈度头衔，名列1909年新年荣誉名单，并获得部门提升。对于测绘员拉伊·拉姆·辛格，皇家地理学会不久给他一笔可观的奖金，认可了他在相继的几次考察中出色的服务。通过印度外事务部尊敬的哈考特·布特爵士的友善关注，我的优秀的中文秘书蒋师爷得到一块有价值的金表作为印度政府感谢的特殊纪念品。

1908年圣诞节后，我终于在波姆巴依乘上开往欧洲的轮船。因为在海上有充足的休息，我的伤口完全愈合了。当轮船在马可·波罗城短暂停泊时，我尝试着行走了一会儿，丝毫没有感到疼痛。我于1909年1月20日到达伦敦，令人高兴地听到我的文物箱不久即安全地到达大英博物馆。

我知道像我这样的人从漫长的旅行回来不仅仅意味着休息，而在某些方面是比野外工作更艰苦。更重要的劳动的序幕，幸而来自各方面的鼓励使我能够充满美好愿望地面临这些工作。印度的总督阁下秘书在给印度的一封推荐信中，非常支持我的计划，委派我在一段时期内作为具有特殊职责的代表，以确保我能够有效地整理我的搜集品和首次阐述我的探察成果。回来的两个月内，鉴于完成的地理学方面工作被学会授予基金会的金质奖章，我向皇家地理学会递交了一份初步报告。最后，我满怀信心地看到，只要存在各项工作，在这些最杰出的学者中忠实的朋友和合作者，愿意帮助我完成这些工作，直至它们全部结束。